世界社会主义运动视阈下的

中国妇女解放

王涛 / 著

中国社会科学出版社

图书在版编目（CIP）数据

世界社会主义运动视阈下的中国妇女解放／王涛著．—北京：
中国社会科学出版社，2015.6

ISBN 978-7-5161-6265-1

Ⅰ.①世…　Ⅱ.①王…　Ⅲ.①妇女解放—研究—中国—现代
Ⅳ.①D442

中国版本图书馆 CIP 数据核字（2015）第 123635 号

出 版 人	赵剑英
选题策划	郎丰君
责任编辑	郎丰君
责任校对	孙青青
责任印制	戴　宽

出　　版	中国社会科学出版社
社　　址	北京鼓楼西大街甲 158 号
邮　　编	100720
网　　址	http：//www.csspw.cn
发 行 部	010-84083685
门 市 部	010-84029450
经　　销	新华书店及其他书店

印　　刷	北京君升印刷有限公司
装　　订	廊坊市广阳区广增装订厂
版　　次	2015 年 6 月第 1 版
印　　次	2015 年 6 月第 1 次印刷

开　　本	710×1000　1/16
印　　张	14.75
插　　页	2
字　　数	203 千字
定　　价	48.00 元

中国妇女解放问题的国际视野

——王涛著《世界社会主义运动视阈下的中国妇女解放》序

高　放

马克思主义是人的解放学。"妇女能顶半边天"，妇女解放占全人类解放的一半，所以妇女解放问题不能不是众多有识之士十分关注的重大理论与实践问题。我虽然没有写过妇女解放问题的专著，却应约为妇女问题的专著写过两篇序言。第一篇是 2004 年为北京大学孔寒冰、许宝友著《国际妇女节考》（北大出版社出版）写的，第二篇是 2009 年为中国人民大学何黎萍著《西方浪潮影响下的民国妇女权利》写的（九州出版社出版），现在又为中华女子学院王涛著《世界社会主义运动视阈下的中国妇女解放》作序（中国社会科学出版社出版）。

这本专著的特点，顾名思义，主要回答了这样四个问题：第一，世界社会主义运动怎样推动了中国妇女解放？第二，在世界社会主义运动的推动下，中国妇女解放取得了哪些成就？第三，当今中国妇女解放还存在什么重大问题？第四，今后中国妇女解放还要如何借鉴国外成就，消除国内弊端，急起直追，迎头赶上？我通读了这部约 17 万字的书稿后，感到对以上四个问题都做了翔实的令人信服、给人以启迪的回答，但是也还有值得补充夯实之处。以下我试作简要概述。

第一个问题，世界社会主义运动怎样推动了中国妇女解放？本书第一、二章专述这个问题，我在这里加以补充。纵观世界妇女解放运动，经历了两次世界性的大浪潮。自从原始社会母系母权家族瓦解进入父系父权家庭后，妇女即成为双重的奴隶：社会的奴隶和家庭的奴隶。15

世纪现代资本主义生产方式从西欧的英、法、德等国先后发展起来以后，18—19世纪出现了第一次世界资本主义争取女权的大浪潮，内容是争取妇女婚姻自由权、受教育权、就业权、选举权和参政权。当时主要是争取上流社会妇女的权益，旨在促进资本主义社会制度的全面发展，所以称之为世界资本主义的妇女解放运动。据我考证，著文中"女权"、"女权运动"（woman's right）一词是1840年出现的。随后欧美多国纷纷建立争取女权的组织，如1865年的全德妇女联合会、1867年的英国妇女选举权全国委员会、1882年的法国女权同盟和1890年的美国争取妇女选举权协会。

很有意思又很有意义的是随着19世纪世界社会主义运动在欧美的兴起，世界社会主义妇女解放运动的大潮流也在欧美多国开始涌现。世界社会主义妇女解放运动历经三百多年空想社会主义的孕育准备，到19世纪40年代马克思、恩格斯创立科学社会主义理论，开辟世界社会主义运动，马克思、恩格斯是建构妇女解放科学理论的先哲。在第一国际和第二国际的活动中就开始重视社会主义的妇女解放运动，它旨在以社会主义制度取代资本主义制度，使下层、基层的劳动妇女以及全体妇女都能得到社会解放，真正实现全面的男女平等。在1866年第一国际日内瓦第一次代表大会上法国代表团少数派提出了"妇女和儿童劳动问题"的决议草案，主张"必须注意使妇女赖以生存的劳动更适合她们的体力，但是不能完全剥夺她们的劳动权。"这个决议草案是直接批驳法国蒲鲁东主义者否定妇女参加工厂劳动的谬论的。第一国际还在1867年洛桑代表大会上确认总委员会增补的新委员，其中破天荒第一次增加了一名女委员，这就是哈里约特·罗（1832—1897）。她是英国著名的无神论运动活动家，也是曼切斯特第一国际支部委员。她在1867年6月刚刚被第一国际总委员会补选为委员，现在得到第一国际代表大会的批准。这表明第一个国际工人协会组织已开始重视选拔女干部和女领导人。在第一国际的指引下，1871年建立的第一个工人阶级政权—巴黎公社，因为来不及制定新选举法，所以沿用了资本主义旧选举法，妇女没有选举权，所以巴黎公社当选的 83 名委员中更不会有女委员。但是巴黎公社在 72 天的斗争中涌现了路易·米歇尔、伊·德米特利耶娃等女领导人以及女指挥官热克拉尔等女英雄，还有成千上万的巴黎劳动妇女在最后流血周中为保卫公社壮烈牺牲。众多巴黎公社女战士是世界社会主义妇女解放运动的先驱、先贤、先烈。

继承第一国际革命传统，1889 年成立的第二国际为社会主义妇女解放运动做出了更大贡献。第二国际在 1891 年布鲁塞尔第二次代表大会上讨论并通过了妇女问题的提案，要求所有社会党的各国工人在自己的纲领中坚决贯彻男女完全平等的原则，要求首先废除一切剥夺妇女公民权利的政治权利和法律。1893 年在苏黎世召开的第三次代表大会通过了保卫女工的决议，1904 年在阿姆斯特丹召开的第五次代表大会以及 1907 年在斯图加特召开的第七次代表大会都决定要求为妇女争取选举权。1910 年社会主义妇女运动的先驱克·蔡特金在第二次社会主义妇女国际代表会议上提议把每年 3 月 8 日定为国际妇女节，为世界妇女解放运动确立了一个共同的节日，三八妇女节的设立具有重大、深远的世界意义。

在西方妇女运动的影响下，中国妇女运动也经历了两大浪潮。清末民初维新派和革命派倡导的妇女解放属于资本主义女权运动。1921 年中国共产党成立后开创的妇女解放运动则是世界社会主义妇女解放运动的组成部分。1917 年俄国十月革命胜利，成立第一个社会主义国家后，社会主义妇女解放运动在社会主义国家鼎助之下得到长足发展。1919 年成立共产国际（第三国际），进而在世界范围内大力推进世界社会主义妇女解放运动。共产国际不仅帮助中国于 1921 年 7 月成立了中国共产党，而且也直接推介中国开启了社会主义妇女解放运动。正是 1920 年 4 月共产国际远东局派维经斯基为首的代表团到中国联络李大钊、陈独秀等人，促进筹建中国共产党。代表团中还有其秘书马马耶夫以及维经斯基夫人库兹涅佐娃，马马耶夫夫人马马耶娃和翻译杨明斋。他们先到北京见到李大钊，后到上海见到陈独秀，很快促进在北京、上海等地建立了共产主义小组。正是库兹涅佐娃和马马耶娃这两位夫人最早对上海共产主义小组同志介绍了三八妇女节的由来和俄国自 1913 年以来多年纪念三八妇女节的情况。这样 1921 年 3 月 8 日上海共产主义小组在渔阳里 6 号陈独秀的住处第一次举行纪念三八妇女节的活动,陈独秀夫人高君曼曾在会上发表演讲。① 我认为这可以说是在世界社会主义推动下我国妇女解放运动的起点。正是 1921 年 3 月 8 日这个起点,从某种意义上说促进了当年 7 月 23 日中国共产党的建立。随后,正是在中共领导下,中国妇女解放运动才得以蓬勃发展起来。

第二个问题,在世界社会主义运动的推动下,中国妇女解放取得了哪些成就?这是本书的主题,全书以第三章、第五章和第六章的大部分、约占全书百分之六十的篇幅详细论述了新中国成立以来的六十多年时间里,在中国共产党领导下,我国广大妇女在社会主义革命和建设中如何取得了自身的解放,如何为国家和社会的进步、为社会主义改革开放做出了多方面的贡献,发挥了半边天的重要作用。书中用大量事实、数据显示中国妇女在政治、经济、文化、社会生活和家庭生活中的变化以及妇女本身在政治思想、道德观念以至服饰、发型、性情方面的改变。简而言之,男女平等在很大程度上实现了,表现在妇女走出家门,参加社会生产劳动,在社会各行业中就业的女职工显著增多,在政治参与上妇女与男子获得平等的选举权,在人民代表中和中国共产党中央委员会中的女性所占的比例显著提高,国家女干部的数量也逐步增加。各级学校中的女学生的比例也是越来越多。娼妓制度一夜之间被强制铲除。北京市是在 1949 年 11 月 21 日依据北京市第二届各界人士代表会议通过的《关于北京封闭妓院的决议》,当晚由公安部部长兼北京市公安局局长罗瑞卿带领三千多名干警封闭了分布在前门外八大胡同等处红灯区的 224 家妓院,拘留妓院老板 454 人,收容妓女 1292 人,对她们进行改造。全国各大中城市纷起响应,到 1953 年全国范围内娼妓制度

---

① 见《"一大"前后》(二),人民出版社 1980 年版,第 59 页。

被基本摧毁。新中国成立之初，法律制度还不健全，长期没有制定刑法、民法等等，盛行人治，有"和尚打伞，无发（法）无天"的形象说法。但是1950年4月13日中央人民政府委员会第七次会议通过并颁布了《中华人民共和国婚姻法》，确保了妇女的婚姻自由和妇女在家庭中与男子的地位平等。1949年全国政治协商会议通过的《共同纲领》含有"保护青年女工的特殊利益"的条款；1951年政务院先后公布了产妇享有产前产后56天带薪休假的保险条例和各项招工中废除不收孕妇的通知。这表明在法制尚不完备的情况下党和国家特别关注妇女权益的保护。新中国整个社会风气的大改变促使广大妇女把自身改塑为社会主义新女性。不仅政治思想与道德规范发生大变化，而且服装与发型也简朴化，很少有人烫发、浓妆艳抹、打扮得花枝招展。

　　本书不是只限于罗列各方面事实说明中国妇女解放在社会主义制度下取得了多么辉煌的成就，而是从横向环比和纵深透视两方面着手分析中国妇女解放成就的特点。横向对比就是与西方资本主义国家女权运动的对比。西方女权主义运动是首先经过16—17世纪思想启蒙运动，唤起人们追求个性解放，进而争取自由民主，这样促进了广大妇女自我意识的觉醒和文化教育程度的提高，进而再争取妇女的普选权和参政权。西方的妇女解放主要是妇女自己争取得来的。而新中国妇女解放主要是由中国共产党领导下的社会主义国家依靠立法、行政、司法实力和公共舆论压力铸就的。从纵深透视来看，新中国妇女解放的这条特殊道路是从何而来呢？是来自苏联模式。苏联原是较为落后的资本主义国家，未经过西欧国家那样的思想启蒙运动。苏联妇女的解放主要是在1917年十月革命胜利后，由掌握政权的苏联共产党和苏维埃国家强力推进的。苏联模式的社会主义妇女解放之路确实取得了很大成就。苏联在社会主义革命和建设中涌现出了众多女英雄、女劳模、女职工、女拖拉机手、英雄母亲等等。中国妇女解放借鉴苏联模式并非从1949年建国才开始，早在1927—1929年农村革命根据地时期就已依靠中共领导的革命政权为妇女解放创造了奇迹。在读过这段历史资料中，给我印象最为深刻的就是在中央苏区和延安等地为解放妇女采取的"三个废除"的举措，即废除买卖婚姻、废除童养媳和废除妇女缠足。这"三废除"是很有中国特色的妇女解放的重大标志。老解放区妇女解放后在海南岛曾经建立了红色娘子军，还出现了郭俊卿式的女扮男装的现代花木兰。[①] 通过横向对比和纵深透视，我们就不会满足于中国妇女解放已取得的成就，而能够看到中国妇女解放的局限与不足。

第三个问题，当今中国妇女解放还存在什么问题？本书第四章专门回答了这个众人渴望了解的重大问题。从表面看来，由于受苏联经济模式的影响，生产力水平较低，中国妇女就业有很大局限性；还由于权力过于集中的苏联政治模式的影响，中国妇女的参政议政难以充分发挥妇女自身的独立性和代表性，主要职能就是贯彻党的方针政策。更有甚者，苏联模式的妇女解放存在"社会主义父权制"的严重障碍。父权制本来是指原始社会母权制解体后，在家庭中父权对子女和妻子的支配权和统治权。这在奴隶社会和封建社会中是常见的现象。在西方资本主义和女权运动发展起来以后，父权制在西方社会中大多已消除。然而东方较为落后的国家，首先走上社会主义道路后，由于封建主义糟粕存留较多，未及时着力加以清除，而任其渗透到社会主义肌体中来，所以出现了社会主义父权制。"社会主义父权制"这一概念是美国学者朱迪斯·斯坦西（Judith Stacey）提出的，她指的是共产党执政的社会主义国家，共产党实际上担当了"集体父权制"的"家长"的角色。我们听到"社会主义父权制"这种十分尖锐的评论，不必勃然大怒，给人家扣上反共反社会主义的大帽子，倒要静心反思，过去我们是否有对妇

---

① 郭俊卿（1930年—1983年），女，辽宁省凌源县三十家子（今三十家子镇）北店村人。1945年，14岁的郭俊卿虚报年龄、乔装成男孩参加了八路军，先后当过通信员、警卫员、班长、连队文书和副指导员。在艰苦的战争岁月里，她女扮男装5年之久，和男同志一样，冲锋陷阵，征战沙场，为中国人民的解放事业出生入死，屡建奇功，被誉为"现代花木兰"。1947年6月，她加入了中国共产党。1950年9月被中央军委授予"全国女战斗英雄""现代花木兰"荣誉称号，荣获模范奖章、勇敢奖章和毛泽东奖章各1枚。2009年9月10日，被评为"100位为新中国成立作出突出贡献的英雄模范人物"之一。毛主席如此评价郭俊卿："巾帼不让须眉，是一位合格的共产主义战士！"

女、对女干部管治、管教过严之处。由于受苏联模式政治权力过度集中和意识形态管教过严的影响，由于我国封建主义礼教传统影响太深，男尊女卑，歧视妇女的思想根深蒂固，确实应该大力革除。1978年实行改革开放以来，我国的社会生产力大有提高，今天已成为世界第二大经济体，传统苏联模式的计划经济已经逐步转轨到现代市场经济，我国妇女的就业面已大为拓宽。正如本书第六章所指出的，至2010年，全国城镇单位女性就业人数达到4826万人，占职工总数37.3%。改革开放也使我国广大妇女的政治观念、思想意识和生活方式都发生了重大变化，赶上了全球化和现代化的新潮流。中共对妇女工作的领导方式也发生了很大改变。中共领导的全国妇女联合会本来是正部级的准政府组织，可是1988年全国妇联第六次代表大会通过的新章程已经把妇联的定位由"党联系群众的纽带"改变为"党和政府联系妇女群众的桥梁和纽带"。这就表明妇联已经不是政府组织了。到1994年2月中国政府在《贯彻执行〈内罗毕战略〉的报告》中进而正式明确宣布："全国妇联组织是全国最大的提高妇女地位的非政府组织"，这样全国妇联和改革开放以来新成立的一万多个各种各样的妇女组织（如妇女心里咨询中心、农家女文化发展中心等）就能够为提高妇女素质、发挥妇女作用、维护妇女权益、促进妇女解放发挥更为重要的作用。同时我们还要清醒地认识到改革开放也给妇女解放事业带来新的挑战。本书列举出就业市场的性别歧视日益严重、妇女参政的比例下降、农村妇女生存状况下降、土地权益得不到维护等现象的出现。此外，我认为更为严重的是西方资本主义的世界观、人生观和价值观的大量侵蚀，各种资本主义社会的腐朽现象开始在我国出现。极端个人主义、拜金主义、享乐主义使不少男女不求上进、不负责任、没有理想、追求安逸享乐；社会离婚率不断上升，家庭破裂日益严重，官场腐败加剧，社会贫富分化加重，包二奶、包三奶现象涌现，以至妇女中已形成一个特殊的"二奶阶层"，甚至在一些地方出现了"二奶区""二奶村"。1953年以来我国早已消灭的娼妓制度又死灰复燃，色情行业已经与赌博、吸毒形成黄、赌、毒三害。当今的卖淫现象已经不局限于原来的妓院，而是已经多元化、多样化，出现了四种淫乱场所，即所谓鸡店（妇女卖淫）、鸭店（男士卖淫）、鹅店（男女混合卖淫），企鹅店（同性恋者幽会场所）。我在《参考消息》5 月 15 日第 15 版观察中国版面读到一篇题为《中国"同直婚姻"潜伏复杂因素》的报道。何谓"同直婚姻"？文章并未给出解释。其中讲述青岛大学附属医院学者张百川的研究报告谈及当今中国"同直婚姻"造成诸多危害。我读后反复琢磨才弄清所谓"同直婚姻"是指同性恋者又与异性结婚。细加分类，既有"男同"与"直女"结婚的，女的被称为"同妻"；也有"女同"与"男直"结婚的，男的被称为"同夫"。这样的"同直婚姻"在当今中国据说已涉及 4 千万人。总之，当今我国尚未完全清除苏联模式的弊端，尚未完全清除东方封建主义家长制、父权制、男尊女卑的余毒，又增添了西方资本主义极端个人主义、拜金主义和享乐主义的新害。这就是今天我国妇女解放事业面临的新问题。

第四个问题，今后中国妇女解放运动要如何在借鉴国外经验的基础上，取得更进一步的发展？本书第六章最后一节"北欧妇女运动的成就与启示"给予了简要的回答。北欧瑞典、丹麦、挪威、芬兰、冰岛五国的妇女不论在就业、参政、享有的社会福利、占有的社会地位等方面都位居世界前列。书中列举的一些数据有力地证实了这个结论。以瑞典为例，妇女就业率在 1995 年瑞典社会民主党执政时达到 81%，随后均保持在 70% 以上；即使 2006 年该党下台后，妇女就业率在 2007 年仍保持在 73.2%。从欧洲多国政府中女部长所占比例来看，1993 年挪威占42.1%，瑞典和丹麦均占 33.3%，而法国只占 10.3%，英国只占 9%，意大利只占 11.5%，南北欧差距相当大。从女性议员比例来看，2006年北欧五国均达到 40% 以上，而同时期世界各国女议员平均比例只有14.4%。北欧五国妇女运动能取得如此之高的成就，是由多方面的原因造就的。本书指出：第一是强大的劳工运动的成果。第二，女权主义运动争取的结果。第三，政府倾斜性政策的扶持。其实最关键的是北欧诸国长期是由社会民主党执政，该党依靠劳工运动和广大妇女的支持，通过议会竞选取得多数席位，从而上台执政。为什么北欧诸国的社会民主党能够如此重视妇女问题并在执政期间推动妇女运动取得重大成绩？这就要深入了解世界社会主义运动发展的历史。在 19 世纪，第一国际和第二国际时期，各国社会民主党内一直存在革命派和改良派的分歧、对立和斗争。这两派本来是同根、同宗、同义同党；但是到 1914 年第一次世界大战爆发时，因改良派主张拥护本国资产阶级政府进行的帝国主义战争，而革命派则站在无产阶级国际主义立场上反对帝国主义战争，终于使两派彻底分裂，分道扬镳。到 1918 年俄国社会民主党带头改名为俄国共产党，随后各国社会民主党内的革命派都纷纷退出并另建共产党。此后世界社会主义运动就兵分两路，共产党与社会党这两类社会主义政党各走革命与改良两条不同道路，长期对峙、对立、对抗。共产党主张通过武装斗争夺取政权，通过社会主义革命来实现妇女解放；社会民主党则主张在保留资本主义体制的前提下，通过议会竞争上台执政，通过政府支持推动妇女就业和参政议政。实践证明，通过改良之路难以实现社会主义，但是在促进妇女解放这方面有值得我们借鉴之处。这里试以执政次数最多、执政时间最长的瑞典社会民主党为例加以说明。该党成立于 1889 年，1917 年与自由党组成联合政府（这一年党内革命派退出另建左翼社会党，后改名瑞典共产党），1920 年和 1921 年两次单独执政。1932 年后又单独执政或联合执政，直至 1976 年在议会大选中失利下台。随后又先后在 1982—1991 年、1994—2006 年期间上台执政，几上几下，先后执政时间长达 65 年之久。瑞典社会民主党之所以能够长期执政，除了主要依靠工会和广大职工的支持外，在很大程度上也离不开广大妇女的支持。该党能够与时俱进，不断更新自己的纲领与政策。从上世纪 90 年代起就主张把党建设为跨越社会多阶级的多元化的现代政党，而不仅仅是工人阶级政党。2001 年党代表大会通过的新党纲表明党的奋斗目标是要创建"一个在家庭生活、职业生活和社会生活中男女享有平等权利和同等责任的社会。从这个基本观点出发，社会民主党同时也是一个女权主义的党。"① 这样就把资本主义的女权主义改归到社会主义旗帜下。瑞典社会民主党关注妇女权益，早在1920年就成立社会主义妇女联盟，作为党联系妇女的纽带；后又创办了上千个妇女俱乐部。社会民主党执政时期，妇女联盟可以从政府得到大量津贴，用来在广大妇女中开展多种活动。社会民主党执政期间推行一系列推动男女平等的政策，注重发展教育，教育中注重培养学生独立自主、自由探讨、崇尚科学、追求平等；注重社会福利，做到"从摇篮到坟墓"全面包管；对有子女的夫妇优先解决住宅问题，实行家务工作社会化以减轻家庭妇女的负担；对孕妇和产妇实行保险，给予特殊关照；产妇休长假，其丈夫同等休假，分担家务劳动；在议会选举中鼓励妇女勇于独立参选。社会民主党重视发展女党员，选拔女干部，2007年党代表大会选举出类拔萃的女中央委员莫娜萨琳为党中央主席。

北欧国家在推动妇女运动方面所取得的成就与经验值得我们借鉴。借鉴并不意味着简单照搬，同时也要认识到，其他西方发达国家妇女运动的经验也有值得我们学习的地方。世界各国在推动妇女解放和妇女发展方面行之有效的先进经验，我们都要借鉴吸纳；联合国在推动男女平等、促进妇女发展发面的举措，我们也要努力贯彻。我们更要着重克服苏联模式的弊端，清除封建文化中的糟粕和西方文化中各种不良思潮的影响，重视提高妇女的文化素质、文明素养，鼓励妇女们勇于善于争取自身的自由解放和全面发展。我很高兴地读到2014年10月10日新华社北京电讯发布的全国妇联课题组撰稿的《夯实男女平等国策的价值观基础》的长篇报道。其中揭示了当前我国社会存在的男尊女卑、扭曲女性的重重思想和种种表现，指出了男女平等价值观是马克思主义妇女理论的集中表现和我国的基本国策，分析了男女平等价值观的思想渊

---

① 高锋、时红编译：《瑞典社会主义模式：述评与文献》，中央编译出版社2009年版，第282页。

源，阐释了男女平等价值观的理论内涵，提出了探索培育和践行男女平等价值观的有效途径。文中指明的有效途径有四个：即积极推动相关法律政策体现男女平等价值观，充分发挥媒体的传播和监督作用，多渠道开展男女平等价值观的教育培训，以群众喜闻乐见的方式面向社区和家庭宣传男女平等价值观。只要真正广为普及男女平等价值观，妇女们积极主动践行，政府和各种社会组织大力推动和支持，中国特色的妇女解放事业必将取得更加辉煌的成就。书末作者在结论中强调人的解放是妇女解放的前提，只有社会主义才能彻底实现男女平等和妇女解放。妇女的自由解放和全面发展是中国特色社会主义不可或缺的组成部分。这是很有理论深度的重要见解。我大胆设想，如果在政工师、法官、律师、医师、教师、经济师、设计师、会计师、科学家、艺术家这十个行业中，中国妇女都能撑起"半边天"，这将是中国特色社会主义妇女解放事业取得伟大成就的标志。我相信，中国特色社会主义妇女解放事业所取得的成就与进步，将是对世界社会主义妇女运动的良好示范和有力推动。

本文开篇说到，我先后为有关妇女问题的学术著作写了三篇序文。第一篇是关于三八妇女节考的，第二篇是关于民国时期妇女权益的。只有这一篇是回顾和评价新中国六十多年妇女解放运动的，视野最宽泛纵深，主题最贴近现实，内容最丰富多采，论述最周全详尽。我深信这样一本学术著作的出版，对于读者深入细致地了解新中国妇女解放运动的历程和今后的发展前景很有帮助，而且还会推进我国妇女解放问题的进一步研究，同时也衷心希望王涛女士今后有更新的关于妇女解放问题的论著问世。谨此为序。

2015 年 5 月 20 日于北京中国人民大学国际关系学院

目　录

导　论

一　问题缘起与研究意义

马克思主义是一门关于人类的解放的学说，妇女解放是马克思主义人的解放理论的重要组成部分，恩格斯曾以空想社会主义的先驱傅立叶的一句话来凸现妇女解放对于全人类解放的意义："在任何社会中，妇女解放的程度都是衡量普遍解放的天然尺度。"[①] 马克思主义对妇女运动的理论贡献在于，它采用唯物史观与阶级分析方式分析妇女受压迫的社会根源以及妇女解放的根本出路，从而为妇女运动开辟了一条完全不同于女权主义的发展道路。它把私有制的存在视为女性受压迫的根源，因此，男女之间的对立本质上是阶级对立。妇女解放的出路在于与男性工人团结一致，进行社会主义革命，消灭私有制，最终实现共产主义。妇女的解放只能与工人阶级的解放同步进行。

随着 1949 年中华人民共和国的成立，中国的妇女解放运动进入了一个崭新的阶段。伴随着社会主义改造的结束，全国范围内建立起社会主义公有制经济，妇女受压迫的经济根源已经消除，计划经济体制保障了中国妇女、尤其是城镇妇女享有较高的就业率和劳动保护。在实现了经济平等的基础上，新中国的宪法赋予妇女与男性公民完全平等的政治权利；《婚姻法》废除了旧式婚姻对妇女的侵害与压迫，保障了妇女的

---

① 《马克思恩格斯文集》（第 3 卷），人民出版社 2009 年版，第 531—532 页。

婚姻自由与自主权利……

新中国妇女运动所取的伟大成被认为是社会主义制度的必然结果，"在社会主义革命基本完成之后，我国妇女在政治、经济、文化、社会和家庭生活各方面，已经享有同男子平等的权利，永远结束了几千年被压迫被奴役的惨痛历史，获得了妇女解放"①。

中国妇女解放的画面是如此的鼓舞人心，甚至超越国界，传播到西方社会，让那些在资本主义制度下艰苦奋斗的女权主义战士们感慨不已，艳羡不已。"当时美国妇女运动的高潮中，美国女性主义者把目光转向中国，在我国对外宣传的影响下，她们认为中国社会主义革命使千百万妇女的命运起了深刻的变化，一时间，中国成了女性主义者向往的解放圣地。"②

然而，改革开放时代的到来，不仅改变了包括妇女在内的所有中国人的命运，也导致中国妇女解放的话语遭遇质疑。市场经济的确立使就业不再由政府大包大揽而是完全按照市场需求，失去政府庇护的妇女在残酷的市场竞争下纷纷下岗；干部选拔引入一定的差额竞争而不是完全由上级任命，导致女干部的比例不再有保障……贩卖妇女、买卖婚姻、女童失学等等社会现象越演越烈。

因此围绕着改革开放、中国人的命运转折以及中国的妇女解放，出现两套话语系统，它们时而重叠，时而分离甚至矛盾。

按照马克思主义的观点，人的解放就是实现人的"自由而全面的发展"，而这离不开高度发达的工业化水平和比资本主义制度更加完善的民主制度的保障。新中国的社会主义制度是在相对低下的社会生产力的基础上建立，几千年的封建专制思想在人民群众和领导阶层中没有得到彻底铲除，并最终与高度集中的苏联模式的社会制度相互渗透，互为支撑，每一个社会成员只能依附于强大的国家机器并成为其中一颗螺丝

---

① 章蕴：《勤俭建国、勤俭持家，为建设社会主义而奋斗》，载《中国妇女运动重要文献》，人民出版社1979年版，第111—142页。
② 鲍晓兰 .：《西方女性主义研究评价》，生活·读书·新知三联书店1995年版，第259页。

钉。因此就整体中国国人的命运而言，改革开放是一个分水岭，它标志着政治解放、思想解放的开端，意味着物质生活的提高、民主思想的启蒙；个性、人权、自由、法治这些词汇开始逐渐走入官方和民间的话语。"人的启蒙，人的觉醒，人道主义，人性复归……都围绕着感性血肉的个体，从作为理性异化的神的践踏下要求解放出来的主题旋转……一个造神造英雄来统治自己的时代过去了。"① 这与改革开放前的中国人的贫乏的物质生活、压抑的精神世界形成了巨大的反差。

然而，当我们审视改革开放对中国妇女群体的影响时，却遭遇完全不同的话语。比如一种很普遍的看法是"改革开放后中国妇女解放程度是'倒退了'"，② 这种观点认为，在改革开放前，中国妇女享受令西方女性望尘莫及的高就业、参政机会以及社会福利的保障，而改革开放后，中国妇女的生存状态大大恶化了。

同时，随着国门打开，西方女性有机会来到中国，甚至有机会深入到中国社会内部观察中国妇女的现实生存状态。她们开始重新审视中国妇女走过的历程，对中国妇女解放的神话感到失望。对中国妇女解放道路的质疑导致她们对马克思主义妇女解放理论的否定，即中国妇女的命运遭遇证明了马克思主义理论的局限性——即只有社会主义制度无法实现妇女的真正解放。这种看法基本上也被一些中国研究者接受，并得出了"马克思主义不能解释现阶段妇女问题"的结论。③

如果说新中国女性解放的话语是如实地反映了 1949 年以来中国女性的生存状态，那么应该如何理解这一时期女性群体的幸福指数与整体中国人民生活的偏离？在普遍的人权和自由没有得到尊重的时代，为什么单单是女性群体享受着超出一般国人的人权和自由？如果说女性解放的话语仅仅是一种建构性表达，与中国女性的实际状况的确存在偏离，那么，脱离实际的画面如何能建构起来？

---

① 李泽厚：《中国现代思想史论》，生活·读书·新知三联书店 2008 年版，第 270 页。
② 《改革开放以来妇女解放基本理论观点综述》，载《妇女研究论丛》2002 年第 5 期。
③ 《男女平等基本国策简明读本》，北京大学出版社 2008 年版，第 56 页。

新中国的妇女运动的实践究竟在多大程度上真正诠释马克思主义的妇女解放理论？又在多大程度上偏离了马克思主义？通过对中国妇女解放的重新反思，我们是应该更加肯定社会主义运动与妇女解放的必然联系还是反之？

正是基于上述学理与实践层面的困惑，笔者以社会主义运动与中国妇女解放道路的形成与发展为题目，希望能够通过历史的梳理与理论的反思来解答上述疑问。具体而言，本书选题的意义在于：

第一、理论深化意义。马克思主义妇女理论是一门不断发展的理论，改革开放以来，中国妇女研究领域最重要的成就就是提出了"中国特色社会主义妇女理论"，但其理论内涵是什么？妇女解放道路的所谓"中国特色"究竟特在哪里？

本书通过国际共产主义运动的视角探讨中国妇女解放道路的形成，将有利于我们更好地思考"中国特色妇女解放理论"这一概念的内涵。作者认为，新中国妇女解放道路形成的过程，是中国共产党创造性地把马克思主义妇女理论与中国实际相结合的结果，表现在首先是摆脱共产国际的影响，把妇女运动的依靠力量从城市无产阶级女性转移到农村妇女，实现了马克思主义妇女理论中国化的第一次理论升华；其次是摆脱苏联模式的影响，在改革开放的时代背景下，中国特色社会主义妇女解放道路逐渐形成，这是马克思主义妇女理论中国化的又一伟大成果。"中国特色"的妇女理论的逐渐丰富与日益成熟，将是对马克思主义妇女理论的深化与发展。

第二，实践指导意义。本书为中国妇女解放运动进一步发展提出了建设性建议。新中国成立后，社会主义制度的建立推动中国妇女解放事业取得令人瞩目的成就，党和政府通过对政治经济文化领域强大的干预能力保证妇女的就业和参政。但同时也忽视了妇女主动性的发挥，甚至在一定程度上培养了部分女性对国家体制的依赖心理。改革开放以来，因失去了计划经济时代政府的扶持和倾斜性照顾政策，中国妇女在参政、就业方面开始面临前所未有的挑战。在社会主义市场经济条件下，如何推动妇女解放与发展？政府在推动妇女解放与发展事业过程中应如何发挥作用？作者提出，妇女解放既需要国家力量的推动与政府的扶持，更离不开妇女群体自身的觉醒和主动追求。只有加强社会主义市场经济建设和社会主义民主法治进程，在吸收西方先进的科学技术、政治文化的基础上，发展社会生产力，推动中国政治文明建设，真正落实法治与人权保障，在实现国家现代化的过程中，推动中国妇女解放事业进入新阶段。

二　概念界定与理论渊源

（一）社会主义

1924 年，英国科学家 D. F. 格里菲思在《什么是社会主义》一书中汇集了二百六十种关于社会主义的定义。不同政治立场的作者，为社会主义给出了五花八门的定义。

在很长一段时期内，以前苏联和新中国为代表的社会主义国家把社会主义的定义与生产资料所有制联系在一起，"社会主义（源于拉丁文 socialis——社会的、公有的）是以生产资料公有制、没有人剥削人的现象，并实行全社会规模的有计划的商品生产为特征的、取代资本主义的社会制度，是共产主义社会经济形态的第一阶段。"① 这种严格的定义几乎成为社会主义国家的政治信仰，并在很大程度上决定了这些国家的政治经济制度。随着社会主义国家改革开放的深入，许多社会主义国家不再坚持如此僵化的定义。

更多的学者是把社会主义等同于平等与公正的实现。《布克莱维尔政治学百科全书》对社会主义的解释是："在 19 世纪 20-30 年代只是西欧报刊上出现的新名词，……社会主义最初是在 16 世纪的西欧作为

---

① ［苏］阿・罗・鲁缅采夫主编：《科学社会主义辞典》，中国人民大学出版社 1984 年版，第 254 页。

一种反对资本主义、追求建立高于资本主义的社会理想出现的。""社会主义者所主张的公正常常体现在平等的观念中，社会主义者对平等的信仰与其说是道德性的，不如说是经验性的——他们断言，所有人并非相同的，可是他们的权利是平等的。"①

约·维尔斯基把社会主义定义为"由国家或其他工人阶级机构维持社会正义的政治经济制度。"而社会正义则是"指不同的社会集团的个人地位和相互关系的平等。"②

高放教授在其主编的《社会主义大辞典》中通过与资本主义的对比来定义社会主义，"社会主义是资本主义的对立物，在继承资本主义精华、克服资本主义固有矛盾基础上建立的高于资本主义的新型社会制度。"③ 此定义充分肯定了社会主义制度应是对资本主义制度的继承与扬弃，并不再拘泥于所有制问题，是重大的思想解放。

夏征农认为，社会主义既"表示一种思想，也表示一种社会制度。"它"反对资本主义剥削和压迫的主张，它揭露资本主义制度的弊端和矛盾，要求以理想的社会主义、共产主义制度代替资本主义。"④

蒲国良教授对社会主义的定义比较全面地概括了以上几种观点，在其主编的《世界社会主义运动概论》中，他认为"社会主义是对资本主义制度性弊病的反应，是试图用社会调节和社会控制的办法克服资本主义的制度性弊病并以实现社会公正从而达到社会进步和人类解放的一种思想、运动和社会制度。"⑤

本书出现的社会主义概念，正是基于蒲国良教授的定义。首先，社会主义是资本主义的对立物，它继承了资本主义的精华，又克服了资本主义的弊端，理应是比资本主义更加完善和进步的制度。其次，社会主

---

① 《布克莱维尔政治学百科全书》，中国政法大学出版社1992年版，第719页。
② 约·维尔斯基：《马克思主义、社会主义和共产主义词典》，东方出版社1988年版，第537—538页。
③ 高放：《社会主义大辞典》，河南出版社1988年版，第1页。
④ 夏征农主编：《社会主义词典》，吉林人民出版社1985年版，第335—336页。
⑤ 蒲国良：《世界社会主义运动概论》，中国人民大学出版社2006年版，第1页。

义的实现既可通过激烈的革命，也不排除通过温和的改良手段。最后，社会主义既是一种思潮，又是一种运动和制度。

（二）男女平等

新中国成立后，关于男女平等的含义，经历了不同的认识阶段。

一种是形式上的平等。这种平等观要求像对待男性一样对待女性，女性需要按照男性的标准去做事，反对对女性任何形式的特殊措施和额外的照顾。

一种是保护性平等，就是"通过排斥女性或限制女性的权利而过度保护女性。女性被假定为弱者……这导致女性被长期排斥于那些被认为对她们有害的环境之外，从而失去了获得多种不同经历的机会。"[①]

这两种性别平等观，要么以男性为标准要求女性，要么以保护为由排斥女性，都是以平等的名义忽视了女性的自由选择，从而制约了女性的自由发展。

笔者认为，在男女平等的内涵的界定上，我们要坚持马克思主义立场，以马克思主义的平等观来重新思考男女平等的内涵。

平等一直被视为社会主义价值的精髓。在 19 世纪中期之前，各种资产阶级思想家、空想社会主义者以及以蒲鲁东、拉萨尔为代表的国际共产主义运动中的非马克思主义派别，都曾经高举平等的旗帜作为他们吸引追随者和颠覆旧秩序的有力武器。但是，一切旧的平等观都有一个共同特征，其平等王国无一例外都是建立在唯心主义的基座之上，平等成为抽象的"理性"和"正义"的体现。

马克思主义第一次将阶级分析的观点和方法注入平等的观念中，从社会物质条件出发，论证了争取无产阶级平等权的基本条件和根本途径。因为人类不平等现象的产生，是私有制出现的结果。私有财产的出现导致人类社会出现贫富分化，阶级压迫逐渐形成，平等的状态被打

---

① 刘伯红：《中国社会转型期的女职工劳动保护》，载《妇女研究论丛》2009 年第 2 期。

破。因此，"无产阶级平等要求的实际内容都是消灭阶级的要求。任何超出这个范围的平等要求，都必然要流于荒谬。"① 按照马克思主义理论，人类真正平等，包括男女平等的实现，只能在消灭私有制的共产主义社会中实现。马克思主义的阶级观点，为男女不平等的起源和寻求两性平等的途径提供了新的答案，男女之间的对立本质上是阶级对立，"最初的阶级压迫是同男性对女性的压迫同时发生的。"② 因此，女性解放的前途在于和男性工人一起进行阶级革命。

从马克思主义的平等观出发，笔者认为，男女平等的内涵应包括以下几方面的内容。

首先，男女平等不仅要实现两性的政治平等，更要实现经济和社会的平等。马克思认为"权利决不能超出社会的经济结构以及由经济结构制约的社会的文化发展。"③在阶级社会中，法律上的平等只能是一种形式上的平等，"只要法律在字面上规定双方平等，这个契约就算是自愿缔结。至于不同的阶级地位给予一方的权力，以及这一权力加于另一方的压迫，即双方实际的经济地位——这是与法律毫不相干的。"④ 这种形式上的平等掩盖了实际上的不平等。因此，与政治权利的平等相比较，马克思主义更强调社会与经济平等对人类解放的意义，"平等应当不仅是表面的，不仅在国家的领域中实行，它还应当是实际的，还应当在社会的、经济的领域中实行。"⑤ 反映在两性关系上，"男子在婚姻上的统治完全是他的经济统治的结果，它将自然地随着后者的消失而消失。"⑥ 所以，男女平等不仅是要实现两性政治的平等，更要实现男女经济和社会的平等。社会主义公有制的建立是实现男女平等的第一步，妇女还需积极参加社会生产劳动获得经济上的独立，并最终在社会层面

---

① 《马克思恩格斯文集》第9卷，人民出版社2009年版，第113页。
② 《马克思恩格斯文集》第4卷，人民出版社2009年版，第78页。
③ 《马克思恩格斯文集》第3卷，人民出版社2009年版，第435页。
④ 《马克思恩格斯文集》第4卷，人民出版社2009年版，第86页。
⑤ 《马克思恩格斯文集》第9卷，人民出版社2009年版，第112页。
⑥ 《马克思恩格斯文集》第4卷，人民出版社2009年版，第96页。

上根除男尊女卑的传统观念,真正实现男女平等和妇女解放。

其次,男女平等不仅要实现两性的权利平等,也要实现两性的义务平等。马克思主义的平等观主张平等权利与平等义务的统一。恩格斯在《1891年社会民主党纲领批判草案》提议把"为了所有人的平等权利"改称"为了所有人的平等权利和平等义务"。恩格斯认为:"平等义务,对我们来说,是对资产阶级民主的平等权利的一个特别重要的补充,而且使平等权利失去道地资产阶级的含义。"① 但是长期以来,人们在谈到男女平等时往往只强调了两性权利的平等,而忽略了两性义务的平等。其原因在于由于男女不同的生理特点,许多国家都有针对妇女的特殊保护政策。在保护的名义下,妇女被排除在一些行业之外,这其实也意味着妇女在获得了同男性平等的公民权利的同时,却不必承担与男性同等的公民义务。平等权利的扩大和平等发展水平的提高,与社会生产力的发展水平息息相关。随着社会生产力的发展,尤其是现代科学技术的日新月异以及机械化水平的提高,男女生理上的差异对两性在学习、生活及择业方面的影响将越来越小。女性不仅应享有与男性同等的权利,也将有条件、有能力与男性承担同等的公民义务与责任;同样,男性也应同女同志一样承担家务劳动和抚养子女的义务,这是男女平等观念的时代进步。

最后,男女平等就是要保证两性同等的自由发展和自由选择的机会。平等、自由是人类社会有史以来最重要的社会理想,是推动人类社会文明进步的最重要的价值理念,但在人类发展的进程中,平等与自由的理想往往是相互背离的。

马克思主义把自由视为人的本质:"自由确实是人的本质,因此连自由的反对者在反对自由的现实的同时也实现着自由……"② 但是,在资本主义制度下,劳动的异化导致人的存在与他的本质相疏远,人

---

① 《马克思恩格斯选集》第4卷,人民出版社1995年版,第409页。
② 《马克思恩格斯全集》第1卷,人民出版社1995年版,第167页。

"不是自由地发挥自己的体力和智力，而是使自己的肉体受折磨、精神遭摧残。"① 人们尽管实现了法律上的平等，但是生产资料私有制的存在导致人们不得不仍处于资本的奴役之下，不可能实现人的自由发展，所谓的男女平等只意味着男女平等地被资本剥削和压迫。

与资本主义相比较，社会主义的进步性就体现在消灭了资本对人的束缚而实现的真正的自由，正如恩格斯所指出的："我们的目的是要建立社会主义制度，这种制度将给所有的人提供健康而有益的工作，给所有的人提供充裕的物质生活和闲暇时间，给所有的人提供真正的充分的自由。"② 在社会主义制度下，人们不仅实现了真正的主体平等，也实现了真正的主体自由，实现了平等与自由的统一，从而使男女平等的实现建立在两性自由发展的基础之上。

新中国成立后，社会主义公有制的建立，使包括妇女在内的中国人民摆脱了被剥削、被奴役的命运。但是，中国仍处于社会主义初级阶段，社会生产力水平和工业化水平相对低下，尤其是男尊女卑的封建思想在社会上依然根深蒂固。中国妇女尽管在法律上享有同男性同等的政治经济权利，但由于家务劳动的拖累，以及社会上"男主外、女主内"、"女不如男"等传统思想的制约，导致她们无论是在就业还是在职务升迁过程中，往往会遭遇性别歧视，失去发展的机会，这是当前中国妇女解放运动中的主要问题。可见，只有权利的平等并不能保证真正的男女平等的实现，发展机会的平等也应成为男女平等的重要内容。

可见，作为人类平等的重要内容和标志之一，男女平等就是要让男女两性享有同等的权利、责任和机会，能够自由发展自己和做出选择。

（三）妇女解放运动

妇女解放运动往往被等同于女权运动，《不列颠百科全书》认为

---

① 《马克思恩格斯全集》第3卷，人民出版社2002年版，第270页。
② 《马克思恩格斯全集》第21卷，人民出版社1965年版，第570页。

"妇女解放运动也称为女权主义运动，是一个追求妇女平等权利的社会运动，要求给妇女以男人一样的社会地位，以及自由选择自己事业和生活方式的权利。"①《中国百科大辞典——社会学卷》也将妇女解放等同于女权主义，但同时也指出了不同社会制度下妇女解放一词具有不同的含义："妇女解放运动，又称'女权运动'，争取男女社会地位和权利平等的社会运动，思想渊源可以溯及启蒙运动时期。20 世纪中期以来，在争取妇女选举、参政、就业、教育等权利方面有一定成果。因社会制度不同，其性质、目的、形式及其结果也不同。"②

　　从世界妇女运动的发展历程来看，妇女解放与女权主义的性质与目的并非完全一致，两者实际上处于不同的阶级话语和理论范畴下。女权主义运动是欧洲启蒙运动的产物，基于启蒙运动所宣扬的平等理念，要求在资本主义体制下争取妇女享有与男子同等的政治、经济和受教育的权利。在中国，从新中国成立直至 20 世纪 80 年代前，女权主义运动和女权主义理论被视为资产阶级思想。以中国为代表的社会主义国家的妇女运动，拒绝使用女权主义一词，而是采用"妇女解放运动"，其理论指导是马克思主义。本文中出现的妇女解放运动，界定为社会主义国家的妇女运动，对其性质、形式、目的的阐释，都以马克思主义为理论渊源。

　　妇女解放是马克思主义关于人的解放思想的组成部分，马克思主义关于妇女解放的重要理论贡献就在于在历史上第一次从人的解放的高度去认识妇女解放，把妇女解放与全人类解放联系在一起。妇女作为人类的一半，首先是人，然后才是女人；妇女的解放与发展，首先是作为人的解放和发展，其次才是作为女人的解放与发展。在马克思看来，妇女解放的本质是妇女作为人的本质的解放与实现，"人对人的直接的、自然的、必然的关系是男人对妇女的关系。""从这种关系就可以判断人

---

① 转引自肖巍《女性主义伦理学》，四川人民出版社 2000 年版，第 3 页。
② 中国百科大辞典编委会：《中国百科大辞典——社会学卷》，中国大百科出版社 2005 年版，第 16 页。

的整个文化教养程度。"① 因此，妇女解放和发展的目标和任务，和人的发展目标和任务是完全一致的。实现人类的彻底解放和人的自由全面发展，作为人类解放的目标，也应该成为妇女解放的总指向。

高放教授从人的解放的角度解读妇女解放，他认为，"妇女解放就是消灭一切使人从属于人而造成的女性从属男性的现象。""妇女解放与人类的解放是完全一致的。"②

笔者认同高放教授的这一定义，这一定义阐明了妇女解放的实质及其与人类解放的关系。

首先，该定义明确了妇女解放的实质。妇女解放本质上属于人类解放的组成部分，因此，只有真正理解马克思主义关于人的解放的定义，才可能正确理解妇女解放的内涵。

其次，该定义阐明了性别压迫的根源在于人所受的压迫，即私有制的产生带来的阶级压迫。所以，男女之间的对立归根结底在于阶级对立。

最后，该定义指出了妇女解放的道路与人类解放道路的一致性，即消灭生产资料私有制以及由此带来的阶级对立，实现人类自由而全面的发展，妇女的解放才可以真正实现。

可见，人的解放是妇女解放的重要前提，没有人的解放，男女平等的实现没有任何意义。妇女解放是人的解放的重要标志，只有当处于社会最底层的妇女真正实现解放，人类的解放事业才算真正实现。

理论渊源：自十八世纪女性解放运动自欧洲大陆诞生以来，其发展趋势是日益壮大并逐渐传播到欧洲大陆以外的国家和地区。女性解放成为一个日益彰显的主题，以至于形形色色的理论流派都试图把它纳入其中并对其加以阐释和引导。但总的来说主要可分为两大理论派别，一种是资产阶级的女权主义，一种是马克思主义的妇女理论。前者把女性的屈从地位归因于男女生理结构不同带来的性别压迫，因此主张在保障资

---

① 《马克思恩格斯全集》第3卷，人民出版社2002年版，第296页。
② 高放：《社会主义大辞典》，河南出版社1988年版，第141页。

本主义基本制度的前提下争取男女平等的政治权利。后者则站在唯物主义立场上，通过阶级分析方法，把女性的受压迫归结于私有制带来的阶级分化。因此女性解放必须经过消灭私有制的社会主义革命，只有当全人类彻底实现解放，妇女的彻底解放才可以实现。

马克思主义关于妇女解放与人类解放的思想，成为本书的理论源泉。本书自始至终坚持马克思主义的研究立场和方法，并根据马克思主义关于人的解放的理论反思中国妇女解放运动的实践，在此基础上形成自己的学术观点。

三　研究综述与文献梳理

中国的妇女解放理论的研究形成过两次高潮，第一次是五四新文化运动时期，第二次开始于 20 世纪 80 年代。改革开放与计划经济体制的终结，给中国妇女群体的就业、参政、教育带来重大冲击，导致出现一系列引人注目的妇女问题。这些"妇女问题"的出现催生了新中国成立以来妇女研究的第一个高峰；1995 年第四次世界妇女大会在中国的召开，推动中国妇女研究进入新阶段，国外女性主义理论开始大量被翻译、引进和吸纳，妇女研究逐渐成为一门"显学"。目前，妇女研究已呈现出多学科交叉特点，人们开始在社会学、历史学、教育学、哲学等领域纷纷引入性别视角。

本书以新中国成立至改革开放前的中国妇女运动为研究对象，探讨中国社会主义运动与妇女解放之间的关系。由于新中国成立后中国共产党在国家政治生活中的领导地位，中国妇女运动的每一步发展都离不开中国共产党主导下的国家力量的推动与干预。因此，研究社会主义运动与中国妇女解放的关系实质上就是对中国共产党妇女解放政策的分析。

从研究成果上看，这一方面的研究大致可分为以下几个范畴：

（一）对新中国妇女解放运动所取得的成就的总结

改革开放后，随着性别研究视角被引入史学领域，妇女史的研究日益繁荣兴盛，其中就有关于新中国妇女运动史研究的内容。首先是一大批重要文献资料的整理与出版，如全国妇联主编的《马克思 恩格斯 列宁 斯大林论妇女》（人民出版社 1978 年版）、《毛泽东 周恩来 刘少奇 朱德论妇女解放》（人民出版社 1988 年版）、《中国妇女运动重要文献》（人民出版社 1979 年版）、《中国妇女统计资料（1949—1989）》（中华全国妇女联合会妇女研究所，陕西省妇女联合会研究室编，中国统计出版社 1991 年版）等，这些文献资料为研究新中国妇女运动提供了不可或缺的重要史料。

进入 20 世纪 90 年代后，学者们开始从更多视角、不同层次对共和国妇女运动历史进行更加全面的梳理。罗琼主编的《当代中国妇女》（当代中国出版社 1994 年版）从政治、经济、文化教育等各个领域描述了新中国成立为妇女命运带来的巨大变化，是新中国成立后第一部关于当代中国妇女运动历史的专著。更多学者则分别从参政、就业、婚姻等不同角度探究妇女运动的历史。《20 世纪中国妇女运动史》（中国妇女出版社 2008 年版）、《新中国妇女参政的足迹》（中共党史出版社 1998 年版）、《社会变迁与中国妇女就业的历史与趋势》（佟新，1999）、《我国近五十年择偶标准札记》（罗开玉，1999）、《少数民族妇女的历史巨变》（中共党史出版社 1998 年版）等等一系列专著及论文的发表，表明妇女史的研究已经视角越来越多元化。

从研究方法上看，早期的研究主要以史料的收集与整理为主，没有上升到理论层面的阐释；在研究立场上，主要强调新政权对妇女命运带来的翻天覆地变化，基本上是完全正面的积极评价，缺乏客观性的反思。

（二）对新中国妇女解放道路的评价

进入 20 世纪 90 年代中后期以后，尤其是第四届世界妇女大会在北京的召开，推动中国的妇女研究进入一个新阶段。研究方法上开始借鉴社会学、人类学、政治学等多学科方法，在研究立场上则开始带有较多的批判精神。体现在对新中国妇女命运的评价上，不再是一边倒的以肯定与歌颂为主的声音，对中国妇女解放的神话，许多学者开始质疑并进行反思。

首先，对社会主义政治经济制度的建立为中国女性解放的推动作用，对中国共产党在推动女性解放事业做出的成绩，学者们都从学术层面进行了充分肯定。学者们普遍认同以下观点，即中国妇女解放道路独特之处在于：妇女运动自始至终被视为民族解放和社会主义运动的组成部分，党和国家起着主导和推动作用（仝华、康全竹 2004；林春，1998）。建国后，中国共产党通过意识形态的宣传以及法律手段和组织建设对妇女解放运动进行国家干预（姚琛，2009）。对于党和国家在妇女解放中的主导作用，大部分学者持肯定态度，认为正是在国家的大力动员下，妇女的劳动解放观念才深入人心（韩嘉玲，1998）；国家采取低工资、高就业的政策，使大量妇女获得就业机会，走上劳动岗位，广大妇女的经济地位普遍提高（黄嫣梨，1999）。同时国家动员和鼓励妇女参与政治生活，在 1949 年到 1956 年间形成了中国妇女参政的第一次高潮（董妙龄，2000）。妇女的健康福利也得到了制度性保障（潘锦棠，2003），受教育程度都有了可喜的提高（马云，2003）。妇女争取到了在家庭中的独立地位，不再是男人的附属品（何平，2008）。妇女解放的伟大成就成为共产党建构执政党政治合法性的重要依据（揭爱花，2008）。

质疑的声音主要包括以下观点：（1）"恩赐说"：新中国的妇女解放所取得的种种成就并不是以女性为主体积极争取的结果，而是由党和国家以恩赐的方式给予的，这种解放模式并不能从根本上改变妇女的屈从地位（李小江，2003）。（2）"幻象说"：在革命的意识形态宣传下，建构起一种妇女解放的幻象，使妇女，尤其是那些在集体化过程中被工具性利用的农村妇女，因"解放"的幻觉而无怨无悔甚至精神振奋（郭玉华，2003）。（3）"超前说"中国的妇女解放主要是通过动用行政力量推动的，导致中国作为一个物质财富远远落后于西方国家，却在男女平等的实现上走到了世界前列。女性越发张扬、强势，男人却逐渐成为弱势（郑也夫，1994）。

西方的中国妇女研究产生于 70 年代初女权主义运动高潮中，西方对中国妇女解放运动的研究主要集中在美国。从 20 世纪 60 年代末 70 年代初，美国女性主义学者对中国的妇女运动产生兴趣。这一时期由于中国政府的对外宣传，使许多美国学者把中国视为妇女解放的天堂。由于信息渠道的狭窄，她们对中国妇女的生存状况了解得并不全面，对中国妇女解放的程度有一定的夸大（Marily B. Young，1973；Margery Wolf，Roxane Witke，1975））。

进入八十年代后，许多美国学者有机会到中国进行实地考察，对中国的妇女解放的实际状况有了真实的了解，开始修正过去对中国妇女过于乐观的想象，研究渐渐深入而客观。她们认为中国的共产主义革命过程中并没有把妇女问题置于重要地位，妇女解放成为阶级斗争的附庸，中国共产党并未真正实现男女平等的目标（Phyllis Andors，1983）。中国的社会主义革命不仅没有铲除父权制，反而与传统家长制结合成为一种新的对女性的束缚机制——"社会主义父权制（socialism patriarchy）"（Judith Stacey，1983），中国妇女的从属地位不能完全归咎于传统的封建意识，还应从中国的社会组织结构中去寻找原因（Norman Diamond，1975）。还有学者指出了中国妇女解放的另一面：通过妇女政治化把中央集权政治渗透进家庭关系之中（Tani E．Barlow，1991）。

20 世纪 90 年代后，西方女性主义研究者开始摆脱对社会性别作本质化的阐释，而是开始从具体的场景中作历史的分析。Lisa Rofel 以人类学的方法对杭州一家丝织厂进行田野调查，她采访了 50 年代、"文革"时期和改革开放时期的三代女工，从三代女工身上观察社会性别内涵的变化，展示了不同政治背景造成的女工的差异（Lisa Rofel，1997）。Harrier Evans 通过对新中国不同时期各种出版物的分析，指出了新政权利用科学知识来规范女性性行为，从而建构性别差异和支持社会性别等级制（Harrier Evans，1997）。

随着中国改革开放的推进和中西方文化交流的不断深入，西方的中国妇女研究也在不断发展和丰富。与国内的妇女研究相比，西方的中国妇女研究不满足于对研究对象的简单描绘，而是努力探究现象背后的含义以及社会力量的较量。他们的研究方法和研究成果，对中国的妇女研究而言是一个很好的借鉴。

（三）对马克思主义妇女解放理论体系的评价

新中国成立后，随着马克思主义在意识形态领域中指导地位的确立，马克思主义妇女理论也就成为中国妇女运动最高的也是唯一的指导原则。改革开放后，理论界在对新中国妇女运动进行反思的同时，对马克思主义妇女理论及其对中国妇女运动的指导作用的认识，也产生了分歧。

首先是关于马克思主义理论体系中是否存在独立的妇女理论的问题。有学者认为马克思主义理论中不存在独立完整的妇女解放理论。因为马克思、恩格斯在谈到妇女问题时，只是提供了一些基本原则和零散的论述，并没有形成具体的理论体系，妇女问题只是"社会主义理论的附属品"①。正如英国的历史学家理查德·埃文斯所指出的："马克思本人很少讲妇女解放，恩格斯在某些地方有过间接论述，但多数还是在引用他人的文章。马恩把妇女问题当成了一个边际问题了。"②

另外一些学者则坚持马克思主义妇女解放理论体系确实存在。马克思恩格斯的经典著作中尽管没有关于妇女解放的专门的著作，但他们是把妇女解放理论置于人类解放的历史课题中，并构成他们有关人类解放思想的重要组成部分。它对妇女受压迫的根源以及妇女解放的途径作出了科学分析和概括，构成马克思主义妇女理论的主要内涵。（王淼，2008）

---

① 李银河主编：《妇女：漫长的革命》，中国妇女出版社 2007 年版，第 7 页。
② 季明：《社会主义女权主义理论述评》，载《马克思主义在当代》1989 年第 2 期。

其次是如何认识马克思主义妇女理论对新时期妇女解放运动的指导作用。一种观点认为，马克思、恩格斯关于妇女解放的论述已经过时，难以适应新时期妇女发展的需要（季明，1989）。另一种观点认为，马克思主义妇女解放理论是在实践中不断丰富、发展和创新的，马克思主义对妇女运动的历史影响力远远超出形形色色的女权主义理论，它创立的阶级分析方法与唯物史观使人们开始从一种崭新的视角思考女性解放问题，从而推动妇女运动进入新的历史阶段。（王涛，2011）

（四）对妇女解放标准的争议

以什么样的尺度与标准来衡量妇女的解放与发展，是妇女理论研究中一个最基本的议题。关于妇女解放标准的探讨，长期以来众说纷纭。其中最主要的一种观点就是将"男女平等"视为妇女解放的标志。

改革开放以来，中国妇女理论研究进入新的时期。随着学术研究领域的开放和社会思想的多元化，学者们开始对"男女平等"这一口号进行反思。

有学者认为，将男女平等等同于妇女解放是中国妇女运动的重大误区。其原因在于它以男性作为妇女解放的参照点，要求女性以男性为榜样去效法男性，这恰恰体现出一种男性中心主义，制约了女性的自由选择和自由发展。因此男女平等并不能代表妇女解放的本质，也不应作为妇女解放的标志。（高虹，1999）

有学者提出应从马克思主义关于人的解放的思想来思考妇女解放问题。马克思主义妇女理论最大的贡献是从人的解放的高度来认识妇女解放，将妇女解放与全人类的解放事业仅仅联系在一起。因此，从马克思主义关于人的解放的定义出发，就应将"自由而全面的发展"作为妇女解放的标志。（李小江，1998；）反对的观点认为，把"人的解放"作为"妇女解放"的标志，过于宏观，给妇女解放运动设置了一个太过遥远的目标。"男女平等"作为一个人人皆知的口号，深刻、简明地揭示了妇女解放的实质。（潘锦棠，1988；李静之，1992；）

以上国内外有关共和国妇女运动研究成果，都为本书的构思与写作提供了深厚的学术平台和思想启迪。但是，通过对近几年有关共和国妇女运动研究文献的回顾与梳理，笔者感觉到有几个方面的问题以往的研究或者没有触及，或者虽有所触及但还有待更深的挖掘。

1. 对马克思主义对中国妇女运动的指导论述得较多，却忽视了前苏联在中国妇女解放道路上的影响。尽管中国共产党领导下的妇女运动宣称以马克思主义为理论指导，但在工作实践中，无论是组织原则还是具体的路线方针政策，前苏联都起着不容忽视的影响力。这种影响首先表现在共产国际对中共妇女工作的指导。中国共产党成立后即加入共产国际，中共领导下的妇女运动成为共产国际所领导的世界共产主义妇女运动的组成部分，从妇女工作的组织原则到具体的工作方法，共产国际曾给予中国共产党许多具体的指导。尽管中国共产党在后期结合中国具体情况在一定程度实现了妇女道路的中国化，但共产国际为妇女运动所制定的基本的组织原则和工作方法，在很大程度上奠定了中国共产党领导下的妇女工作的基本路线和方针政策。

其次表现在新中国成立后，中国社会主义制度的建立是在借鉴和学习苏联经验的基础上进行的，苏联模式的社会主义是一种高度集中的政治经济模式，党和政府在国家的政治经济文化各领域中具有强大的干预能力。苏联模式的社会主义推动中国妇女解放事业在短时间里获得跨越式发展，但也存在很大局限性，在一定程度上偏离了马克思主义的社会主义理论和妇女解放思想。我们在审视中国的社会主义制度和妇女解放两者之间的关系时，不能忽略这一背景。但关于中国妇女解放道路上的苏联模式的问题，学界迄今没有相关的研究。

2. 强调社会主义运动对妇女运动的意义，却忽略了两者之间的互动关系。新中国成立之初，社会生产力水平和工业化水平都比较低下，大部分妇女仍处于文盲或半文盲状态。但是，新中国却在这样一个时代条件下创造了一个关于妇女解放和男女平等的奇迹。无论是妇女参政、妇女就业还是男女同工同酬的实现，中国妇女解放的成就超越了当时社会生产力水平，引起世人关注。这些成就的取得一方面得益于高度集中的政治经济体制，它在很大程度上是国家体制的推动而不是社会生产力发展的结果，同时也得益于当时强大的意识形态宣传。新中国在意识形态方面对妇女解放、男女平等的话语建构，尽管存在一定的"建构性表达"，却极大地鼓舞了包括广大妇女在内的所有中国人对社会主义制度的热爱和对共产党执政地位的认同，鼓舞广大妇女积极投身于社会主义革命和建设中，成为国家重建过程中的一支重要的人力资源。通过对占人口一半的妇女群体的有效动员、规训与控制，国家权力延伸到社会的各个角落，乃至家庭，高度集中的社会主义模式得以建立与巩固。

3. 关于改革开放对中国妇女解放运动的影响，负面评价增多，正面的积极评价不够。改革开放是社会主义制度的改革与完善的过程，是政府权力开始从经济、文化等各领域不断退出的过程，但在这一过程中，原本受益于强大政府扶持和庇护的中国女性群体的利益却首当其冲地受到冲击，她们的从政、就业由于失去政府的倾斜性照顾而失去保障，生存状况开始下降。许多学者认为改革开放导致中国妇女运动倒退了。作者对此提出了不同意见，认为改革开放后中国妇女在参政就业方面的倒退恰恰说明了妇女解放运动不能完全寄托于政府的恩赐与国家力量的推动，而需要女性自身的觉醒和主动追求与奋斗，从这层意义上讲，改革开放以来中国市场经济的建立、民主政治的完善和公民社会的发展，为中国妇女发挥自身力量追求自身解放与发展提供了前所未有的机遇。

鉴于此，本书试图通过对以上三个主题进行学术探索，以填补这方面研究的空白。

四　结构安排与研究方法

结构安排　本书主要由六大章节构成。

第一章：回顾了社会主义思潮的传入如何引起中国妇女解放话语的

转型。中国妇女运动的产生并非是由女性自发组织的，而是由男性知识分子在民族危亡之际，出于国富民强的目的发动起来。五四时期自由主义思潮的传入一度使个性解放与自由丰富了女性解放的内涵，但危难的国际形势导致"救亡压倒启蒙"，自由主义话语很快让位于社会主义思潮。左翼知识分子开始以马克思主义的阶级观点和唯物主义立场对中国的妇女运动进行了全新的阐释，并由此奠定了中国共产党领导妇女运动的理论指导。

第二章：重点分析中国共产党领导下的妇女解放道路的形成。由于共产国际对中共的影响，中共领导下的妇女运动从指导思想到组织原则的确立，都离不开共产国际的指导。在摆脱共产国际影响后，中共开始把马克思主义妇女理论与中国农业社会的具体情况结合，走出一条中国化的妇女解放道路。但是，由于共产党成立初期所处的艰苦的生存环境，共产党对妇女运动的态度带有强烈的工具性色彩，一切都服从于生存与夺取政权的需要。这种功利性态度，即使在取得政权后仍在一定程度上得以保留。

第三章：新中国成立后，在国家制度建设上借鉴了前苏联的经验，建立起一套高度集中的政治经济模式：党的领导、计划经济以及强大的意识形态宣传等等。苏联模式的社会主义体制使中国妇女无论是在政治参与还是劳动就业方面都获得了跨越式的发展，创造出一幅振奋人心的男女平等的画面。

第四章：对新中国妇女运动所走的道路与取得的成就进行反思。高度集中的政治经济体制在通过强大的国家力量改变妇女命运的同时，也加强了妇女对体制的人身依附，解放了的中国妇女实际上只是完成了从对家庭的依附到对国家的依附的转移而已。妇女失去自由选择的权利，只能被动接受国家的安排。但在意识形态宣传中，中国妇女解放被建构为一幅完美而激荡人心的画面。

第五章：分析中国政府如何以解放的名义对占人口近一半的妇女群体进行成功的规范、管理和动员，使妇女解放成为社会主义建设过程中一个卓有成效的动员口号，它成功地将中国妇女发动起来，积极投身于国家的经济建设和各种政治运动之中，成为国家重建过程中重要的人力资源。但是，在这一过程中，妇女自身的意志和利益并没有得到应有的关注。

第六章：论述了改革开放对中国妇女运动带来的冲击和机遇。改革开放的过程就是在政治经济制度上去苏联模式的过程，社会主义市场经济的建立与完善、社会主义民主法治建设的深入、公民社会的逐步建立……时代的变化一方面给中国妇女的就业和生存带来了极大的冲击，但同时也提供了难得的机遇。从这个意义上说，改革开放不仅是中国人民生活的转折点，也同时开启了中国妇女解放事业的新开端。

研究方法　在研究过程中，笔者主要采用以下几种研究方法：

1. 唯物辩证法。唯物辩证法是一切社会课学研究的基本方法，是科学的世界观和方法论。本书的研究方法也将运用这一科学的方法，历史地分析国际共产主义运动如何影响和推动了中国妇女解放道路的形成，以及所存在的进步性和局限性。

2. 文献研究法。本书以马克思主义立场、观点和方法研究中国妇女运动的实践，所以在研究过程中必须认真研读马克思、恩格斯、列宁有关人的解放以及妇女解放的经典著作；同时还要查阅《共产国际、联共（布）与中国革命档案资料丛书》、《共产国际文件汇编（1919—1932）》《中国妇女统计资料（1949—1989）》等重要的历史资料。通过对这些文献资料的收集与整理，笔者获得许多珍贵的史料，有力支撑了本书的主要论点。

3. 理论与实际相结合。本书主要以马克思主义立场、观点和方法研究中国妇女运动的实践，所以需要认真领会马克思主义关于人的解放和妇女解放的理论观点，在写作过程中，笔者认真研读了马克思、恩格斯、列宁有关人的解放以及妇女解放的经典著作。但仅有理论的分析是远远不够的，研究中国的妇女运动必须要紧密联系中国妇女解放运动的实际，因此，就要对不同时期中国妇女的生存状态有充分的了解。一方面，需要查阅相关历史数据档案，对不同历史时期中国妇女在参政、就业及福利待遇等方面有充分了解；另一方面，笔者还翻阅了大量与中国妇女有关的口述历史、回忆录和文学作品，并对一些经历者做过访谈。通过把马克思主义的基本原理与中国妇女解放的实践历程结合在一起，阐释本书的主题。

第一章
社会主义思潮与中国妇女解放的话语演变

　　不论是西方社会还是东方社会的传统文化中，都存在对女性的诸多规范与歧视。在西方二元对立的价值体系中，男人被认为天生适合做统治者，因为他们富有理性和逻辑思维能力；女人则被视为不完整的人，因为她们缺乏理性能力，所以只能接受男人的统治。"从古希腊哲学到德国唯心主义哲学坚持认为，妇女不是完全成熟和具有责任感的存在……男人是完美的存在，女人则是受挫的男人，低劣的男人。"[①] 19世纪的普鲁士法律禁止妇女、儿童和精神病患者加入政党，其理由便是妇女缺乏理性所以对政治无法做出正确判断，她们只能做贤妻良母。

　　一些伊斯兰国家因强调女性的贞洁要求女性必须进行割礼；规定妇女不得参加社交活动，不得驾驶汽车；妇女一旦违反教规，便要受到严格的惩罚。

　　中国传统文化中的性别文化与西方的宗教文化相比有所不同，对中国妇女的束缚更多来自于封建礼教而不是宗教教义。封建社会对女性的压迫表现在"三纲五常"（夫为妻纲）、"三从四德"（未嫁从父、既嫁从夫、夫死从子）、男子休妻的"七出"之条（不顺父母去、无子去、淫去、妒去、有恶疾去、多言、盗窃去）等等。

　　启蒙运动将平等自由的理念传播到欧洲各地，但那些启蒙思想家一方面主张平等的天赋人权，另一方面将妇女列为二等公民。洛克在

---

　　① 霍克海默：《霍克海默集·文明批判》，上海远东出版社 2004 年版，第 239 页。

《政府论》中主张天赋人权，但他所说的人并非整体意义上的人类，而是特指人类中的男性。洛克认为只有男性才是政治生活的创造者和参与者，而女性由于缺乏理性，所以不适合涉足政治领域，她应把自己的公民权交给她的丈夫。洛克把理性与性别联系在一起，"男性不管他是否拥有财富，都拥有足够理性及自然统治家庭的能力，理性不是与年龄而是与父性联系在一起。"①

卢梭在他的政治理念中一方面坚持人的理性、自由和平等，一方面却又认为妇女比男性本质上更为低劣，因为她们缺乏理性和理性思维的能力。所以女性的美德就是在婚姻内表现出对男性的顺从，那些独立的，追求家庭幸福之外的生活的女性就丢掉了可贵的美德。叔本华认为女性最适宜的职业是看护和教育儿童，因为她们本身就很幼稚、轻浮、目光短浅，她们实际上就是一个大儿童——是儿童与严格意义上的成人的中间体。在女性身上，勉强可以称作是理智的东西几乎没有。

然而，随着"自由、平等、人权"等启蒙思潮的传播与深入人心，接受了启蒙思想的部分欧洲妇女最早发起女权主义运动，要求与男性公民享有平等的政治权利，妇女解放运动由此拉开序幕。

社会主义思潮的诞生推动妇女解放运动进入新的阶段。以追求人类的公平与平等为宗旨的社会主义运动，自一开始就把处于社会最底层的妇女群体的命运作为自己的关注点，"妇女和工人的地位有许多类似的地方，但妇女有一件事却先于工人，就是她们是最先做奴隶的人类，在男的奴隶未曾存在之前，妇女已经是奴隶了。"②

社会主义思潮的出现，尤其是马克思主义的诞生，为妇女解放运动提供了新的指导思想，开辟了新的道路。随着社会主义思潮和马克思主义在中国的传播，中国的妇女解放运动进入新阶段。

---

① Anne Phillips, *Feminism and Politics*, Oxford, 1998, p. 104.
② ［德］奥古斯特·倍倍尔：《妇女与社会主义》，生活·读书·新知三联书店1955年版，第14页。

一 资产阶级革命与妇女解放运动的发端

在人类历史上，尽管东西方女性处于同样的受压迫、被奴役的地位，但妇女群体的觉醒、妇女自发地进行解放自己的斗争，则是从西方社会开始的，主要原因在于在西方社会首先爆发了推动包括妇女在内的人的觉醒的资产阶级革命。

18 世纪 60 年代发轫于英国的工业革命，是一场彻底改变社会经济结构和人类生活面貌的变革。伴随工业化进行的政治民主化以及城市化进程，"不可避免地引发了从社会生活到家庭模式、从思想观念到伦理道德的变迁。每个人都被卷入到这种时势变化的洪流中，妇女自然也不例外。"[①] 资本主义生产方式的建立，对女性命运的改变是十分明显的。可以说，只有在资本主义生产方式得以发展的历史条件下，女性解放的话题才可以产生。

资产阶级革命对妇女解放运动的推动主要体现在：

（一）资产阶级在反封建过程中提出的自由、平等、人权等口号推动女性解放意识的启蒙。最早的女权主义者就是在资产阶级宣扬的"天赋人权"理论启发下，要求与男人享有平等的政治权利。随着资本主义生产关系的出现，资产阶级个人主义开始登上历史舞台，一些资产阶级思想家代表在否定神权至上的基础上，大力宣扬以人为中心的人文主义思想，歌颂人的伟大，肯定人的价值，提倡尊重人的尊严，强调人的意志自由与个性解放，从而使个人获得了一种新的、独立的社会地位。在启蒙运动和法国大革命的影响下，诞生了最早一批女权运动者。她们大多出身于中产阶级家庭，自小接受过良好的教育。有许多人曾经积极投身于法国大革命。正是秉承着对启蒙思想家们所宣扬的自由与平等理念的追求，她们主张自由平等的公民权利不能仅限于男性。

---

① 《西方妇女史》，商务印书馆 2009 年版，第 325 页。

1792 年，英国妇女玛丽·尔斯通克拉夫特撰写《为女权辩护》一文，这本书被称为西方女权主义运动的"圣经"。作者利用启蒙思想家们宣扬的"天赋人权"理论，指出上帝在给予人类权利（natural rights）时，是包括男女两性的。上帝既不想让男人做暴君的奴隶，也不想让女性做男性的奴隶，男女平等才符合天意。

1848 年 7 月 19 日至 20 日，美国历史上第一次以女性权利为主题的妇女代表大会在纽约州召开，会议通过了美国妇女解放运动史上具有深远意义的文件——《权利与意见宣言》，这份宣言以美国人民所熟悉的语言写道："我们认为下面这些是不言而喻的真理：所有的男人和女人都生而平等；造物者赋予他（她）们若干不可剥夺的权利，其中包括生命权、自由权和追求幸福的权利……。"这份女性权利宣言书无论是在文体格式还是措辞风格上都刻意模仿了《独立宣言》，主要是为了表明两者之间的思想的传承关系，它们都是建立在启蒙运动时代的天赋人权和理性主义观念上的，只不过一个是反对君主统治，一个反对男人统治。

（二）资本主义民主制度的建立为妇女解放运动的开展创造了政治条件。资本主义民主制度的确立及逐渐完善，保障了言论自由、结社自由等基本的政治权利，一方面使人们摆脱封建专制压制束缚，个人的人权和自由得到尊重，在一定程度上实现了包括妇女在内的人的解放；另一方面，又为妇女在法律框架内进一步争取自身权利、开展女权运动提供了制度保证。纵观西方女权主义运动的发展历程，它所取得的每一项成就，都是在资本主义制度现行体制下，通过成立独立的妇女组织，采用罢工、罢课、游行示威、国会立法、竞选政府职位及法院诉讼等手段来实现的。

早在 18 世纪 90 年代，巴黎就出现一些妇女俱乐部，她们要求教育权和就业权；1848 年 7 月，美国第一届妇女权利大会在纽约召开，大会通过了《权利和意见宣言》；1859 年，英国第一个女权组织"郎汉姆女士"（Ladies of Langham Place）成立了"促进女性就业协会"。女权主义者们相信两性在智力和能力上没有高下之分，因此应该享有同等的公民权利，她们奋斗的目标就是为妇女争取与男人同等的选举权、教育权和就业权。

尽管遇到了强大的阻力，女权主义运动的成果还是明显的。1894年，新西兰成为世界上第一个妇女拥有选举权的国家，紧接着是澳大利亚，其后是北欧国家妇女在一战前后纷纷获得了选举权，另外在妇女教育和就业方面也取得了令人瞩目的成就。1972年美国国会通过《平等权利修正案》、1973年美国最高法院裁决妇女拥有堕胎权，都是妇女们在资本主义现行体制下、利用法律保障的自由权利进行斗争的成果。

（三）资本主义大工业为妇女解放提供了物质基础和组织条件。资本主义机器大工业为妇女走出家门，参加社会生产提供了前提。随着城市化和工业化的发展，越来越多的家庭妇女被卷入工厂劳动大军之中。到1839年，英国工厂工人共有419560人，其中女工就有242296人，在一些丝织厂和纺麻厂里的女工比例甚至占到70%以上[①]。日本明治维新以后，纺织业开始大量雇用女工，1882年，女工人数占工人总数的70%左右，随后的几十年间，女工一直占日本工人总数的60%左右，直到1920年，男工才略多于女工。[②]

机器化大生产对妇女的影响首先体现在使妇女实现经济独立从而摆脱了对家庭以及丈夫的依附。在工业革命前，社会生产主要是以家庭为单位进行，在一家一户为单位的生产劳动中，妇女始终是作为丈夫的助手而存在。机械化大生产瓦解了家庭经济，把工人家庭部分男女都抛到劳动力市场上。妇女开始以个人身份进入劳动力市场，她们可以自由选择职业、独立领取劳动报酬，甚至还可以随意支配属于自己的工资。在英国的兰开夏地区，参加工厂劳动的女孩子在16—25岁期间能够为自己积聚100英镑左右的嫁妆钱。在曼彻斯特地区，有许多的家庭是"妻

---

① 《马克思恩格斯全集》第2卷，人民出版社1957年版，第428—429页。
② 刘荣：《日本女性与战后日本经济高速增长》，《日本学论坛》1988年第4期。

子挣钱养家，丈夫却坐在家里看小孩，打扫屋子做饭……"① 妇女在家庭中的地位和影响发生了明显的变化。工业化生产使那些长期在家庭中从事无偿劳动的妇女们转变为具有独立工资收入的劳动者，客观上为她们摆脱依附地位和家庭的束缚提供了物质基础，提高了妇女在家庭中的地位。经济的独立也有利于妇女实现人格的独立。一位英国职业妇女在1882 年回忆道："第一次用自己的工资兑现账单时，独立的自豪感穿越柜台传遍我的全身，让我激动不已。仅仅为此，我也将快乐地工作。"②

但是，大工业在把妇女推向工厂，变为家庭供养者的同时，也把女工推入悲惨的深渊。在私有制条件下，女工成为廉价的劳动力，成为受剥削受奴役的对象，"使工人家庭成员不分男女老少都受资本的直接统治。"③ 女工的劳动时间很长，一般每天达到 15 小时到 18 小时。那些女矿工不仅劳动时间长，劳动强度也非常大，繁重的体力劳动严重损害了女工的躯体，"她们的体格很少有完全正常的，更正确地说，几乎从来没有完全正常的。"④

在大工产中就业的女工劳动强度大，工作时间长，工作环境十分恶劣，尤其在许多纺织企业里，"通风设备不良，室内棉屑飞扬，令人气闷难受"，而那些在煤矿就业的女工则要承担与自身体质不相称的高强度劳动，1808 年，一位叫罗伯特·鲍尔德的工程师在他所进行的调查报告中说道："我看见一位妇女，每次至少锝背 170 磅煤，沿着地下斜井走 150 码，再爬 117 英尺的梯子出矿井，最后顺着山坡走 20 码，才能将它们卸下。她每天干 8—10 小时，要这样往返 24 趟。"⑤ 女工缺乏最基本的劳动保护，许多人会因劳动过度过大而导致流产。一些妇女一直到分娩前一瞬间还在干活，有的甚至在劳动现场生下孩子。女工大多职业病丛生，未老先衰，过早失去劳动能力。恩格斯在《英国工人阶

---

① 《马克思恩格斯全集》第 2 卷，人民出版社 1957 年版，第 431 页。
② 转引自《西方妇女史》，商务印书馆 2009 年版，第 402 页。
③ 《马克思恩格斯文集》第 5 卷，人民出版社 2009 年版，第 454 页。
④ 《马克思恩格斯全集》第 23 卷，人民出版社 1957 年版，第 535 页。
⑤ 潘迎华：《19 世纪英国现代性与女性》，浙江人民出版社 2005 年版，第 59 页。

级状况》一书中，揭露了资本主义制度下女工们的悲惨处境："资产阶级的这种令人厌恶的贪婪造成了这样一大串疾病！妇女不能生育，孩子畸形发育，男人虚弱无力，四肢残缺不全，整代整代的人都毁灭了，他们疲惫而且衰弱——而所有这些都不过是为了填满资产阶级的钱袋。"①

在机器大工业时代，妇女已成为许多行业的主要劳动力，正如英国著名的工人激进主义领袖科贝特所说过的："我国的强盛和富裕，我们超于他国之上的优势，竟得之于兰开夏郡的3万幼女……这些幼女假若每天比现在少做两个小时，竟要导致国家的毁灭。"② 她们以自身的辛苦劳动推动着国家工业化和现代化的进程，但却并没有获得与男性工人同等的工资和待遇。一般来说，与男性工人相比较，大多数女工长期处于低工资状态。在19世纪20年代末30年代初，纺织行业妇女的工资只有男性工资的50%；即使在同一部门工作，一般妇女的工资是男性的1/3或一半，最高的也只有男性的2/3。③

机械化大生产同时也提高了妇女的思想觉悟，并为妇女的组织化提供了条件。在一家一户从事生产活动的情况下，妇女被分割于一个个独立的家庭之中，相互之间缺乏沟通，也不存在组织起来的条件。大机器生产把大批素不相识的妇女聚集在一起，社会化生活方式使妇女摆脱狭隘的家庭生活的束缚，扩大了妇女们之间的交往，形成丰富的社会关系网络，促进精神世界的丰富和身心的解放，提高了她们的思想觉悟和权利意识，无产阶级妇女在大工业生产过程中的精神觉醒和组织化推动了妇女运动的社会基础更加广泛、力量更加强大，为妇女解放运动的展开奠定了良好社会基础和思想基础。

1788年，英国一个地区的女工捣毁纺织机进行反抗。宪章运动作

---

① 《马克思恩格斯全集》第2卷，人民出版社1957年版，第453页。

② Eric Hopkin, A Social History of the ENglish Working Class1815-1945, London, 1979, p, 57.

③ Sally Alexander , Becoming a Women and Other Essays in 19th and 20th Century Feminist History, p. 25. 转引自潘迎华《19世纪英国现代性与女性》，浙江人民出版社2005年版，第73页。

为"世界上第一次广泛的、真正群众性的、政治性的无产阶级革命运动"①，极大激发了女工的阶级觉悟，广大女工积极投入其中，她们参加宪章运动组织的群众集会、参加游行示威和捐款。

1860年，美国林恩制鞋工人发起了一场闻名遐迩的大罢工，妇女们组织起自己的协会和罢工聚会，并且举行示威游行，800名女罢工者高举大旗前进，旗上写着：美国妇女绝不当奴隶！给我们公正的补偿，我们就高兴地工作！

1898年，芝加哥一家手套厂的女工举行罢工，抗议老板引进新的流水设备；1905年，纽约8000多名洗衣女工联合罢工，反对资方提出的一系列有损于女工权益的举措。

无产阶级妇女的抗争与中产阶级妇女的男女平权运动汇成了十八、十九世纪妇女运动的潮流。但两者无论是在生活经历、文化水平还是家庭背景方面都有很大的差异，导致在运动目标上的分歧不可避免。对于那些劳动家庭走出的工厂女工来说，挣钱养家糊口成为她们的第一需求，所以她们最为关注的是生活条件和生产条件的改善、工资水平的提高、劳动保护问题。1902年，一些应邀出席美国切尔西市镇大会的妇女在大会发言中指出，工人阶级妇女的权利不应该仅限于选举权，"我们要缩短劳动时间，以求比今天更多的休息、更多的娱乐机会和更合理的生活内容。"② 而那些出身富裕家庭的女权主义者，她们显然不能充分理解底层劳动妇女的处境与需求，当工人阶级女性要求劳动保护的立法以及生产条件的改善时，女权主义者却只是关注着选举权问题，甚至反对给予女性特殊的劳动保护，因为这不符合她们两性权利应该绝对平等的理念。中产阶级妇女的参政运动显然已经不能完全表达无产阶级妇女的利益诉求，妇女队伍的阶级分化的趋势在不断加剧。无产阶级妇女运动需要自己的理论指导，社会主义思潮尤其是马克思主义理论的诞

---

① 列宁：《第三国际及其在历史上的地位》，载《列宁全集》第36卷，人民出版社1985年版，第292页。

② 《外国女权主义运动文选》，中国妇女出版社1987年版，第44页。

生，为无产阶级妇女追求解放之路提供了理论指导。

二 从空想到科学：社会主义思潮中的妇女解放理论

妇女解放思想是社会主义思潮的重要组成部分，从早期的空想社会主义者如圣西门、傅立叶、欧文到后期的马克思、恩格斯、列宁，他们出于对人类平等与公正的追求，都注意到了妇女受压迫，并对妇女解放给予了高度关注。由于所处时代的不同，他们对妇女受压迫的根源以及妇女解放的出路，给出了不同的答案。

（一）空想社会主义思潮与女性解放

16—17 世纪，伴随着资本主义的制度性弊病的暴露，作为资本主义制度的否定形式的社会主义思潮应运而生了。随着资本主义的发展，社会主义思想也得到进一步发展。到 19 世纪，社会主义话语在欧洲成为一种时尚。各种站在不同立场上反对资本主义的人，都纷纷打出社会主义旗帜，自命为社会主义者。这些形形色色的社会主义派别尽管主张各异，但都是站在资本主义制度的对立面，"试图用社会调节和社会控制的办法克服资本主义的制度性弊病以实现社会公正从而达到社会进步和人类解放"。[①]

许多早期的社会主义者关注到了资本主义制度下遭受压迫和不公正待遇的特殊群体——妇女，其中较为显著的是以圣西门、傅立叶和欧文为代表的空想社会主义者。圣西门认为一个社会如果不关心占人口一半的妇女的安全，那么这个社会应当感到羞耻。在他的第一本著作中，他承认妇女有权在议会中占有席位，妇女参政是无可非议的。圣西门的男女平等思想吸引了许多追随者，她们从宗教角度论证男女平等的必要性，甚至提出既有男性的上帝，就应该也有女性的上帝。"女性的救世

---

① 蒲国良：《世界社会主义运动概论》，中国人民大学出版社 2006 年版，第 9 页。

主将把世界从卖淫中拯救出来，正如耶稣把世界从奴役中拯救出来一样。"她们创办了自己的杂志《妇女论坛》，表达了她们初步的阶级意识："我们来自无产阶级……我们将忠于平民阶级的妇女。"①

在傅立叶构想的和谐社会中，男女同校，男女无差别地从事同样的行业，妇女也可以与男人一样通过劳动和自己的才能获得报酬。他甚至把女性解放的程度视为人类文明的标志："某一个历史时代的发展总是可以由妇女走向自由的程度来确定，因为在女人和男人、女性和男性的关系中，最鲜明不过地表现出人性对兽性的胜利。在任何社会中，妇女解放的程度是衡量普遍解放的天然尺度。"② 他还批评了资本主义婚姻制度的伪善和堕落，揭示了妇女商品化的地位。

欧文是第一个企图通过实践来实现男女平等的空想社会主义者。他写了大量文章和小册子宣扬妇女解放和男女平等，他认为婚姻应当是建立在两性平等关系上的自由结合。欧文的追随者们，在英国和美国建立了许多乌托邦社区，在这些社区里，男女可以平等、自由地选择交往，一夫一妻却又不受婚姻的法律约束；孩子断奶后，送到儿童之家，照顾孩子的责任不再由其父母担任，而是落在由社区挑选的护理员肩上。

空想社会主义者对妇女问题的关注只是出于宗教和道德情感，他们看不到妇女受压迫的真正的社会根源，从而不可能找到妇女解放的真正道路，他们关于女性解放的种种设想注定是空想。"不成熟的理论，是和不成熟的资本主义生产状况、不成熟的阶级状况相适应的。解决社会问题的方法还隐藏在不发达的经济关系中，所以只有从头脑中产生出来。……这种新的社会制度从一开始就注定要成为空想，它越是制定得详细周密，就越是要陷入纯粹的空想。"恩格斯的话，深刻揭示出了这些空想社会主义者关于男女平等的设想最终必然流于空想的原因。

但这些空想社会主义者关于妇女解放的思想为马克思主义妇女解放

---

① 《外国女权主义运动文选》，中国妇女出版社 1987 年版，第 257 页。
② 《马克思恩格斯文集》第 3 卷，人民出版社 2009 年版，第 531—532 页。

理论的诞生提供了思想基础，马克思主义者正是在批判地借鉴了他们思想中进步的因素，从而创立了科学社会主义体系中的妇女解放理论。

（二）科学社会主义的诞生对妇女运动的影响

《共产党宣言》的发表，标志着科学社会主义的诞生，也为人们认识历史和自身提供了新的理论方法和思维方式。人们开始从一种崭新的视角思考女性问题，从而推动妇女解放运动进入新的历史阶段。

马克思主义作为一门科学的理论体系，以其唯物史观和阶级斗争方法，揭示资本主义制度的剥削的秘密，指出了人类社会发展的规律，同时也为妇女解放事业提供了崭新的视角。马克思、恩格斯、倍倍尔、列宁先后在《德意志意识形态》、《共产党宣言》、《家庭、私有制和国家的起源》、《社会主义与妇女》、《论苏维埃共和国女工运动的任务》等一系列的著作与讲话中，有史以来第一次采用唯物史观分析妇女受压迫的社会根源以及妇女解放的出路，从人的解放的高度来认识妇女解放，从而为无产阶级妇女的解放运动提供了科学的理论指导，并对世界范围内的妇女运动产生了深远影响。

1. 男女不平等的起源

在妇女受压迫的社会根源这一问题上，以往的女权主义者以及空想社会主义者都进行了一定的探讨，但由于历史条件的限制，他们大多把妇女的受压迫归因于男女两性生理上的差异或抽象的人性论，从而把妇女解放寄托于资本主义体制内的男女之间的斗争或人性的改造。在《家庭、私有制和国家的起源》中，恩格斯从历史唯物主义出发，揭示了妇女屈从地位的形成是社会生产力的发展的必然结果。

恩格斯认为，在原始社会，人们认识自然和改造自然的能力特别低下，为了同自然和猛兽斗争，氏族里男女共同参加劳动，男人狩猎、捕鱼；女人采集果实、种子；前者的捕猎数量极不稳定，后者的劳动收获却具有相对稳定性，因此，这一时期的妇女在氏族中占据着重要的地位。同时，人类早期的婚姻处于群婚阶段，孩子只知有母而不知有父，因此血统与世系须以母亲来计算，从而形成母系氏族社会。在这样的社会中，妇女社会地位极高，十分受人尊重，"在一切蒙昧人中，在一切处于野蛮时代低级阶段、中级阶段、部分地还处在高级阶段的野蛮人中，妇女不仅居于自由的地位，而且居于受到高度尊敬的地位。"①

随着生产力的发展和金属工具的出现，畜牧业和农业逐渐分离，男人和女人在生产劳动中的地位和作用开始发生了改变，男性因体格健壮逐渐取代了妇女在生产中的主导作用。导致妇女地位实质性下降发生在私有制产生之后，私有财产出现后，氏族的集体共同劳动逐渐瓦解，个体家庭成为社会的经济单位。在以个体家庭为单位的经济活动中，妇女的家务劳动开始变成一种辅助性的私人劳动，男子在生产过程中的作用日益凸现，逐渐取得了对家庭财产的所有权和支配权，母权制最终被父权制所取代。

"母权制的被推翻，乃是女性的具有世界历史意义的失败。丈夫在家中也掌握了权柄，而妻子则被贬低、被奴役，变成丈夫淫欲的奴隶，变成单纯的生孩子的工具了。"② 私人财富的积累和男子的优势地位促使丈夫有了由父系继承财产的愿望，这必须要保证妻子的贞操从而保证财富由自己的儿子继承。于是，妻子不可避免地成为男子的私有物和传宗接代的工具。家庭中的奴隶制是最早的奴隶制，男性在家庭中对女性的统治是最初的阶级压迫。恩格斯认为，人类历史上的阶级对立是与两性间的对抗同时发生的。"在历史上出现的最初的阶级对立，是同个体婚制下的夫妻间的对抗的发展同时发生的，而最初的阶级压迫是同男性对女性的压迫同时发生的。"③ 他把丈夫比喻成家庭中的资产者，"妻子则相当于无产阶级。"④

可见，历史上出现的最初的性别压迫是同阶级压迫同时产生的，私

---

① 《马克思恩格斯文集》第 4 卷，人民出版社 2009 年版，第 60 页。
② 同上书，第 68 页。
③ 同上书，第 78 页。
④ 同上书，第 87 页。

有制不仅是阶级压迫的根源，也是性别压迫的根源。

2. 妇女解放的道路

在《共产党宣言》1888 年英文版序言中，恩格斯阐述了马克思主义的唯物主义历史观，"每一个时代主要的经济生产方式和交换方式以及必然由此产生的社会结构，是该时代政治的和精神的历史所赖以确立的基础。"① 即一切社会变迁和政治变革的终极原因，应该到有关时代的经济中去寻找，这个原理同样适用于对妇女问题的分析。

在考察妇女地位的历史演变过程中，马克思、恩格斯从唯物史观出发，阐述了男性对女性的压迫与奴役是与阶级压迫相伴而生，都是私有制发展的必然结果，从而第一次科学地揭示了女性受压迫的社会根源。"一切社会的从属和被压迫是起因于被压迫的经济的从属，妇女已久处于这种经济从属的地位。"② "和私有制确立的同时，妇女也就成为男子的隶属。"③

因此，妇女的解放，只有在消灭私有制的社会主义运动中才能够实现，"只有在废除了资本对男女双方的剥削并把私人的家务劳动变成一种公共的行业以后，男女的真正平等才能实现"。④ 可见，妇女的命运与整个无产阶级的命运是相似的，妇女受压迫与无产阶级受压迫的根源都是私有制，所以，妇女解放的道路与无产阶级解放的道路也应该是一致的，即通过无产阶级革命，消灭一切阶级剥削和阶级压迫，建立社会主义和共产主义社会，才能实现妇女的解放。

在妇女运动与工人运动的关系上，马克思主义者坚持两者斗争目标的一致性，反对女权主义要求妇女运动独立于工人运动之外的要求。恩格斯在给倍倍尔的信中指出："维也纳的女工报纸希望有一种特殊的妇

---

① 《马克思恩格斯文集》第 2 卷，人民出版社 2009 年版，第 14 页。
② ［德］奥古斯特·倍倍尔：《妇女与社会主义》，生活·读书·新知三联书店 1955 年版，第 14 页。
③ 同上书，第 34 页。
④ 《马克思恩格斯文集》第 4 卷，人民出版社 2009 年版，第 181 页。

女运动,而不希望妇女运动只是成为工人运动的一个方面……所谓争取妇女权利的特殊的运动——纯粹是资产阶级的把戏——就会很快退居次要地位。"① 妇女只有投身无产阶级的解放事业,在无产阶级革命事业中找到同盟者,才能实现自己的解放。"她们必然会在无产阶级运动中遇到同盟者。具有阶级觉悟的无产阶级很早就开始冲击维护一个性别统治另一个性别的阶级国家的堡垒。"②

3. 参加社会化生产劳动是妇女解放的先决条件

马克思主义强调经济平等对妇女解放的意义,妇女解放必须建立在经济自由的基础之上。社会主义公有制的建立只是妇女解放的第一步,要实现妇女的彻底解放,她们还必须摆脱家务劳动的束缚,积极参加社会生产劳动获得经济上的独立。

恩格斯在《家庭、私有制和国家的起源》中,以唯物史观的视角,阐述了家庭中性别分工的形成及其对妇女地位的影响。由于男女生理的差异以及妇女不可替代的生育职能,从蒙昧时代人类就已在纯粹自然的基础上实行劳动性别分工,"男子作战、打猎、捕鱼,获取食物的原料,并制作为此所必需的工具。女人管家,制备食物——做饭、纺织、缝纫。男女分别是自己活动领域的主人:男子是森林的主人,妇女是家里的主人。"③ 在这样的分工中,妇女处于受人尊敬的地位。然而,随着私有制和阶级的形成,男性在生产活动中的地位逐渐提高,而女子的地位则开始滑落,最终导致"'粗野的'战士和猎人,以在家中次于妇女而占第二位为满足,但'比较温和的'牧人,却依靠自己的财富挤上首位,把妇女挤到了第二位。"男人成为生产资料和生活资料的占有者,妇女因从事私人性质的家务劳动,丧失了对生产资料的所有权,沦为生产和生活中的奴仆。"从前保证妇女在家庭中占统治地位的同一原

---

① 《马克思恩格斯全集》第 38 卷,人民出版社 1972 年版,第 161 页。

② [德]奥古斯特·倍倍尔:《妇女与社会主义》,生活·读书·新知三联书店 1955 年版,第 301 页。

③ 《马克思恩格斯文集》第 4 卷,人民出版社 2009 年版,第 178 页。

因——妇女只限于家务劳动，——现在却保证男子在家中占统治地位……男子的劳动就是一切，妇女的劳动是无足轻重的附属品。"①

列宁进一步指出了家务劳动对妇女的束缚，"甚至在完全平等的条件下，妇女事实上仍然是受束缚，因为全部家务劳动都压在她们肩上。这种家务多半是非生产性的、最原始的、最繁重的劳动。这是极其琐碎而对妇女的进步没有丝毫帮助的劳动。"② 正是由于妇女受压迫地位的形成，不仅是私有制和阶级社会形成的结果，也是在此基础上形成的劳动的性别分工的后果。因此，"只要妇女仍然被排除于社会的生产劳动之外而只限于从事家庭的私人劳动，那么，妇女的解放，妇女同男子的平等，现在和将来都是不可能的。"③ 所以，妇女要实现彻底的解放，消灭私有制、实现阶级的解放只是第一步，更重要的还要投身社会劳动和实现家务劳动社会化。"妇女解放的第一个先决条件就是一切女性重新回到公共的事业中。"④

马克思主义的阶级观点为国际妇女运动开辟了一条崭新的发展道路：妇女运动与社会主义运动紧密结合，无产阶级不分性别地团结在一起，通过阶级革命彻底消灭资本主义私有制。生产资料公有制的实行保证了所有的社会成员包括广大妇女彻底摆脱了被剥削、被压迫的命运；在此基础上，女性获得与男性同等的经济权利和政治权利。

三 从国富民强到阶级解放：中国妇女解放话语的转型

与西方女权主义不同的是，中国妇女解放的发端并不是出自于女性群体权利意识觉醒后的自觉追求，而是在一些先知先觉的男性知识分子

---

① 《马克思恩格斯文集》第4卷，人民出版社2009年版，第181页。
② 列宁：《论苏维埃共和国女工运动的任务》，载《列宁全集》第37卷，人民出版社1986年版，第192页。
③ 《马克思恩格斯文集》第4卷，人民出版社2009年版，第181页。
④ 同上书，第88页。

的启蒙与推动下开展起来的。但是，中国男性知识分子对女性解放的关注与推动，并不是出于要让女性享有与男性平等的自由权利，而是为了国家富强与民族复兴。因此，中国妇女解放的一个主要特点便是它从来不是一场独立的以追求女性权利为目的的运动，而是始终与民族解放、国家振兴等宏大主题结合在一起。女性解放的话语，只是民族、国家乃至阶级等宏大话语的组成部分，随着中国时代主题的发展，女性解放的话语也在演变。

（一）中国传统社会妇女的生存状态

中国的封建社会等级森严，两性之间的等级秩序既是整个封建秩序的重要内容，更是整个社会等级秩序的基石。中国文化讲究阴阳调和，信奉"天地和而后万物兴焉"，将两性的生理差别视为自然的，不可或缺的，所以没有出现西方文化中那样强烈的厌女症特点。即便如此，两性的地位还是有尊卑上下之分。"君臣父子夫妇之义，皆与诸阴阳之道。君为阳，臣为阴；父为阳，子为阴；夫为阳，妻为阴。"① 男对女的统治就像君对臣的统治、父对子的统治一样天经地义。

从降生的一刹那起，男女就被贴上了尊卑贵贱的标签，享受不同的待遇。中国古代对待刚刚出生的婴儿有一种特殊的习俗，男以"弄璋"，女以"弄瓦"：

"乃生男子，载寝之床，载衣之裳，载弄之璋，其泣喤喤，，朱芾斯皇，室家君王；

乃生女子，载寝之地，载衣以裼，载弄以瓦，无非无仪，唯酒食是议，无父母诒罹。"②

这首诗的意思就是男孩生下来要让他睡床上，让他玩玉器；女孩生下来要让她睡地上，让她玩纺锤。班昭解释：使女孩"卧之床下，明

---

① （汉）董仲舒：《春秋繁露·基义》。
② 《诗经·小雅·斯干》。

其卑弱，主下人也。弄瓦砖，明其习劳，主执勤也。"①

从学龄开始，女性的自由开始受到严格限制。男子可外出求学、做官，女子只能待在家里学习做家务，不能出家门一步。"缠足"成为限制女性的自由活动的重要手段。女性也被剥夺了受教育的权利，"女子无才便是德"，即使某些礼教家主张妇女读书，但他们不会给予妇女自由选择的权利，而是要严格规定妇女读书的内容。当女性失去活动的自由和读书学习的权利时，她们自然也就失去了参与国家政治、社会管理的机会，封建礼教严格限制妇女参与政治。

结婚意味着统治女性的权力从父亲移交到了她的丈夫。夫为妻纲与父为子纲、君为臣纲，同属于三大伦理纲常。丈夫对妻子的统治表现在：第一，妻子没有独立人格，是从属于丈夫的家属。女子出生后没有正式的名字，结婚后必须在自己的名字前冠以丈夫的姓。直至 1931 年国民党颁布的《民法·亲属》第 1000 条仍然规定妇女须在本性前冠以夫姓。第二，妻子需要无微不至地服侍丈夫。"故事夫如事天，与孝子事父、忠臣事君同也。"② 除此之外，妇女还要承担所有的家务，悉心侍奉公公与婆婆。第三，妇女不仅要在丈夫在世时保持忠贞，丈夫死后，也得守节，"夫有再娶之义，妻无二适之文。"第四，妇女没有财产权，封建社会实行财产的男性继承制，女性不仅被剥夺了财产继承权，甚至连带到婆家的嫁妆都不归她所有。清《条例》规定："妇人夫亡……夫家财产及原妆奁并听前夫之家为主。"

可见，封建时代的男女关系实际上是一种压迫与被压迫、剥削与被剥削的关系，男女之间的尊卑上下是封建等级制度的折射。

封建礼教的思想钳制、中国妇女整体被剥夺受教育的机会导致中国妇女解放思想并不是来自于妇女自身的觉醒，而是来自于较早受到西方思潮影响的男性知识分子。

---

① （后汉）班昭：《女诫》。
② （后汉）班昭：《女诫》。

（二）中国妇女解放的发端与解放话语的演变

19 世纪末 20 世纪初，面对着列强压境的民族危机，中国知识分子开始面向西方，希望通过学习西方先进的文化和科学技术实现中华民族的强盛。自欧洲启蒙运动以来的各种西方社会思潮，如民族主义、自由主义、社会主义等等纷纷涌入，中国妇女解放运动由此发端并在不同语境下被赋予不同的内涵。

一、民族主义思潮与妇女解放　与西方女性解放兴起的时代背景不同的是，近代中国妇女运动发端于"救亡图存"的时代召唤。自晚清戊戌维新运动以来，民族危机引发男性知识精英阶层对国家未来的担忧和思考，维新知识分子普遍认为体弱无知的妇女是国家强大的负担和拖累。他们积极倡导废缠足，兴女学，目的只是让妇女们"上可相夫，下可教子，近可宜家，远可善种，妇道既昌，千室良善。"① 他们主张婚姻自由也是由于"力倡婚姻自由，再济以（女子）学问，国家也自然强固。"② 妇女解放是手段，国家富强才是真正的目的，这时的女性解放是与民族主义话语相联系。

梁启超梁把中国人分为"生利者"和"分利者"，由于妇女缠足不能从事生产劳动，自己不能生利而分男人之利。"两万万女子，嗷然待哺，重困男子，生计艰窘，家既如此，国亦如此。"占人口一半的中国妇女主要是"分利者"，这是中国落后的主要原因。

维新派倡导废缠足和兴女学，是因为他们相信妇女的素质直接关系到种族延续与国家富强。维新派接受了达尔文的进化论观点，认为人"得父母气各半，其母既残其筋骸，瘁其血脉，行立操作，无不勉强，日损无己，所生之子女，自必脆弱多病。"③ 因此，为了种族繁衍和国

---

① 梁启超：《饮冰室合集文集》第 2 册，上海中华书局 1936 年版，第 19 页。
② 江毓真：《论婚姻自由的关系》，载《女子世界》第 9 期，1904 年 9 月 10 日。
③ 张之洞：《〈戒缠足会章程〉叙》，见苑书义编《张之洞全集》12 册，河北人民出版社 1998 年版，第 10061 页。

家强大，必须禁止妇女缠足。"欲救国，先救种，欲救种，先去其害种者而已。夫害种之事，孰有如缠足乎？"①

要改良人种，提高整个人口的素质，还必须让女子接受教育，因为"生人之始，本于胎教，成于母训为多。女不知学，则性情不能陶冶，胸襟不能开拓，以故妒嫉褊狭；乖戾愚蠢，钟于性情。"②

让女性不缠足而使其身体强壮，让女性接受教育使其资质向上发展，然后，女性将其优良资质留传给后代，并通过母教，提高孩子的素质，这样，女性议题就直接关系到国家富强的问题。

民族存亡与国家富强成为当时全体国人最关注的话题，个人的权利往往被忽视甚至被吞噬。在这样的时代环境下，维新派宣传妇女解放的最终目的是为了强国保重，使女性体格强健、富有知识，辅佐丈夫，教育子女，传宗接代，从而造就贤妻良母。

此时此刻，这些男性知识分子对妇女解放强调的不是女性权利的维护，而是要求妇女为国家承担与男性同样的责任和义务，"其女国民惟孜孜以国事为己责，至于个人私利，虽牺牲之不惜。"③1906年上海群书社发行的《最新女子教科书》要求妇女"必先自爱其群，始勉尽己力牺牲私利，维持公利"。④

从一开始，中国的女性解放运动走的就是一条不同于西方女权主义的道路：它是由男性知识分子推动而不是由妇女主动发起；它的目标是为了国家富强而不是为了妇女权利的维护，带有明显的工具主义色彩。

二、自由主义思潮与妇女解放　五四新文化运动，随着现代西方平等与自由理念的引入，以胡适为代表的自由主义知识分子开始从个性解放与个人权利的角度解读妇女解放。

维新派鼓吹妇女解放并不是出于维护女性权利的目的，而是要让女

---

① 曾继辉：《不缠足会驳议》，载《湘报》151号，1898年9月10日。
② 康有为：《大同书》，中州古籍出版社1998年版，第171页。
③ 谈杜英：《中国妇女运动通史》，妇女共鸣社1936年版，第15页。
④ 罗苏文：《女性与近代中国》，上海人民出版社1996年版，第148页。

性成为合格的、有文化的"贤妻良母","上可相夫,下可教子",女性依然被束缚在家庭的小圈子里。自由主义知识分子已经超越"贤妻良母"观念,开始从人的解放的高度认识妇女解放,指出妇女解放本质上就是人的解放,"我是堂堂的一个人,有许多该尽的责任,有许多可做的事业。何必定须做人家的良妻贤母,才算尽我的天职,才算做我的事业呢?"① 男女都是人类,女性解放,就是要"使她们从'附庸品'的地位,变成'人'的地位;使她们做人,做她们自己的人。"②

自由主义知识分子认为,人的解放最重要的就是要养成独立自由之人格,"脱离夫奴隶之羁绊,以完其自主自由之人格之谓也。"③ 正是基于对自由独立人格的重视,以陈独秀、胡适为代表的五四知识分子都把妇女的独立人格的形成视为妇女解放的本质。陈独秀深刻指出了儒家"三纲之说"中的"夫为妻纲"的实质就是要让妻子失去独立人格,从而成为丈夫的附属品。因此,陈号召青年男女"各奋斗以此脱离此附属品之地位,以恢复独立自主之人格。"④ 这种观点,是五四时期自由主义知识分子对女性解放观念的代表。

1919 年,湖南长沙发生一起青年女子为抗拒父母安排的婚姻而自杀的事件,毛泽东就此撰写了十余篇文章,对戕害妇女的封建伦理制度进行猛烈抨击。其中一篇文章专门讨论"赵女士的人格问题",他写道:"人格这东西,是由于对手方面的尊崇才有的。他的先决问题是要意志自由。"赵女士的死恰恰是由于她失去了自由的意志。对赵姓女子为争取独立人格所采取的行动,毛泽东给予了高度肯定和赞扬,"在他二十一年最后的一瞬间,他的人格忽然现在来了。呜呼,呜呼!不自由,毋宁死。雪一般的刀上面,染了怪红的鲜血。柑子园尘秽街中被血洒满,顿化成了庄严的天衢。赵女士的人格也随之涌现出来,顿然光艳

---

① 胡适:《美国的妇人》,载《新青年》第 5 卷第 3 号。
② 罗家伦:《妇女解放》,载《中国妇女问题讨论集》第 1 册,第 1 页。
③ 陈独秀:《敬告青年》,载《青年杂志》1 卷 1 号,1919 年 9 月 15 日。
④ 陈独秀:《一九一六年》,载《新青年》1 卷 5 号。

万丈。"①

　　1921 年 9 月创刊的《现代妇女发刊词》指出，妇女解放的目的就是"使过去的妇女成为现代的妇女"，与过去的妇女相比较，"现代的妇女"最重要的特征便是从过去的一切束缚中解放，享有前所未有的"独立与自由"，即"学习的自由，事业的自由，肉体和心灵的自由，做妻和做母的自由。"②

　　在这场鼓吹女性独立人格的热潮中，胡适更为突出。1918 年 6 月，他在《新青年》刊行的"易卜生专号"上发表了《易卜生主义》一文。文中指出："社会最大的罪恶莫过于摧残个人的个性，不使他自由发展。"要发展人的个性，需要两个条件："第一，须要使个人有自由意志；第二，须使个人担干系，负责人任。"③

　　胡适从他的自由主义立场出发，认为女性解放就是要追求独立人格和个性自由。为了更深入地阐释他这一思想，胡适又在《新青年》的"易卜生专号"上发表了与罗家伦合译的易卜生名剧《娜拉》，将娜拉这一崭新的女性形象展示在世人面前。娜拉在离家出走时向丈夫宣告"我相信我第一紧要的是，我是一个人，一个同你一样的人，无论如何，我务必努力做一个人。"这实际上发出了新一代女性要求个性解放的呼声。

　　在自由主义思潮的影响下，五四前后的中国妇女，尤其是知识分子女性，掀起了一场以追求个性自由为特征的解放运动。她们以"娜拉"为榜样，纷纷挣脱封建家庭的束缚，为婚姻和爱情的自由而离家出走。但是，在挣脱家庭的羁绊之后，这些出走的"娜拉"不得不面临经济窘迫的困境。这在当时引发了一场有关"娜拉出走后怎么办"的争论。当时有几种观点：（1）娜拉走出家庭，再也没路可走，终于堕落；（2）娜拉走出家庭后，到处都是困难，反不如家中；（3）娜拉终究还是要

---

① 任傲霜：《毛泽东散文作品赏析》，海南出版社 1997 年版，第 56 页。
② 《现代妇女发刊词》，载《五四时期期刊介绍》第 2 卷，下册，第 556 页。
③ 胡适：《易卜生主义》，载《胡适文集 2 · 胡适文存》，第 487 页。

回来的。鲁迅曾写过一篇《娜拉走后怎样》的文章，指出了在没有经济独立的情况下，女性解放将会面临的困境。因此，"为准备不做傀儡起见，在目下的社会里，经济权就见得最要紧了。第一，在家应该先获得男女平均的分配；第二，在社会应该获得男女相等的势力。"鲁迅以小鸟比喻离家的妇女："一匹小鸟，则笼子里固然不自由，而一出笼门，外面便又有鹰、有猫，以及别的什么东西之类。倘使已经关得麻痹了翅子，忘却了飞翔，也诚然是无路可走的。"①

此时的鲁迅，尽管还不能利用马克思主义的唯物史观来认识妇女问题，但却看到了女性解放的实质，即单单走出家庭并不能解决问题，真正的解放，必须争取经济上的自立和政治上的平等。

《新青年》创刊后的几年，曾经是中国自由主义的黄金时期，但随后国内外发生的一切促使启蒙阵营的分化：第一次世界大战爆发、俄国十月革命成功、五四运动……一批曾接受自由主义的知识分子转而信奉马克思主义。

三、社会主义思潮与妇女解放　五四运动后，国家的危亡局势导致救亡主题日益突出，启蒙思潮开始衰退。知识分子对自由、平等、民主、人权的追求以及对个体尊严和权利的尊重，逐渐让位于对国家命运的关注。社会主义的革命思维逐渐成了全社会的共识，主张西化的改良主义日益退到了历史舞台的后面。"要想用和平渐进的方法来改造社会的一部分，也是一种不可能。那么怎么办呢？答案就是：改造社会要用激进的、激烈的办法。钻进社会里，从根本上谋全体之改造。"②

社会主义思潮重视社会正义及经济平等，这在人口众多、经济极度贫困的近代中国，不仅对广大民众有极大吸引力，而且对那些关注社会问题，富有"忧患"意识的中国知识分子来说，也不蒂是个福音，"今日所谓伦理，大概有两种观念，一种是帮助弱者抵抗强者，一种是牺牲

---

① 鲁迅：《坟·娜拉走后怎样》，载《鲁迅全集》第 1 卷，人民文学出版社 1973 年版，第 145—147 页。

② 彭明：《五四运动史》，人民出版社 1984 年版，第 522 页。

弱者帮助强者。现在军国主义，都是牺牲弱者的一种，是牺牲弱者帮助强者；与此相反解是社会主义，这主义帮助弱者抵抗强者。"①

　　社会主义思潮为妇女解放提供了新的话语资源。"妇女与劳工是社会中最没有能力的，劳工受资本家剥削，妇女受男子压迫。"因此妇女问题，"除了社会主义，更没有别的办法。"② 基于个人权利的女权话语也被顺利地纳入到以阶级民族主义的面目出现的马克思主义话语框架中，性别解放也被淹没在民族和阶级解放话语中。

　　早期的马克思主义者尽管接受了"阶级"概念，但他们还不能真正运用阶级理论来分析中国现实。他们把欧洲文化中出现的四个阶级划分方法原封不动地运用到中国：君主、贵族、中产和劳动阶级。据此把妇女运动分为中产阶级和劳动阶级，即第三阶级和第四阶级妇女运动。

　　李大钊最早采用马克思主义阶级分析方式来分析妇女问题，指出了女权运动和妇女解放运动的不同，前者与中产阶级妇女有关，而后者则与那些"糜有财产、没受教育的劳动阶级的妇人"有关。由于这两个阶级的要求根本不同，因此，"中产阶级妇人的利害，不能说是妇人全体的利害；中产阶级妇人的权利伸张，不能说是妇人全体的解放。"③

　　陈望道将妇女运动分为第三阶级和第四阶级的妇女运动，并指出了两者在奋斗目标上的不同。第三阶级妇女运动追求的目标是男女平权，即"因为伊是女人"而失去的种种自由和权利。但是，即使她们的目标完全实现，"得到的也只是有产阶级的男女平等，却并不是人类平等"；第四阶级的女人运动目标是消除"因伊是穷人"而遭受的种种不公正，所以男女应该合力，一起对付资本家。因此第四阶级的女人运动应该是"劳动者对资本家的运动"。④ 从而把第四阶级的妇女运动和整

---

　　① 陈独秀：《妇女问题与社会主义》，载《五四时期妇女运动文献》，生活·读书·新知三联书店 1981 年版，第 80 页。
　　② 陈独秀：《妇女问题与社会主义》，载《五四时期妇女运动文献》，生活·读书·新知三联书店 1981 年版，第 80 页、第 83 页。
　　③ 李大钊：《战后妇人之问题》，载《新青年》6 卷 2 号，1919 年 2 月。
　　④ 陈望道：《我想》，载《陈望道文集》第 1 卷，上海人民出版社 1979 年版，第 30 页。

个劳动阶级的解放联系在一起。

阶级斗争理论为中国的早期社会主义者们思考妇女解放的出路带来启示，李大钊认为妇女解放不仅仅是要打破男性的压迫，更是要推翻"有产阶级（包括男女"专断的社会制度，"我以为妇人问题彻底解决的方法，一方面要合妇人全体的力量，去打破那男子专断的社会制度；一方面还要合世界无产阶级妇人的力量，去打破那有产阶级（包括男女）专断的社会制度。"① 阶级斗争自然而然被视为妇女解放的不二途径。

1919 年 9 月，陈独秀在 83 天的牢狱生涯结束后，思想发生了剧烈变化，开始由资产阶级民主主义向马克思主义转变，并开始运用马克思主义的阶级观点分析妇女解放问题。

首先，他认为造成女性附属于男子的根本原因在于女性成为男子的私有财产，所以，妇女解放的根本原因在于彻底摧毁私有制社会。因为在私有制社会里，即使妇女走出家庭，但为了生活，还得受人雇佣，所以"离了家庭，便变了资本家的奴隶，无论如何，都是奴隶。"②

在资本主义制度下，妇女即使出去做工，也仅仅意味着她们只是脱下了家庭的羁绊，戴上了工钱的枷锁而已，"从前死生祸福由丈夫作主，此刻死生祸福由资本家作主。"③ 所以，妇女要实现真正的经济独立，"非用阶级战争的手段来改革社会制度不可。"④ 社会制度不彻底改变，妇女的解放无从谈起，妇女问题的解决，"实离不开社会主义。"⑤

马克思主义妇女理论的传入，为刚刚成立的中国共产党领导妇女运动提供了理论指导。1921 年中国共产党第二次代表大会通过了《关于妇女运动的决议》，这是中共关于妇女解放的第一份宣言，这份宣言贯

---

① 李大钊：《战后之妇人问题》，载《新青年》6 卷 2 号，1919 年 2 月。

② 陈独秀：《女子问题与社会主义》，载《陈独秀文章选编》（中），生活·读书·新知三联书店 1984 年版，第 106 页。

③ 向警予：《今后中国妇女的国民革命运动》，载《妇女杂志》10 卷 1 号，1924 年 1 月。

④ 陈独秀：《答费哲民》，载《新青年》8 卷 1 号。

⑤ 陈独秀：《女子问题与社会主义》，载《陈独秀文章选编》（中），生活·读书·新知三联书店 1984 年版，第 104 页。

彻了马克思主义的妇女解放理论。

在妇女受压迫的根源上，中共将私有制视为妇女受压迫的根源。中共二大《关于妇女运动的决议》认为："在私有财产制度下，妇女真正的解放是不可能的。"① 1925 年中共四大指出："我们深知现代妇女所以置于被奴役的地位，完全是私有制的罪恶。私有制不废除，妇女解放永做不到彻底。"②

关于妇女解放的根本途径，中共将妇女解放与无产阶级革命的胜利联系在一起。中共二大提出："妇女解放是要伴着劳动解放进行的，只有无产阶级获得了政权，妇女们才能得到真正的解放。""妇女的真正彻底的解放，却必在劳动解放亦即人类总解放之后。"③ 中国共产党把妇女解放视为无产阶级解放的重要组成部分，要求妇女投身于反帝反封建的民族民主解放运动，才能在实现自身解放。

毛泽东于 1939 年在延安纪念国际"三八"妇女节的讲话中运用马克思主义理论，阐述了妇女解放与社会解放两者之间的关系："很明显的，妇女解放与社会解放是密切地联系着的，妇女解放运动应成为社会解放运动的一个组成部分存在着。离开了社会解放运动，妇女解放是得不到的；同时没有妇女运动，社会解放也是不可能的。"④ 中国共产党在建党之初就把妇女解放与社会主义革命的胜利联系在一起，这成为中国共产党领导下的妇女运动的基本指导思想。

随着社会主义运动在中国日益兴起并逐渐发展壮大，在社会主义革命和无产阶级解放事业中实现妇女解放逐渐成为国人的共识，并由此奠定了中国妇女解放运动的基调。在中国共产党的领导下，马克思主义妇女理论开始在一个东方国家得以实践。

---

① 《中国妇女运动历史资料（1921—1927）》，中国妇女出版社 1991 年版，第 30 页。
② 同上书，第 279 页。
③ 向警予：《中国妇女宣传运动的新纪元》，载《向警予文集》，湖南人民出版社 1980 年版，第 142 页。
④ 毛泽东：《妇女们团结起来》，载《毛泽东文集》第 2 卷，人民出版社 1993 年版，第 169 页。

第二章
社会主义运动与中国化妇女解放道路的形成

随着资本主义机器大工业的发展，进入产业工人队伍的劳动妇女人数越来越多，为无产阶级妇女解放运动奠定了坚实的社会基础。然而，从一开始，工人阶级队伍中的性别与阶级的利益并不能达到完全一致，女性的就业显然侵犯到了男性工人的利益而受到后者的抵制和排斥。从第一国际到第二国际期间，尽管妇女运动的发展形势是越来越高涨，但工人阶级内部的两性冲突并没有得到缓解。

共产国际的成立，标志着共产主义妇女运动的开端。与第二国际相比，共产国际以严格的组织性和纪律性著称。共产国际为如何处理妇女运动与工人运动之间的关系定下了基调：不允许存在独立的妇女运动，要求妇女运动的目标要完全服从于无产阶级革命的目标。

共产国际对中国共产党领导下的中国妇女解放道路的形成发挥了不容置疑的影响和领导作用。共产国际的指导对于成立不久的中共对妇女问题的关注和妇女政策的形成有着不可低估的积极意义，但是，盲目照搬苏联的经验也给中国妇女解放运动带来一定的负面影响。

随着中国共产党的日益成熟和壮大，他们开始摆脱共产国际的影响，把马克思主义的妇女理论同中国的现实相结合，走出了一条独具特色的中国妇女解放道路，实现了马克思主义妇女解放理论的中国化。

一 第一国际到共产国际期间妇女运动的发展

妇女运动是社会主义运动的主要内容之一，也是工人运动的重要组成部分。随着机器大工业的发展和女工队伍的日益庞大，妇女问题越来越受到工人阶级的重视。但是，鉴于男女两性不同的生理特征以及所承担的不同的家庭与社会职责，女工群体的利益并不能与男性工人的利益完全一致，有时甚至会产生直接冲突。因此，如何处理妇女运动与工人运动两者之间的关系，就成为国际共产主义运动中不能忽视的一个问题。

（一）从第一国际到第二国际：妇女问题日益彰显

马克思主义把妇女的解放与整个无产阶级的阶级解放联系在一起，把妇女运动视为工人运动的组成部分，认为工人阶级无论男女在阶级利益上是完全一致的。但是，在第一国际时期，男性工人对女性工人的藐视、排斥甚至敌对现象屡见不鲜。两性之间的紧张关系主要集中于如何看待越来越多的妇女加入到工厂劳动大军这一事实。

由于大机器的使用"使肌肉力成为多余的东西"，[1] 资本家更倾向于采取廉价的女工，"她们靠机械的力量消灭了男工在较重的劳动中的独霸地位"。[2] 随着机器的大规模使用，越来越多的男性成年工人的工作被妇女儿童替代。到 1839 年，工厂工人中，成年男工只占到工人总数的 23%，连四分之一都不到。[3] 许多丈夫失业在家，这对于那些在工场手工业时代依靠体力和技术来保证自己的就业优势的男性工人来说，他们的优越感逐渐在消失。

男性工人对妇女进入工厂的抱怨充斥于第一国际期间的代表大会

① 《马克思恩格斯全集》第 44 卷，人民出版社 2001 年版，第 453 页。
② 同上书，第 543 页。
③ 《马克思恩格斯全集》第 2 卷，人民出版社 1957 年版，第 428 页。

上，他们甚至举行罢工来表达抗议。蒲鲁东在《平等报》上发表文章，认为"妇女天生与人不同，她应成为学生、主妇和母亲，她们的自由就寓于她们在家庭生活中所享受的权利之中。"① 第一国际法国支部在1866年日内瓦代表大会上提出一项动议，谴责妇女参加工厂劳动。这些社会主义者还抵制劳动妇女参加工会，也完全忽视了女性对选举权的要求。

在巴黎公社时期，大批劳动妇女积极投入到革命事业中，她们以护士、炊事员、担架员的身份出现在前线，她们组成治安委员会和"保卫巴黎妇女联盟"，从事救治伤员、组织妇女等工作，做出了巨大贡献和牺牲。公社颁布了两条与妇女有关的发令，一条是"给为保卫人民权利而牺牲的国民自卫军的遗孀每年抚恤金六百法郎。"另一条是"如果妇女提出夫妻分居，庭长应拨给提出该要求妇女一笔食品补助金，直到法庭作出别的决定。"同时还规定小学女教师和男教师另一样的工资，首次宣告男女同工同酬。

然而，妇女们的努力和牺牲并没有改变周围社会对她们的偏见。公社的委员会的九十多名委员中，没有一名是妇女。军官们和医生们都敌视她们。一位作家对公社女社员进行攻击："献身于公社的这些女人——她们位数不少——只有一种野心：用夸大男人缺点的办法爬到男人头上去……她们心肠歹毒，懦怯……在最后几天中这些好斗的泼妇在街垒后面坚持的时间比男人还长。"起义失败后，这些怀着男女平等梦想的女社员要么被处决，要么被流放，她们英勇的行为却遭到法官的歪曲和蔑视，"从三月十八日开始了反文明的恐怖事件，如今押到我们面前的不仅有忘却了自己最神圣的职责的男人们，而且很可惜，还有数量很多的无耻之徒，她们似乎以玷辱女性为己任，放弃了妇女应尽的崇高而伟大的职责这就是危险的空想主义干出来的事情。"②

---

① 《外国女权运动文选》，中国妇女出版社1987年版，第268页。
② 《外国女权运动文选》，中国妇女出版社，第283—285页。

马克思注意到了工人队伍中出现的性别对立，1868 年，他在评论美国劳工同盟时批评了英国和法国工人组织中的大男子主义："美国'劳工同盟'最近一次代表大会有很大进步，别的不说，这也表现在它对待女工完全平等，而英国人在这一方面还受到某种狭隘观点的束缚，对妇女彬彬有礼的法国人更是如此。每个了解一点历史的人也都知道，没有妇女的酵素就不可能有伟大的社会变革。"①

在马克思的建议下，1872 年，第一国际通过一项重要原则："建议在工人阶级当中成立妇女支部，不言而喻，本条例不妨碍由男女工人混合组成的支部的存在和建立"。② 马克思的提议为我们留下一份遗产，即在群众性运动中可以成立独立存在的女性组织。第一国际的会议上也注意到了妇女的劳动保护问题。

在第二国际期间，无产阶级的妇女运动取得了重大发展，在苏黎世大会上，国际通过了保护女工劳动决议；斯图加特会议上通过了争取妇女选举权决议案，并成立了独立的妇女组织——国际妇女书记处。这些成就的取得，有以下几方面的原因：

首先，随着资本主义的发展，越来越多的妇女卷入到工人队伍中，女工队伍越来越庞大，力量也随之壮大，法国的女性就业人数在 1906 年达到了 762.8 万人；③ 女工们的政治觉悟也在不断提高，德国社会民主党队伍中的妇女人数从 1908 年的 3 万人增加到了 1910 年的 8.3 万人，英国工联中的妇女人数三年间从 15 万人增加到了 20 万人。④ 这是妇女运动的能够取得巨大进步不可忽略的社会基础。

其次，以倍倍尔、蔡特金为代表的社会主义者们付出的艰苦努力。1879 年，倍倍尔在总结德国妇女解放运动的基础上，出版了《妇女与社会主义》一书，在马克思、恩格斯的理论基础上，进一步系统论述

---

① 《马克思恩格斯选集》第 4 卷，人民出版社 1995 年版，第 586 页。
② 《第一国际委员会记录（1871—1872）》，中国人民大学出版社 1988 年版，第 413 页。
③ ［法］让·杜歇：《第一性》，海天出版社 2001 年版，第 343 页。
④ ［苏］祖波克主编：《第二国际史》，人民出版社 1984 年版，第 550 页。

了妇女解放的思想。此书出版后的30年里，再版50次，被译成十几种文字，在世界范围内广泛流传，对社会主义妇女运动产生了深远影响。蔡特金利用担任《平等报》主编的身份，发表了许多关于妇女运动的文章，在无产阶级妇女中积极传播马克思主义的妇女理论。1907年，第一次国际社会主义妇女大会召开，蔡特金是发起人之一。在这次大会上，蔡特金同奥地利社会民主党领袖维克多·阿德勒博士展开论战，这个党在刚刚胜利结束的选举权斗争中同资产阶级政党达成妥协，牺牲了对妇女选举权的要求，蔡特金谴责了这种机会主义的做法。在随后召开的第二国际第七次代表大会上，蔡特金做了关于妇女选举权提案的报告，强调"承认妇女有选举权，是女工们自觉地参加无产阶级的阶级斗争的前提"，是"在广大无产阶级妇女对政治漠不关心和落后这个堡垒上打开一个缺口的锋利手段。"① 正是在这一次大会上，第二国际通过了妇女选举权的决议案，这表明第二国际"已经开始采取实际步骤解决妇女问题"。②

　　第二国际在妇女问题上取得的成就为共产国际时期的妇女运动奠定了良好的基础，它在组织妇女方面也有很多教训，如组织性比较松散、决议缺乏执行力等等，这些，都成为后来共产国际领导妇女工作的前车之鉴。

（二）共产国际对马克思主义妇女解放理论的坚持与发展

　　共产国际成立后，在妇女运动中坚持马克思主义理论指导，与资产阶级女权主义划清界限。妇女所受压迫的社会根源是什么？如何才能实现妇女的彻底解放？马克思主义与女权主义在这两个问题上有截然不同的认识。共产国际坚持马克思主义的阶级分析立场，认为"资本主义制度是妇女遭受奴役的根源"，"只有共产主义的胜利"，妇女才能"从

---

① 《第二国际第七次代表大会文件》，中国人民大学出版社2001年版，第144页。
② 孔寒冰：《克拉拉·蔡特金传》，图书馆出版社1997年版，第74页。

千百年的无权地位、备受奴役和不平等的状态下获得解放"。① 因此，应该把妇女运动看成是社会主义运动的一部分，正如蔡特金所认为的："无产阶级妇女运动，主要不是妇女运动，而是无产阶级运动。它与资产阶级女权运动有着本质区别。"② 在共产国际第一次代表大会上通过的《关于吸收女工参加社会主义斗争的决议》中，这一原则被阐释为："只有全体工人不分男女紧密团结，共同斗争，才能……赢得世界无产阶级的最后胜利。"列宁明确提出："妇女的真正解放，只有通过共产主义才有可能实现。必须认真分析妇女作为任何社会成员的地位同生产工具私有制之间不可分割的联系问题。这样，我们就可以牢靠地与资产阶级'妇女解放'运动划清界限。这样也就奠定一个基础，使我们把妇女问题当作社会问题、工人问题的一部分来看待，从而也就把妇女问题跟无产阶级的阶级斗争和革命牢牢地联系起来。"③ 阶级对立的观念同样体现在共产国际对待资产阶级女权主义的态度上："共产国际第三次代表大会提醒全世界的女工们不要同资产阶级的男女平等运动进行任何方式的合作和达成任何协议"，因为这样的合作必然会"削弱无产阶级的力量，从而延缓社会革命，延缓共产主义的实现，也就是推迟彻底解放妇女的这一伟大时刻的到来。"④

作为共产国际的奠基人，列宁的妇女解放思想成为共产国际时期指导妇女工作的重要原则。列宁对马克思主义妇女解放理论的重大发展便是把妇女解放分为两个步骤，首先是吸引妇女参加阶级斗争，实现政治解放；其次是吸引妇女参加经济建设，摆脱"家庭奴役"。列宁十分强调参加社会劳动对妇女解放的重要意义。"只要妇女忙于家务，她们的

---

① ［匈］贝拉·库恩：《共产国际文件汇编（1919—1932）》第 1 册，三联书店 1965 年版，第 342—347 页。

② 孔寒冰：《克拉拉·蔡特金传》，图书馆出版社 1997 年版，第 57 页。

③ ［德］蔡特金：《笔记摘抄》，选自《回忆列宁》第 5 卷，人民出版社 1982 年版，第 48—49 页。

④ ［匈］贝拉·库恩：《共产国际文件汇编（1919—1932）》第 1 册，三联书店 1965 年版，第 342—347 页。

地位就不免要受到限制。要彻底解放妇女，要使她们同男子真正平等，就必须有公共经济，必须让妇女参加共同的生产劳动。这样，妇女才会和男子处于同等地位。"①

共产国际对马克思主义妇女解放理论的发展还体现在对农村妇女群体的关注上。马克思主义诞生于 19 世纪中期工业化和城市化比较发达的西欧，马克思的妇女解放理论主要针对的是城市女工阶层。但是在 20 世纪初的俄国，没有发达的商品经济，农民占人口的大多数，因此布尔什维克党必须争取广大农村妇女的支持，在妇女工作中把劳动妇女即女工和农村妇女作为动员和组织的对象。在 1924 年共产国际第五次代表大会上，通过了《共产党在劳动妇女中的工作》的决议，强调"必须大力展开在农村劳动妇女特别是农业国的农村妇女中间的工作"，② 并规定了争取农村劳动妇女的任务以及工作方法。

与从前的妇女解放理论相比，共产国际的妇女解放理论大大强化了党对妇女运动的领导作用，强调只有在共产国际和共产党的领导下才能够实现妇女的真正解放。"谁反对第三国际，谁就是妇女解放的敌人。"③ 在党组织与妇女组织的关系上，共产国际"坚决反对在共产党、工会或专门妇女组织中，再成立任何单独的妇女团体"，同时又认为，"建立一些从事妇女工作的专门机构是很合适的"，但这些机构必须"服从全党的秘密机构的领导，并配合它的工作"。④由此确立了布尔什维克党组织与妇女组织之间绝对的领导与被领导的关系。专门的妇女机构被命名为妇女工作部，它的工作任务、工作方法、组织机构等都由共产国际做出了具体而严格的规定。共产国际鼓励劳动妇女加入党组织，

---

① 列宁：《论苏维埃共和国女工运动的任务》，《列宁全集》第 37 卷，人民出版社 1986 年版，第 192 页。

② ［匈］贝拉·库恩：《共产国际文件汇编（1919—1932）》第 2 册，生活·读书·新知三联书店 1965 年版，第 84 页。

③ ［匈］贝拉·库恩：《共产国际文件汇编（1919—1932）》第 1 册，生活·读书·新知三联书店 1965 年版，第 342—347 页。

④ 同上。

并要求在党的机关报定期出版妇女专刊或妇女副刊，来讨论与妇女有关的话题。在共产国际的推动下，各个国家的共产党都开始设立妇女工作部。中国共产党于 1924 年上半年设立了中国共产党妇女部，后改名为中国共产党中央妇女部。

共产国际的建立，意味着战前统一的社会主义运动分裂为第二国际领导的改良主义运动和共产国际领导的共产主义运动，同时也标志着社会主义妇女运动的分裂。第二国际领导下的主张改良主义的妇女运动逐渐与资本主义女权主义合流；共产国际领导下坚持革命道路的妇女运动则被称为"共产主义妇女运动"以区别于前者。各国共产党（以及苏联和后来成立的各个社会主义国家）在妇女政策上都坚持马克思主义的妇女解放理论，把妇女解放视为无产阶级解放的重要组成部分，强调通过社会主义革命的胜利来保证妇女在政治、经济和社会上平等地位的实现。这是一条和西方女权主义完全不同的妇女解放之路。因此，蔡特金把共产国际的建立看成是"有组织的共产主义妇女运动的起点。"[1]

二 共产国际对中国妇女运动的影响

要理解共产国际对中国妇女运动的指导作用，首先要正确认识共产国际与中国共产党的关系以及共产主义组织与共产主义妇女运动之间的关系。

共产国际的党章规定：共产国际是"无产阶级的统一的、集中的国际性政党"，[2]"在各国进行工作的党只是它的独立支部而已"，[3] 因此共产国际"几乎必须干涉每个党的事务"（季诺维也夫语）。对这项规

---

① 孔寒冰：《克拉拉·蔡特金传》，图书馆出版社 1997 年版，第 220 页。

② ［奥］贝拉·库恩：《共产国际文件汇编》第 1 册，生活·读书·新知三联书店 1965 年版，第 15 页。

③ ［英］珍妮·德格拉斯：《共产国际文件》第 1 卷，世界知识出版社资料室编印，1963 年版，第 205 页。

定，中国共产党表示接受，中共"一大"提出"党中央委员会应每月向第三国际报告工作"，[①] 中共"二大"宣布"中国共产党为国际共产党之中国支部。"[②] 在共产国际存在期间，中国共产党举行过六次代表大会，除二大外，每次都有共产国际的代表参加。尤其是党的第五次代表大会，"从确定召开五大，到何时何地召开，参加人数、议事日程，再到大会纲领的起草、政治决议和组织决议原则的确定等等，无一不是共产国际的旨意。"[③] 中共"六大"则被要求在莫斯科召开，会议的文件是由共产国际执委会参与起草。从这层意义上讲，中国共产党领导下的妇女运动，不可能摆脱共产国际的影响。

另外，共产国际的成立，也标志着共产主义妇女运动的开端。与第二国际时期相比，共产党领导下的妇女工作实行严格的组织化和制度化。共产国际"三大"通过了《共产党在妇女中进行工作的方法和方式》，明确提出"既没有什么'特殊的妇女的'问题，也没有什么特殊的妇女运动"，[④] 共产主义妇女运动作为共产主义运动的一个组成部分，在组织上要严格服从共产党的领导，目标上要与无产阶级革命的奋斗目标保持一致。中国共产党遵循这一原则，认为"只有共产党，只有无产阶级革命、社会主义的完全胜利，才能完全解放妇女。"[⑤] 可见，在当时的共产主义者的信念中，中国的妇女运动不仅是一国内部的事情，也是世界共产主义运动的一部分。而第三国际（共产国际），作为"一切无产阶级、一切被压迫的民族、一切被压迫的妇女及一切被压迫的少年的世界革命的总机关"，[⑥] 中国的无产阶级妇女运动接受它的领导被

---

① 中央档案馆：《中共中央文件选集（1921—1925）》第 1 卷，中共中央出版社 1982 年版，第 9 页。

② 同上书，第 39 页。

③ 张静如主编：《中国共产党全国代表大会史丛书》第 2 册，万卷出版公司 2007 年版，第 132 页。

④ ［奥］贝拉·库恩：《共产国际文件汇编》第 1 册，生活·读书·新知三联书店 1965 年版，第 343 页。

⑤ 中央档案馆：《中共中央文件选集》第 3 卷，中共中央出版社 1983 年版，第 264 页。

⑥ 《中国共产党第二次至第六次代表大会文件汇编》，人民出版社 1981 年版，第 26 页。

认为是理所当然的。

（一）共产国际指导中国妇女运动的机构设置与制度安排

为了实现对包括中国在内的世界无产阶级革命以及妇女解放运动的有效领导，共产国际既有组织机构上的设置，也有相应的制度安排。

1920 年 7 月，在俄共（布）中央妇女工作部的组织下，国际共产主义妇女第一次代表大会在莫斯科召开，会议根据列宁要求在国际内部设立妇女组织的指示，决定在共产国际执委会下设妇女书记处。同年11 月 20 日，共产国际执委会国际妇女书记处在莫斯科成立。在 1921 年召开的共产国际第三次代表大会上，共产国际通过了《共产党在妇女中进行工作的方法和方式》的决议，明确国际妇女书记处的任务首先是要"领导各国共产党的妇女工作……吸引各国妇女为世界范围内实现苏维埃政权和工人阶级专政而进行革命"。[1] 国际妇女书记处在 1924年改组为共产国际执委会妇女部。

1922 年 1 月，共产国际执委会根据国际妇女书记处的提议要求各国共产党：（1）把自己出版的妇女工作刊物送交给国际妇女处；（2）派一名中央委员负责妇女工作；（3）在党刊上开辟关于妇女运动的专栏；（4）与国际妇女书记处建立经常性联系；（5）党校要招收不低于学员人数 10% 的妇女学员，并且要开设妇女运动的课程。[2]

中共"二大"通过了加入第三国际的决议案，同时决定，党领导下的工会组织、社会主义青年团和妇女组织分别加入第三国际领导下的赤色工会国际、共产主义少年国际和共产主义妇女国际，[3] 由此建立起国际妇女书记处与中国妇女运动之间的领导与被领导关系。

---

① ［奥］贝拉·库恩《共产国际文件汇编》第 1 册，生活·读书·新知三联书店 1965 年版，第 358 页。

② 《共产国际大事记》，黑龙江人民出版社 1989 年版，第 145 页。

③ 中共中央党史教研室：《中国共产党历次重要会议集》（上），上海人民出版社 1982 年版，第 14 页。

随着欧洲共产主义运动陷入低潮，共产国际的工作重心逐渐开始向东方世界转移，东方国家的妇女运动渐渐成为共产国际关注的焦点。共产国际"三大"关于妇女工作的报告中增加了"关于经济落后国家（东方）中党的妇女工作"的内容。1924 年，共产国际"五大"要求国际妇女书记处设立专门负责东方各国工作的部门——东方妇女工作部，中国的妇女工作主要由该部门负责。

从 1919 年到 1926 年，共产国际曾召开过四次国际共产主义妇女大会，在第三次代表大会上，中国代表曾作过发言，向国际妇女部汇报中国妇女运动的状况。①

鉴于共产党领导下的妇女运动同时也是世界共产主义运动的组成部分，中国的妇女运动实际上要接受国际妇女书记处和共产国际执委会的双重领导。1923 年，为了在中国、日本和朝鲜开展工作的需要，共产国际成立了由片山潜、马林、维经斯基三人组成的共产国际东方部远东局，其任务包括"监督这些国家的青年运动和妇女运动。"②

中共六大是在莫斯科召开，会议的决议草案实际上是由共产国际东方书记处参与起草，其中关于妇女运动的部分则是由共产国际执委会责成国际妇女部负责完成。③ 1931 年共产国际妇女部曾给中共去信，对当年的"三八"妇女节的纪念活动提出要求和指导意见。但总的来说，在实际工作中，对于中国妇女工作的具体指令更多的是直接来自于共产国际执委会，这符合共产主义妇女运动的组织原则。

共产国际对中国妇女运动的了解与指导，主要是通过特派员制度。共产国际对各国共产党实行高度集中的领导，这种领导关系主要是通过向各国派遣国际代表来实现的，这些共产国际的特派代表拥有广泛的权

---

① 该代表发言的详细资料见《中国妇女运动历史资料（1921—1927）》（上），第 187—191 页。

② 《共产国际、联共（布）与中国革命文献资料选辑（1917—1925）》，北京图书馆出版社 1997 年版，第 435 页。

③ 《共产国际、联共（布）与中国革命档案资料丛书》第 7 卷，中央文献出版社 2002 年版，第 497 页。

力，可以干预各国党的事务。先后派到中国的代表有维经斯基、马林、鲍罗廷等等，其中也包括国际妇女书记处东方部派遣的妇女工作特派员。①

从这些特派员发给国际执委会的报告中可以看到，他们对中国的女工运动是十分关注的，加仑的报告指出："在顺德，一个有 3 万女工的华南丝织工业的巨大中心之一，竟连一个工会也没有……"②、雷利斯基谈到上海"在纺织厂成立了由 30 名女工组成的妇女协会……"③无论是中国女工开展的罢工运动、工会发展女会员的情况还是中国共产党中的女党员比例，第三国际掌握的资料都相当翔实，这些成绩都离不开特派员们的努力。国际"三八"妇女节也是通过共产国际的驻华代表传入到中国。④

（二）共产国际与马克思主义妇女理论在中国的传播

早在十月革命前，马克思的妇女解放理论已零星传入中国。1907 年 12 月，《天义报》登载了震述的《经济革命与女子革命》，该文最后以附录形式摘译了《共产党宣言》第二章中关于家庭和婚姻制度的论述。《天义》报的编辑发表案语如下："马氏所主共产说，虽与无政府

---

① 有关共产国际妇女工作特派员的资料不多，在共产国际执委会的工作报告（1925 年 4 月—1926 年 1 月）中提到 1924 年开始往中国派遣妇女工作特派员，见《共产国际有关中国革命的文献资料（1919—1928）》，中国社会科学出版社 1981 年版，第 103 页。另外，根据盛岳的回忆录，中共"六大"在莫斯科召开时，有一名在中国的妇女特派员被召回莫斯科，指导会议的妇女工作。文章提到此人"三十多岁"，与杨之华、蔡畅关系密切，其身份有待进一步查明。见盛岳《莫斯科中山大学和中国革命》，东方出版社 2004 年版，第 203 页。

② 《共产国际、联共（布）与中国革命文献资料选辑（1917—1925）》，，北京图书馆出版社 1997 年版，第 632 页。

③ 《共产国际、联共（布）与中国革命档案资料丛书》第 10 卷，中央文献出版社 2002 年版，第 317 页。

④ 根据孔寒冰教授的考证，邓颖超在 1924 年从共产国际代表鲍罗廷夫人那里得知国际"三八"妇女节。见孔寒冰《国际三八妇女节考》，北京大学出版社 2004 年版，第 120 页。根据许知祯的回忆，早在 1921 年，上海共产主义小组就在上海渔阳里六号举行过一次纪念"三八"妇女节的活动。见中华全国妇女联合会《中国妇女运动史（新民主主义时期）》，春秋出版社 1989 年版，第 148 页。上海渔阳里六号正是共产国际驻华代表维经斯基组建上海革命局时的主要活动基地。可见，尽管国际"三八"妇女节传入中国的具体时间说法不一，但都与共产国际驻华代表有关。

共产主义不同，而此所言则甚当。彼等之意以为资本私有制度消灭，则一切私娼之制自不复存，而此制之废，必俟经济革命以后，可谓探源之论矣。"①

1908 年，《天义》发表《女子问题研究》，提到恩格斯的《家庭、私有财产及国家之起源》，"其推论家族之起源，援引历史，以为此等之制均由视妇女为财产。其中复有论财婚一介，约谓今之结婚均由金钱。……虽结婚由于男女间之契约，实则均由经济关系而生耳，无异雇主之于工人也。观于彼说，则女子欲求解放，必自经济革命始，彰彰明矣。"②

但是，马克思主义的妇女解放理论开始系统地被国人接受，则是在十月革命之后，正如毛泽东同志指出的："俄国人举行了十月革命，创立了世界上第一个社会主义国家……这时，也只是这时，中国人从思想到生活，才出现了一个崭新时期。中国人找到了马克思列宁主义这个放之四海而皆准的普遍真理，中国的面目就起了变化了。"马克思主义妇女解放理论，尤其是列宁的妇女解放思想能够在中国得到广泛传播，离不开共产国际的努力。

为了加强对中国革命的指导，共产国际在莫斯科先后开办东方劳动者共产主义大学、中国劳动者共产主义大学等学校，主要接受中国留学生，为中国革命培养人才。这些学校的课程设置中就有妇女运动的内容，宣传马克思主义的妇女解放理论。中共先后选派了大量革命青年到这两个学校学习，其中包括向警予、杨子烈等妇女干部。

1920 年共产国际在上海建立了共产国际远东书记处，书记处把很大精力放在了报刊宣传工作上。同年 8 月，在共产国际特派代表维经斯基的领导和帮助下，上海革命局成立，这是中国最早成立的共产主义组织，对中国各地共产主义组织的成立起着核心的作用，维经斯基是上海

---

① 《天义》报第十三、十四卷，1907 年 12 月 30 日。
② 志达：《女子问题研究》，载《天义》报第 16—19 卷合刊，1908 年。

革命局的直接领导者。

上海革命局下设出版部和宣传报道部，成为中国共产党出版马克思主义著作和宣传马克思主义的基地。1920 年 8 月出版了陈望道翻译的《共产党宣言》，这是《共产党宣言》在中国出版的第一个全译本，也是马克思、恩格斯的著作在中国出版的第一个单行本。宣传报道部成立了华俄通讯社，翻译和报道有关苏俄和共产国际的文章。上海革命局还先后创办了《共产党》、《劳动界》等共产主义刊物，《新青年》也被改为上海革命局的机关刊物。

随着《共产党宣言》以及恩格斯的《家庭、私有制和国家的起源》先后被翻译出版，李大钊、陈独秀、李达等先进知识分子开始运用马克思主义的唯物史观思考中国妇女受压迫的问题并探求中国妇女的解放道路。他们在《新青年》、《每周评论》、《民国日报》副刊等刊物上发表了大量关于无产阶级妇女解放的文章，马克思主义妇女解放理论开始在中国得到广泛传播。

共产国际代表们努力的最显著的成果是列宁著作开始在中国出版与传播，列宁的妇女解放思想日益被中国知识分子接受。

十月革命前，中国知识分子没有接触过列宁的思想，更不了解他的妇女解放理论。1920 年 11 月，上海革命局创办了机关刊物《共产党》月刊，该刊着重宣传俄国共产党的经验和列宁的学说。1921 年 9 月，上海正式成立了党的第一个出版机构——人民出版社，该社成立一年多的时间里，共出版《列宁全书》5 种。随着革命形势的发展，各地进步报刊发表了不少列宁著作的译文，其中包括列宁论述妇女解放的《论苏维埃共和国女工运动的任务》、《国际劳动妇女节》等等。

马克思主义和列宁关于妇女解放的理论为刚成立不久的中国共产党领导妇女工作提供了理论指导。1920 年党的第二次代表大会通过了《关于妇女运动的决议》，在该决议中，中国共产党认为苏维埃俄国妇女正享受着真正的解放："在资本主义制度下，妇女是得不到解放的。现在妇女在世界上开始得着解放地位的，就只有苏维埃俄罗斯。……这便证明妇女解放要在社会主义的社会，才得完全实现。"因此，中国妇女的解放，必须要以苏维埃俄国为榜样，通过社会主义革命才可能获得，"中国共产党认为妇女解放要伴随着劳动解放进行，只有无产阶级获得了政权，妇女们才能得到真正解放。"①

从此，中国的妇女解放运动进入新的历史阶段，共产党领导下的妇女运动在理论上以马克思主义为指导，组织上成为国际共产主义妇女运动的重要组成部分。

（三）共产国际与中国共产主义妇女运动的发展

在中国共产党的初创时期，由于斗争经验的不足，许多重大的政策与策略实际上是由共产国际帮助指导和制定的，中共领导下的妇女运动也离不开共产国际的指导。

1. 对中共领导妇女工作的指导与推动　共产国际自成立之日起就把妇女运动纳入了自己的工作日程。1919 年共产国际"一大"召开时通过了《关于吸收女工参加社会主义斗争》的决议，指出"只有全体工人阶级不分男女紧密团结，共同斗争……才能彻底消灭资本主义制度。"因此"为加入共产国际的各政党提出一项紧迫的任务，即必须全心全意吸收无产阶级妇女入党。"② 但对于刚刚成立的中国共产党而言，妇女问题显然还没有被放在议事日程之上，所以中共一大并没有涉及妇女运动的议题。

1922 年 7 月，在中共"二大"召开前，共产国际执委会在给中共中央委员会的指示中提出："党的宣传还应该涉及妇女，应该从女工中间开始……必须把青年工人和大多数女工纳入工会组织的工作中去。"③ 共产国际关于妇女工作的指示，在中共"二大"得到了贯彻执行，"二

---

① 《中国共产党第二次至第六次代表大会文件汇编》，人民出版社 1981 年版，第 25—26 页。
② 《共产国际第一次代表大会文件》，中国人民大学出版社 1988 年版，第 328 页。
③ 《共产国际、联共（布）与中国革命文献资料选辑（1917—1925）》，北京图书馆出版社 1997 年版，第 312 页。

大"会议上通过了《关于妇女运动的决议》，这是中国共产党第一个关于妇女运动的决议。

1924 年，共产国际第五次代表大会在莫斯科召开，国际要求中共"应派代表 4 人到会"，同时还强调"代表团中亦须有妇女和青年的代表"。① 后来中共派了由李大钊、彭述之等四人组成的代表团参加共产国际第五次代表大会，其中包括妇女代表刘清扬。② 她化名柳契卡，参加了妇女委员会。

随着中共领导下的苏维埃在各根据地建立起来，共产国际对苏维埃的妇女权益的保障问题给予了特别关注。在共产国际东方部关于中国苏维埃问题的决议案中，要求中共在进行苏维埃选举时，"妇女得与男子有同样的选举权"；在关于中国农民问题的决议案中，提出在贫民会里，"女子得享受同男子一样的权利"，同时还要"组织青年男女农民学习班"以及"为农村女孩设缝纫班"等等。③

在共产国际给中共的指示中，既有对中共妇女工作的肯定与鼓励，也不乏对其工作力度不够的批评与督促。共产国际驻华代表维经斯基在《关于中国共产党在 1925—1927 年革命中的错误问题》的报告中认为中共"青年和妇女工作也很薄弱，这方面的客观条件很少去加以利用……"④因此，共产国际要求"党应更严重地注意妇女运动，要在这一方面加强党的工作，定出女工的特殊部分要求。"⑤

对于共产国际的批评，中国共产党作出了积极的回应："在中国革命运动中，青年与妇女占有重要的位置……妇女运动，尤其是纺织女工

---

① 《共产国际、联共（布）与中国革命文献资料选辑（1917—1925）》，北京图书馆出版社 1997 年版，第 582 页。

② 中共中央党史研究室、中央档案馆：《中国共产党组织史资料》，中共党史出版社 2000 年版，第 24 页。

③ 《共产国际、联共（布）与中国革命档案资料丛书》第 12 卷，中央文献出版社 2002 年版，第 237—243 页。

④ 《共产国际、联共（布）与中国革命文献资料选辑（1926—1927）》（下），北京图书馆出版社 1998 年版，第 486 页。

⑤ 同上书，第 583 页。

的一般的忽略，党应负相当的疏忽责任。"① 随着中国共产党组织发展的日益壮大和成熟，对妇女工作的关注也逐渐增强。

2. 共产国际与中国妇女运动的组织建设　共产国际重视妇女组织的建设，在国际第三次代表大会上，就提出"建立一些从事妇女工作的专门机构是很合适的。"并要求"参加共产国际的各政党必须一律执行。"② 同时举行的第二次国际共产主义妇女代表大会要求"第三国际各党必须在自己的各级党委会下面设立妇女工作部。"③

然而，对于刚成立不久的中国共产党来说，中央领导机构还比较单一，从党的"二大"到"三大"关于妇女运动的决议中，尽管都提到"应设立妇女部"一事，但从"一大"到"三大"的中共中央机构设置中，都没有成立妇女部。

1924 年上半年，国民党中央党部、国民党上海、北京、汉口等执行部先后设立妇女部。由于国共两党已实行革命统一战线，这一时期中共的妇女运动，主要是通过国民党妇女部进行。向警予曾担任过国民党上海执行部妇青部助理一职（妇青部不设部长，只设助理，助理实际上履行的是部长职责）。中共四大通过的妇女运动决议，提出"应设妇女部"，但又强调要"秘密存在"，即女共产党员应加入国民党妇女部中工作，但组织上仍应受"本党指挥"，"施展本党妇女运动的计划"。④因此尽管在第四次代表大会上中共中央机构中仍没有正式设立妇女部，但从 1924 年开始，中共就已开始以"中国共产党妇女部"的名义发布妇女运动的报告或通告。

中共"五大"召开前，共产国际作出《关于中国共产党的组织任务》的决议，提出中共组织建设方面的十项"极其重要的具体任务"，

---

① 《中央通告第三十七号——对国际二月八日训令的决议》，见《共产国际、联共（布）与中国革命文献资料选辑（1927—1931）》（上），中央文献出版社 2002 年版，第 513 页。

② ［奥］贝拉·库恩：《共产国际文件汇编（1919—1932）》，生活·读书·新知三联书店1965 年版，第 346 页。

③ 同上书，第 359 页。

④ 《中国共产党第二次至第六次全国代表大会文件汇编》，人民出版社 1981 年版，第 118 页。

其中再次强调党的中央委员会和地区委员会内应设立包括妇女工作部在内的几个基本部门。①

1925 年 5 月中共中央局进行机构调整，增选向警予为中央委员，同时设立妇女部和出版社。② 中共"五大"会议上，杨之华、罗珠两位女性代表当选为中央委员，杨之华担任妇女部部长。1926 年 10 月妇女部更名为"妇女运动委员会"。中共六大在莫斯科召开时，"妇女运动委员会"成员达到 31 人。③

但是，与工会工作、农民问题、共青团建设相比较，妇女问题显然从来没有被共产国际置于议事日程中的凸显位置。共产国际经常就中国的共青团工作或工会问题发布专门性文件，并且多次给予经费上的支持，但却从来没有专门就中国的妇女问题给中共发过具体的指示。所有关于妇女工作的指令都是在有关中国革命的总体情况的汇报或指导文件里稍稍涉及，且往往是置于文件的末端。尽管如此，我们不能忽视共产国际对中国妇女运动的影响作用。由于妇女运动对于无产阶级革命事业的从属关系，中国革命每一次因共产国际的指导和干预而发生的路线转折和政策调整，都不可避免的影响到中国妇女运动的发展方向。

对于在共产国际帮助下建立起来的中国共产党而言，苏联的社会主义实践意味着给人类解放开辟了崭新的道路，因此，要救中国，必须"跟着俄国的共产党一同试验新的生产方法不可"。④ 同时，处于成长初期的中国共产党，对马克思主义的社会革命理论还缺乏全面了解，实践斗争的经验也不够丰富，此时，来自共产国际的理论指导和工作扶持是合乎逻辑、无可非议的。应该承认，共产国际的指导，在很大程度上推

---

① 《联共（布）、共产国际与中国国民革命运动（1926—1927）》（下），北京图书馆出版社 1998 年版，第 83 页。
② 中共中央党史研究室、中央档案馆：《中国共产党组织史资料》，中共党史出版社 2000 年版，第 26 页。
③ 张静如：《中国共产党全国代表大会史丛书》，万卷出版公司 2007 年版，第 253 页。
④ 陈独秀：《对于时局之我见》，载《新青年》第 8 期，第 1 号。

动了中国共产主义妇女运动的诞生和发展壮大；但是也应看到，由于脱离中国现实以及苏俄的大党、大国主义，共产国际的干预也给中国的无产阶级妇女运动带来许多负面影响，甚至造成严重损失。

共产国际在远离中国的莫斯科，仅仅通过特派员们的汇报，显然不可能全面深入地真正了解中国无产阶级革命的实际情况；对苏俄十月革命经验的高度自信，导致他们在指导中国革命的过程中时，不可避免地犯下教条主义和大党主义错误。尤其是共产国际"六大"确立的"左"倾路线给中国革命运动带来严重损失，也使中国妇女运动出现重大挫折。

1928年7月中国共产党第六次全国代表大会是在莫斯科召开，大会通过的《妇女运动决议案》实际上主要是由共产国际执委会责成国际妇女部负责起草的，是共产国际"左"倾路线的产物。该决议在总结中国大革命时期的妇女运动时，强调"首先要注意大城市无产阶级的群众与女工群众"以及"党的妇女工作人员应无产阶级化"。[①] 1929年中共广西省第二次代表大会通过了《妇女运动草案大纲》，要求"党的妇运应群众化及无产阶级化，首先注意大城市无产阶级的女工群众。"[②] 显然是在贯彻共产国际"六大"要求党的领导无产阶级化的指示。

在强调无产阶级化的同时，共产国际还机械照搬苏俄十月革命的经验，强调城市是中国革命的中心，要求中共发动城市暴动来夺取政权。这种"左"倾主义路线也影响到了当时的妇女运动，1930年中央通告第九十三号提出"为了要切实地执行三中全会的决议，就更要调动广大劳动妇女群众充实党准备武装暴动为苏维埃政权而斗争的伟大力量。"[③] 同年在中共中央给福建省委的信中，强调"目前妇女运动的主

---

① 《中国共产党第二次至第六次全国代表大会文件汇编》，人民出版社1981年版，第312—313页。

② 《中国妇女运动历史资料（1927—1937）》，中国妇女出版社1991年版，第41页。

③ 同上书，第70页。

要路线"，是"号召广大的劳苦妇女群众来参加政治同盟罢工，地方暴动，反军阀战争以至准备参加武装暴动。"①

　　机械照搬苏俄经验，给中国革命也给中国的妇女运动带来巨大损失。30 年代中期以后，以毛泽东为代表的中国共产党人开始结合中国实际，把妇女运动的重心从发动城市女工暴动转移到依靠根据地的农村劳动妇女。延安整风运动后，农村妇女的重要性被提高到了整个妇女工作的核心地位。随着毛泽东思想被确立为党的指导思想，中国的妇女运动逐渐摆脱了共产国际的影响，走上一条中国化的发展道路。

　　综上所述，在中国妇女运动的发展历史上，我们不应忽视共产国际曾起到的推动作用，但也要看到它对中国妇女运动所产生的消极影响。历史经验表明，只有把马克思主义的基本原理与中国具体实践相结合，才能走出一条具有中国特色的妇女解放之路，才能实现包括广大妇女在内的中国人民的真正解放。

三　中国共产党与妇女解放道路的中国化

　　五四运动时期，西方自由主义思想的传播丰富了中国知识分子对女性解放的理解，以胡适为代表的新一代男性知识分子开始从个体权利与个性解放的角度解读妇女解放。然而，随着五四后期社会主义启蒙取代自由主义启蒙，马克思主义为中国的妇女运动带来了新的话语资源。马克思主义认为妇女受压迫的根本原因在于私有制的出现所导致的阶级压迫，妇女的解放只有在消灭私有制的社会主义运动中才能实现，这种阶级分析方法为成立不久的中国共产党领导妇女工作提供了理论指导。但是，共产党不能忽略的一个事实是，与马克思主义诞生时所处的时代环境相比，20 世纪初期的中国社会有着迥然不同的文化传统和现实状况。

---

① 《中国妇女运动历史资料（1927—1937）》，中国妇女出版社 1991 年版，第 69 页。

（一）马克思主义与乡村中国的碰撞：中国妇女运动的时代背景

马克思主义诞生于 19 世纪中期的欧洲社会，工业化和城市化比较发达，市民社会初步形成，因此马克思的妇女解放理论主要针对的是城市女工阶层，它为妇女解放指出的道路离不开工业文明和市民社会的时代背景。与马克思主义诞生时所处的时代环境相比，20 世纪初期的中国社会有着迥然不同的文化传统和现实状况。

首先，中国是一个以农耕文明为主的东方国家。中国是一个农业大国，中国的封建经济是一种典型的以农业为主体的自然经济，一家一户就是一个生产单位。家庭首先是生产单位和经济实体，其次才是生活组织和生育机构。经济活动主要由男性家长负责组织进行，个体对家庭的依赖性相当大。农民在人口比例中占绝对优势，直到 1953 年第一次全国人口普查时，农村人口仍占全国总人口的 86.68%,[1] 远远地超过同时期农村人口所占比例的世界平均值。

中国近代产业女工大体诞生在 19 世纪 70 年代，到甲午战争前，女工约三万五千人，占当时产业工人总数的 35% 左右。到 1919 年，全国产业工人有百余万人，女工总数在三十五万左右，在两亿多妇女的国度里，三十五万产业女工所占比例很小。[2]

其次，宗族社会导致妇女所受压迫尤为严重。宗族组织是中国农村社会的独特现象，一直到 20 世纪初期，宗法制度和观念仍然在中国的广大农村地区有着深厚的社会根基和影响力。毛泽东在《湖南农民运动考察报告》中曾精辟地分析过，在中国封建社会，具有"公"和"私"两个结构系统，"公"的体系就是集权专制国家的政治权力，"私"的体系则是具体的"族权、神权、夫权"，即宗族势力，它们构

---

① 国家统计局：《光辉的 35 年》，中国统计出版社 1984 年版，转引自李守经编《农村社会学》，高等教育出版社 2000 年版，第 159 页。

② 郑永福：《中国近代产业女工的历史考察》，载《郑州大学学报（哲学社会科学版)》1992 年第 4 期。

成了一个极其完整牢固的封建社会结构。

宗族社会是建立在男女有别和男尊女卑的基础上：家庭以男性直系血缘为原则，家庭的财产、管理和一切事务皆由祖父、父亲做主，母亲、媳妇不过是其附属，没有财产继承权；夫妻家庭地位不平等，妇女在家庭中的地位很低；妇女的活动范围主要局限于家庭的层次。直到1930年，民国政府颁布的《民法亲属编》仍然规定家设家长，家长管理家务，承认父辈有干涉子女婚姻的权力；妻随夫姓，妇女婚后将财产交由丈夫统一管理。

这种社会结构导致中国妇女尤其是广大的农村妇女承受着来自于父权与夫权的双重压迫，"她们是男子经济（封建经济以至初期资本主义经济）的附属品。男子虽已脱离了农奴地位，女子却依然是男子的农奴或半农奴。她们没有政治地位，没有人身自由，她们的痛苦比一切人大。"[①]

最后，大部分的中国妇女仍处于蒙昧状态，缺乏权利意识和主体意识。西方妇女运动是启蒙运动的产物，基于"理性"与"平等"的理念，妇女自发组织起来要求和男人享有平等的政治权利。但中国历史上没有发生过一场彻底的思想启蒙运动，广大国民权利意识十分淡薄，由于几千年来封建制度对中国女性的束缚，中国的妇女群体普遍处于蒙昧状态，尤其是广大农村妇女的素质更令人不容乐观，"占全国妇女80%的农村妇女，还是处在愚昧落后的状态"，[②] "农村中的妇女文化程度特别较男子落后"。[③]

以上事实决定了中国的妇女解放不能机械地照搬马克思主义理论，必须要结合中国的具体情况走出一条中国化的道路，中国共产党成功地做到了这一点。

---

① 《毛泽东农村调查文集》，人民出版社1982年版，第177—178页。
② 邓颖超：《我们对于战时妇女工作的意见》，载《新华日报》1938年6月7日。
③ 《湘赣边苏区妇女工作决案》，载《中国妇女运动历史资料（1927—1937）》，中国妇女出版社1991年版，第160页。

（二）中国共产党领导下的妇女解放道路

自成立之日起，中国共产党就十分关注妇女群体的生存状况。在中共的第二次代表大会上通过了《关于妇女运动的决议》，这是中共的第一个妇女运动纲领。在这份决议中，共产党贯彻了马克思主义的妇女理论，把私有制视为妇女受压迫的根源，认为只有无产阶级取得政权，才能实现真正的妇女解放，同时把发动无产阶级妇女即城市女工作为工作中心。但是，随着形势的发展，尤其是1927年大革命失败后，党的妇女路线逐渐调整，开始把马克思主义的妇女理论与乡村中国的现实结合。具体说来。中国化的妇女解放道路主要包括以下几个特点：

一、以底层劳动妇女尤其是农村妇女为主要依靠力量

在共产国际的影响下，中共早期十分强调妇女运动的"无产阶级化"，把发动城市女工作为工作重点，对农村妇女并未给予足够重视。1925年党的四大首次提到了农村妇女，"凡本党开始农民运动之地方，即宜注意做农村妇女运动的准备工作。"但在当时农村妇女运动并不是妇女运动的主流，共产党的妇女工作仍着重于对城市女工的组织和动员。

1927年大革命失败后，中国共产党的工作重心转移到了农村，开始面临着比较严峻的形势：在国民党军队的疯狂进攻下，工农红军在战斗中不断减员，男性青壮年越来越多地走向战场。要保存革命根据地和苏维埃政权，必须动员一切人力物力，进行人民战争。在这种背景下，党开始认识到了妇女作为潜在的人力资源对革命事业的重大意义，长期为人所忽略的农村妇女群体开始进入党的视野之中。1928年7月党的六大通过的《妇女运动决议案》明确提出了开展农村妇女运动的指导思想和路线方针："党在乡村中的任务是吸收劳动妇女群众到革命方面来……以造成和巩固工人阶级与农民的联合阵线。"在这份决议中，不仅要在农民组织中设立妇女委员会，而且还要在农村妇女中将"最觉

悟的分子吸收共产党"。①

30 年代中期以后，随着中共逐渐摆脱共产国际的影响，妇女运动开始真正走上了以农村妇女为主体的发展道路。延安整风运动后，农村妇女的重要性被提高到了整个妇女工作的核心地位。"四三决定"号召"妇女工作者""女党员""女干部"要深入农村中去组织妇女生产，1948 年通过的《关于目前解放区农村妇女工作的决定》则强调了对农村妇女的特殊利益的照顾。

中共对农村妇女的重视改变了根据地农村妇女的命运。1931 年《中华苏维埃共和国宪法大纲》明确规定："在苏维埃政权领域内，工人、农民、红色战士及一切劳苦民众和她们的家属，不分男女、种族、宗教，在苏维埃法律前一律平等。"这是中国历史上第一部体现男女平等的大法，农村妇女获得了与男子同样的政治权利。苏维埃政府颁布的婚姻法废除包办婚姻、童养媳和蓄婢取妾制度以及贞节牌坊观念，给予女性在婚姻中的自由选择权利；1947 年《中国土地法大纲》强调："乡村中一切土地及公地，按乡村全部人口，不分男女老幼，统一平均分配。"农村妇女第一次获得了与男子同等的土地所有权和财产继承权。

中国早期的妇女运动仅限于上层社会的部分知识女性，即使国民党领导下的女权运动，影响范围也主要是一些城市妇女。中国共产党的妇女政策使妇女解放与男女平等的思想有史以来第一次触及到了中国的农村社会，这对农村社会的传统秩序和观念是一个强大冲击。

二、党组织扮演着底层妇女解放的启蒙者和推动者的角色 。

马克思主义十分重视人的主观能动性的发挥，强调妇女解放与发展的主体力量应该是妇女自身。列宁曾经说过："工人的解放应当是工人自己的事情，同样。女工的解放也应该是女工自己的事情。"② 但是在20 世纪初的中国，大量农村妇女都是出于文盲状态，所以，当共产党

---

① 《中国共产党第六次全国代表大会妇女运动决议案》，载《中国妇女运动历史资料（1927—1937）》，中国妇女出版社 1991 年版，第 16 页。

② 《列宁选集》第 4 卷，人民出版社 1995 年版，第 48 页。

的妇女干部们来到农村发动妇女工作时，感到十分失望："由于妇女的生活圈子较小，养成其小气、嫉妒、琐碎、脑筋迟钝，较农民还自私"，尤其是"阶级意识往往比较模糊"① 在这种情况下，以男性为主体的共产党组织其实承担了妇女解放的启蒙者和推动者的角色。

大力开展宣传教育工作 为了使保守的农民接受妇女解放的观念，妇女工作组采取了各种各样的方式，比如开办妇女培训班，"做简浅通俗的传单、歌谣"，② 有时甚至不得不依赖于村里的风流妇女，"社会人士所认为名誉不好的'破鞋'，因为他们敢于说话办事，容易接受新思想。"③ 通过她们将"男女平等"、"妇女解放"等观念传播到乡村。同时，在农村妇女中进行普遍的识字运动。每个机关、每一个乡镇都有识字小组，"要求每人每天识一个字，学习好的妇女，每天可识字100以上。"④ 到1939年，在陕甘宁边区，识200字左右的妇女，已经占全边区妇女的10%了。⑤

除了对妇女进行识字和劳动技能的培训，还要提高她们的政治觉悟，灌输阶级斗争的观念，主要采取的方式就是组织妇女参加诉苦大会和斗争地主的大会。"比如米脂卧羊区五乡在斗争某地主时，60多名妇女参加，即有十几个妇女向地主展开了诉苦斗争……冯金邦的老婆在大会斗争反革命地主高进荣，诉出在土地革命时高进荣如何仗势强奸她的情形，她的几个孩子拿着柳条就上前连哭带打……"，最终的效果是"妇女对地主阶级的压迫仇恨是大大提高了"，妇女往往成为"斗争地富和诉苦的先锋"。⑥

发动农村妇女参加生产劳动 中国北方农村，传统上妇女都是以家

---

① 浦安修：《五年来华北抗日民主根据地妇女运动的初步总结》，载《中国妇女运动历史资料（1937—1945）》，中国妇女出版社1991年版，第698页。

② 《妇女运动决议》，载《中国妇女运动历史资料（1927—1937）》中国妇女出版社1991年版，第257页。

③ 《中国妇女运动历史资料（1937—1945）》，中国妇女出版社1991年版，第685页。

④ 邓颖超、孟庆树：《陕甘宁边区妇女运动概况》，载《新华日报》1938年6月10日。

⑤ 《中国妇女运动历史资料（1937—1945）》，中国妇女出版社1991年版，第192页。

⑥ 《中国妇女运动历史资料（1945—1949）》，中国妇女出版社1991年版，第264—265页。

务劳动为主，不参加家务之外的生产劳动。这一方面造成妇女在家庭中的依附地位，另一方面也导致她们目光短浅、思想狭隘。中共鼓励妇女参加生产劳动，把经济地位的独立视为妇女解放的重要条件，"提高妇女的政治地位、文化水平、改善生活，以达到解放的目的，亦须从经济丰裕与经济独立入手。"所以"四三决定"强调要以"组织农村妇女个体与集体的生产为首要工作"，"农村妇女生产工作的好坏，是测量妇女工作的尺度。"[①] 到1948年，解放区妇女参加农业生产的人数一般占能劳动妇女总数的40%—50%，有的地方高达70%—90%，有些村妇女劳动力的百分比还超过了男劳动力。[②] 妇女参加生产劳动提高了妇女在家庭中的地位，改变了农村社会对妇女的传统观念。

鼓励妇女参加生产劳动既实现了妇女的经济独立，更解决了解放区由于大量男子参加作战导致的劳动力匮乏的危机。妇女解放与党的革命事业之间形成了良好的互动关系。

三、把妇女解放的目标与党的奋斗目标紧密结合。

中国妇女解放运动的重要特点就是它从来不是妇女群体自发争取自身权利的运动，而是由一群先知先觉的男性知识分子出于国家富强的目的而推动的，带有很强的工具性色彩。

马克思主义妇女理论更是为共产党把妇女运动服从于民族独立、社会主义革命事业提供了现代理论依据。共产党根据政治斗争和经济建设的需要，及时修订着对妇女解放的定义。

从成立之日起，共产党就把妇女运动与他们所从事的民族独立与阶级解放事业紧密地结合在一起，并根据政治斗争的需要赋予妇女解放不同的含义，以便发动广大妇女投入到党的革命事业中去。1923年，中共三大通过的《妇女运动决议案》，除了打出男女教育平等、结婚离婚自由的口号外，还提出了打倒军阀、打倒帝国主义的口号，以"引导

---

① 《中国妇女运动历史资料（1937—1945）》，中国妇女出版社1991年版，第648页。
② 《中国妇女运动重要文献》，人民出版社1979年版，第41页、33页。

占国民半数的女子参加国民革命运动。"①1925 年，在日益高涨的革命形势下，中共四大通过了《关于妇女运动之决议》，指出妇女受压迫的根本原因在于私有制，因此妇女解放必须与废除私有制的社会主义革命联系在一起。

随着抗日战争的到来，中国妇女运动开始在共产党倡导的抗日民族统一战线的旗帜下进行，1937 年 9 月，中共中央发布《妇女工作大纲》，把抗日民族统一战线思想贯穿于妇女工作中。大纲规定"以动员妇女力量参加抗战，争取抗战胜利"为妇女工作的基本任务，"经过统一战线的活动与组织，团结各阶层广大妇女群众在党的周围"为妇女工作的基本路线。在《大纲》的指导下，广大妇女开始投入到全面抗战的运动中，为战争的最后胜利做出了巨大的贡献和牺牲。

抗战胜利不久，全面内战爆发。中共中央妇女委员会号召全国各界妇女组成广泛的民族民主统一战线，为粉碎国民党的进攻，争取人民解放战争的胜利而斗争。1947 年《解放日报》"三八"节社论，把解放区妇女的任务具体化为参战、土地改革和生产劳动，"解放区妇女全体动员起来，实现这三个任务：参战、土地改革和生产运动，目的就是为了反对美帝国主义的侵略和蒋介石的卖国独裁，就是为了祖国的独立、和平民主和妇女自己的解放。"②

从理论上来说，妇女解放事业与无产阶级革命事业应该是一致的，但实际工作中两者的奋斗目标不可能完全重合。在这种情况下，妇女群体的利益往往不得不被牺牲。比如 1931 年的婚姻法规定了离婚自由，固然保障了女子在婚姻中的自由和权利，却引起了贫民对离婚的恐惧。党最后不得不放弃了与妇女的结盟，婚姻立法开始普遍修改，逐渐收紧了对妇女离婚自由的纵容，蔡畅对 A.L. 斯特朗解释了政策转变的原因："我们在农村地区的口号不再是'婚姻自由'和'妇女平等'……

---

① 《中国妇女运动历史资料（1921—1927）》，中国妇女出版社 1991 年版，第 68 页。
② 载 1947 年 3 月 8 日《解放日报》。

我们犯了一个错误，把女权强调到不适当的程度，结果引起了农民的反感。男女之间的矛盾削弱了反对日寇和地主的共同斗争。"①

（三）马克思主义妇女理论中国化的现实意义

中国共产党将妇女运动的依靠力量从无产阶级妇女转化为农村妇女，走出一条中国化的妇女解放道路，无论对共产党自身力量的发展还是中国社会的改变，都具有重要意义。

1. 中国共产党的妇女解放政策是对马克思主义妇女理论的丰富和发展。马克思主义诞生于 19 世纪中期的欧洲社会，工业化和城市化比较发达，市民社会初步形成，因此马克思的妇女解放理论主要针对的是城市女工阶层，它为妇女解放指出的道路离不开工业文明和市民社会的时代背景。苏联尽管是一个工业不发达，农村人口占相当比重的国家，布尔什维克党也把包括农村妇女在内的劳动妇女作为工作重点，但苏联共产党是以城市为工作中心，实际上并没有积累太多的农村妇女工作经验。只有中国共产党长期处在农村的环境中，对农村妇女的处境遭遇有深刻的了解，积累了丰富的工作经验，并为改善农村妇女的命运，提高农村妇女的地位做出了重大贡献。

在一个经济、文化都相对落后的东方农业大国，妇女解放的道路应该怎样走，是一个很有挑战性的问题。中国共产党推动妇女解放的实践，既没有教条式地对待马克思主义的经典理论，也没有完全照搬前苏联的模式，而是结合中国的实际，进行了一次前所未有的探索，在这个过程中取得的不论是伟大成就还是经验教训，都是对马克思主义妇女解放理论的丰富和发展，具有不可忽略的现实意义。美国学者 Tani E. Barlow 认为，中国共产党在农村根据地的实践"改变了他们早期对欧洲马克思主义理论的盲从，欧洲妇女的模式被中国农村革命中的妇女所取

---

① A. L. 斯特朗:《中国人征服中国人》，北京出版社 1984 年版，第 164 页。

代"。①

（二）第一次把妇女解放运动的影响力渗透进社会底层尤其是农村地区。

自维新至五四期间的妇女运动，尽管取得了不少的成绩，但都是局限于上层妇女和知识女性阶层，没有触动底层妇女尤其是农村妇女。梁启超所主张的女学堂招生对象是"良家闺秀"，"奴婢娼妓"一律不收。国民党政府尽管也大力倡导废缠足运动，但从最终效果看，到30年代，城市女性已基本没有缠足现象，而在广大的乡村，缠足依然十分普遍。就婚姻自由而言，经过五四新文化运动的洗涤，自由恋爱、婚姻自由的观念已基本被知识阶层所接受。根据20年代对中国知识女性进行的婚姻状况的调查显示，40名已婚者中自订婚姻的占35%，已订婚者中自订的比例更高，占50%，而120名未订婚者中有75人愿意自主，占62.5%。② 但是，在中国的农村地区，包办婚姻、买卖婚姻、童养媳现象依然十分普遍。30年代一份针对华北某村庄的调查显示，在该村233名已婚妇女中，有80.73%件是经媒人介绍，经亲戚介绍的占9.01%；她们之中没有一个是自己恋爱的自由婚姻。"父母之命，媒妁之言"依然是中国农村妇女主要的婚姻形式。③

中国共产党把妇女解放的思想带到了中国的偏僻、落后的农村地区，并成功地在男尊女卑观念异常严重的乡村推动放足运动、婚姻自由，使观念保守的中国农民逐渐接受妇女解放、男女平等的观念，这在中国历史上是第一次。这不仅改变了中国底层妇女的命运，也有利于推动农村封建家长制和宗族社会的瓦解。

（三）农村妇女对中共的有力支持，是中共"农村包围城市，武装夺取政权"这一路线能够成功的重要因素。

---

① 鲍晓兰：《西方女性主义研究评价》，生活·读书·新知三联书店1995年版，第268页。

② 陈胜兰：《中国女子对于婚姻状况的态度之研究》，载《社会学界》第3卷，1929年3月。

③ 潘玉梅：《一个村镇的农妇》，《社会学界》1932年第6卷，载李文海主编《民国时期社会调查丛编》（婚姻家庭卷），福建教育出版社2005年版，第451页。

与国民党依靠社会精英阶层不同的是，共产党始终是将那些在历史上长期被排斥在主流社会之外的社会底层人民作为依靠和动员的对象，其中就包括那些长期处于被压抑、被排斥地位的农村妇女。那些终于摆脱封建家庭的束缚与压迫的底层妇女，是从共产党的政策中获益最大的群体。出于朴素的感恩心理，她们往往成为一个家庭中最支持共产党的政策的人，对党政干部"毫不存芥蒂"，像是"一家人"，并且情绪特别热烈，富有罕见的积极性和创造性，"时常走在农民的前头，农民反而落后了"。①

共产党成功地把几千年来与社会隔绝、与政治生活无缘的妇女群体最大程度地动员起来，在需要依靠大规模人力资源的时代，广大劳动妇女们在"追求解放"的鼓舞下，为新中国的建立作出了巨大贡献。由于大量农村男子被送上战场，这些农村妇女承担了主要的农业生产，她们积极送郎送子上战场、做鞋子甚至直接参战。美国学者杰克·贝尔登在分析共产党战胜国民党的原因时，曾经提到过共产党的妇女政策的成功之处，"在中国妇女身上，共产党获得了几乎是现成的、世界上从未有过的最广大的被剥夺了权力的群众。由于他们找到了打开中国妇女之心的钥匙，所以也就找到了一把战胜蒋介石的钥匙。"②

中国共产党结合中国实际状况，实现了马克思主义妇女理论的中国化，将妇女解放与男女平等的观念带到了偏僻的农村地区。这是中国共产党对中国妇女解放事业做出的重大贡献。但是，由于中国共产党的形成与发展正处于中国军阀混战、外敌入侵的严酷环境中，因此，实现阶级解放与争取民族独立成为最迫切的需求，这一时期共产党的工作重心无不围绕着这两大目标。表现在领导妇女工作的过程中带有明显的工具性利用的色彩，一切政策都是与共产党夺取政权和争取民族独立的政治需要联系在一起，妇女群体的利益在很大程度上被漠视甚至被牺牲。恶

---

① 何友良：《中国苏维埃区域社会变动史》，当代中国出版社 1996 年版，第 183 页。
② ［美］杰克·贝尔登：《中国震撼世界》，北京出版社 1980 年版，第 394 页。

劣的斗争环境使共产党的干部们没有时间对马克思主义的妇女解放理论进行理论性的思考和研究，而是根据政治斗争的需要加以简单化、口号化地阐释，如把妇女解放仅仅简单化为"劳动解放"、"男女平等"，忽视了马克思主义妇女理论更深的内涵与时代背景。这些因素导致中共领导下的妇女运动在形成了独具特色的中国道路的同时，也在一定程度上对马克思主义妇女理论产生偏离甚至误读。

中国无产阶级革命事业的胜利，使中国共产党在战争年代形成的妇女工作路线被神圣化，妇女运动的目标要完全服从于无产阶级革命事业被视为中国妇女实现解放的成功经验，在新中国成立后被中国共产党在全国范围内领导妇女运动时加以继承和巩固。

第三章

社会主义制度与新中国"男女平等"的实现（上）

1949 年之前，中共在领导妇女工作时更多地依靠党的决议和群众路线，并积累了丰富的妇女工作经验。新中国成立后，这些战争年代积累的工作经验和方法在一定程度上得到继承和延续；同时，作为执掌国家权力的政党，中共在 1949 年后对妇女解放的推动更多的是通过国家层面的制度建设。随着社会主义制度在全国范围内逐渐确立，妇女运动被纳入到社会主义运动的框架内，成为社会主义政治经济建设的组成部分。一方面，党和政府通过社会主义政治、经济、文化制度的建立来推动妇女参政就业和"男女平等"的实现；另一方面，中国妇女解放的成就尤其是"男女平等"的实现成为新中国社会主义制度优越性的有力证明，并被认为真正诠释了马克思主义关于只有社会主义制度才能真正实现妇女解放的理论正确性。

但我们不能忽略的一个现实是，西方女权主义运动既是欧洲资本主义工业化发展的结果，也离不开启蒙运动带来的思想解放；马克思主义妇女理论的提出也正是建立在欧洲社会工业化和城市化比较发达、市民社会初步形成这一时代背景之下的。但是，中国共产党领导下的新中国，作为一个工业化水平相对落后、封建思想依然十分浓厚的国家，却创造出一幅极为振奋人心的妇女解放的画面。无论是妇女参政、妇女就业还是男女同工同酬的实现，中国妇女都位居当时世界妇女运动的前列。这些成就的取得，既不是中国社会生产力高度发展的必然结果，也不是中国妇女在权利意识觉醒之后的自主追求，而是与新中国成立后所建立的"苏联模式"社会主义制度有着必然联系。

社会主义制度在中国的实践，基本上是照搬了前苏联的社会发展模式。早在 1949 年 6 月，毛泽东就指出："苏联共产党就是我们最好的先生，我们必须向他们学习。"① 在当时的共产党人看来，苏联作为第一个建立社会主义的国家，使"社会主义道路的要求变得具体了"，"苏联看起来树立了如何走向最终目标的唯一榜样。"② 对于中国这样一个渴望国富民强的国家而言，前苏联的发展模式具有巨大吸引力。

"苏联模式"社会主义制度为改革开放前的中国社会在政治、经济、文化等领域带来浓厚的时代色彩。蒲国良教授从政治、经济、文化的角度对"苏联模式"社会主义制度做了较为全面的概括：在政治体制上，党政不分，以党代政，权力高度集中于中央或个别领导人；干部委任制和职务终身制。在经济制度方面，国家控制一切经济资源，实行指令性计划经济；以行政手段管理经济，实行单一公有制和极具行政管理色彩的分配制度。在文化体制上，思想文化领域的管理权集中于党；文化管理机构过度集权化、思想文化问题高度政治化；在意识形态和国家精神领域盛行个人崇拜。③

"苏联模式"社会主义制度的建立，也使中国妇女解放运动带有相应的时代特点。在社会生产力水平相对低下和妇女整体上自我意识和权利意识缺失的时代条件下，计划经济体制保证了妇女就业和男女同工同酬；党的领导与干部委任制实现了中国妇女参政的历史性突破；强大的意识形态宣传使"男女平等"思想在中国这样一个封建思想根深蒂固的国家得到了贯彻并且深入人心。可以说，新中国妇女解放的道路，既不同于资本主义国家的女权主义运动，也不同于马克思主义经典理论中关于社会主义与妇女解放的阐述。正是在"苏联模式"社会主义体制

---

① 《毛泽东选集》（四卷合订本），第 1418 页。

② ［美］詹姆斯·R. 汤森、布兰特利·沃马克：《中国政治》，江苏人民出版社 2003 年版，第 51 页。

③ 蒲国良主编：《世界社会主义运动概论》，中国人民大学出版社 2006 年版，第 146—148 页。

下，中国妇女解放与"男女平等"实现了跨越式发展。但是，较低的生产力发展水平和高度集中的政治经济体制，也在一定程度上制约着新中国妇女解放的进一步发展。

一　党的领导与新中国妇女的政治参与

从共产主义运动的角度看，共产党领导下的妇女运动同时也是国际共产主义运动的组成部分。根据共产国际的规定，不存在特殊的妇女运动，妇女运动的目标必须要与无产阶级革命的奋斗目标保持一致，因此，坚持共产党的绝对领导，成为共产主义妇女运动区别于女权主义运动的主要特色。

（一）中国共产党的绝对领导体制

根据马克思主义的妇女理论，社会主义制度的建立与完善是实现妇女解放的根本途径。因此，新中国成立后，中共对妇女运动的领导与推动更多的是通过国家层面的制度建设来进行。在苏联模式的影响下，新中国政治制度的一个明显特征是党政不分、以党代政。毛泽东把这种政治体制称为"党的绝对一元化领导"，即共产党作为唯一的执政党，掌握一切行政、立法和司法的权力，甚至掌握着经济管理和意识形态的所有权力。

1958年6月，中共中央明确规定：大政方针在政治局，具体部署在书记处，具体执行和细节决策属政府机构及其党组；对大政方针和具体部署，政府机构及其党组有建议权，但决定权在党中央。这个规定"把宪法规定向国家权力机关负责的政府（即国务院）变成了党中央的执行机关，因而党中央取代了国家权力机关"，同时，它又"把本来属于政府的'具体部署'权收归党中央，因而党包办了政府的一部分事务"。①

---

① 庞松、韩钢：《党和国家领导体制的历史考察与改革展望》，载刘智峰主编《1978—1999中国政治体制改革问题报告》，中国电影出版社1999年版，第91页。

这是一套与计划经济相适应的以高度集权和计划管理为特点的治理国家的模式，把政治、经济、文化等各方面的权力集中在政府手中、政治权力直接介入到社会生活的各个层面。政府的权力又集中在党的各级组织中，集中于党的各级领导班子，"党通过自身的领导体系和组织体系对国家、对社会思想集中统一领导，从而把国家和社会全面整合进党的领导体系和组织体系之中。"①

在这种体制下，共产党坚持的马克思主义上升为国家主流意识形态，对几乎所有的领域发挥着不容置疑的指导作用。党的决议成为各级人大、行政机关甚至司法机关进行工作的最高指导，"即便与其他共产党国家相比，共产党在中国所扮演的关键性角色由于下列事实而得到增强：共产党逐渐超越了纯粹的指导者和其他政治组织监督者的角色，而是不断地侵蚀政府管理之类的权力……在许多时候和许多领域，共产党不仅仅要监督形势的发展，还要介入其中并且领导其发展方向。"②

（二）党的领导与中国妇女组织的发展

在党的绝对领导下，国家权力前所未有地向社会领域渗透。一些传统的社会组织被瓦解，一些被保存和新出现的社会组织完全失去独立性，成为党的机关的直接延伸。

在1949年之前，中国社会存在大量社团组织，新中国成立后，新政权根据自己的价值判断对社会上的社团组织进行了重新选择和组合。

1950年9月，政务院颁布了《社会团体登记暂行办法》，1951年内务部颁发了该办法的实施细则。根据这两个法规，政府对旧社会的各种民间组织进行清理，取缔不符合新政权要求的社团，也有少量社会团体经改造后得以保留，成为新政权的附属组织。新政权通过强有力的政治

---

① 林尚立：《领导与执政：党、国家与社会关系转型的政治学分析》，载《毛泽东邓小平理论研究》2001年第6期。

② A Doak Barnett, Cadres, Bureaucracy, and Political Power in Communist China (New York: Columbia University Press, 1967), p. 430.

力量，对当时存在的社会组织进行甄选。一些被作为"反动组织"或"封建组织"而取缔，一些则在中共的领导下进行改造，以适应新的社会环境。从此，非政府组织在中国完全失去独立生存空间。由共产党自己创办的工会、青年团和妇联作为群众性组织蓬勃发展起来。

中国妇女第一次全国代表大会于1949年3月24日在北平召开，根据大会决议，成立了中华全国妇女联合会，它既包括解放区的妇女代表，也包括国统区的爱国妇女团体代表，有着广泛的代表性。关于妇联组织与中共之间的关系，1949年第一届妇联和1953年第二届妇联的章程中都没有明确提及，因为此时的妇联还是一个不同妇女组织的联合，不仅包括一些爱国民主妇女团体，还包括原国统区的妇女组织。

1957年9月，中国妇女第三次全国代表大会召开。在这次代表大会上，"中华全国民主妇女联合会"改称为"中华人民共和国妇女联合会"，首次提出妇联在"中国共产党的领导下"，这一规定延续到今。但这并不意味着1957年之前的民主妇联可以不需要中国共产党的领导。因为此时的妇女组织除了民主妇联外，还有中国共产党在建国前就已建立的中央机构——中共中央妇女委员会。中央妇委与民主妇联之间联系比较紧密，中央妇委的领导邓颖超、蔡畅等都同时兼任全国民主妇联的领导职务。在实际工作中，中共中央妇委发挥着实质性的领导作用，主要是贯彻党的路线方针政策，直到1958年中央妇委被撤销。此后，妇联组织由党内机构变为党外机构，成为群众团体。随着中华基督教女青年会、中华妇女联谊会、中华妇女节制会等其他妇女组织被停止活动，全国妇联成为一枝独秀的中国妇女组织。

1978年9月，中国妇女第四次代表大会召开，"中华人民共和国妇女联合会"又改称为"中华全国妇女联合会"。

中华全国妇女联合会的性质被确定为"全国各界妇女在中国共产党的领导下，为争取进一步解放和发展而联合起来的社会群众团体"。全国妇女与地方各级妇联组织的合法性不是来源于妇女群体自下而上的认可，而是来自于中国共产党各级党组织的授权。因此，与纯粹的非政府意义的社团组织相比，妇联组织与新中国其他同类社团组织一样，都具有新型的特性。它们都居于中国共产党的领导之下，实际上是一种半官方的组织。一方面，它们的机构编制由国家制定、办公经费由政府划拨，人员按照国家公务员管理办法进行管理；另一方面，从角色定位上看，这些社团组织主要是"党联系群众的桥梁和纽带，是国家政权的重要社会支柱"。① 因此中国妇联组织的主要角色是配合党的中心任务组织和动员妇女群众参加社会主义革命与建设事业，成为"党联系妇女群众的桥梁"。从历届全国妇联的章程看，始终是围绕着党和国家在特定历史时期政治经济建设的任务来确定妇女工作的目标，至于维护妇女权益的功能，长期以来并没有受到足够的重视。

党对妇女运动的绝对领导固然使妇女运动失去了独立性，不得不服从于甚至牺牲于无产阶级革命与社会主义建设事业的奋斗目标，但共产党的领导对妇女运动的积极影响也是不容忽视的，它保证了中国妇女运动发展的共产主义道路，为中国的妇女解放提供了一个完全不同于西方女权运动的政治、经济、文化环境，并使之走上了一条独具中国特色的解放道路。

（三）党的领导与中国妇女的政治参与

共产主义政党实行高度集中制，表现在党的干部的选拔上主要是通过委任制而不是竞选，党政不分的体制导致新中国各级干部的培养和选拔也主要是依靠自上而下的委任制。这种干部培养选拔制度对于中国妇女的政治参与具有积极意义。

根据《中国大百科全书·政治学》，政治参与被定义为"公民自愿地通过各种合法方式参与政治生活的行为"。② 塞缪尔·亨廷顿把政治

---

① 《中国共产党组织史资料》附卷四：中华人民共和国组织（1949.10—1997.9），中共党史出版社 2000 年版，第 1 页。

② 《中国大百科全书·政治学》，中国大百科全书出版社 1992 年版，第 485 页。

参与定义为"平民试图影响政府决策的活动"。①《布莱克维尔政治学百科全书》则认为政治参与是"参与制订、通过或贯彻公共政策的行动。这一宽泛的定义适用于从事这一类行为的任何人，无论他是当选的政治家、政府官员或普通民众，只要它是在政治制度内以任何方式参与政策的形成过程"。② 可见，从广义角度讲，政治参与是指人们参与政治生活的行为；从狭义角度讲，政治参与仅限于对公共政策产生影响的行为。

　　妇女政治参与度是一个国家中妇女地位的重要标志。中外妇女历史上都经历过相似的命运，即长期被排斥在政治生活之外。西欧的启蒙思想家一方面主张平等的天赋人权，另一方面将妇女列为二等公民，认为女性由于身体的缺陷导致理性的缺乏，所以不具备公民资格，只适合完成其生物性功能——做妻子和母亲。19 世纪的普鲁士法律禁止妇女、儿童和精神病患者加入政党。美国马萨诸塞州的立法者宣称："如果给妇女选举权，你就得在每个县建立疯人院，在每座城镇建立离婚法庭。女人太神经质和歇斯底里，不能介入政治。"③

　　中国传统封建家庭集生产、生育、教养众多功能于一身而成为一个社会单位，家庭以夫妻为轴心形成一个劳动组织。在家庭中，夫妻分工明确，丈夫主要从事户外农业劳动，妻子主要抚养孩子并负责家务和手工。所谓"男主外、女主内"的性别角色分工强调女性的生育职能，"牝鸡不可司晨"、"国不可使预政"、"妇禁十三，一曰预外政"，女性被排斥在公共领域和公共事务之外，只能退缩在家庭的小圈子里，从事侍奉丈夫、公婆、小姑小叔的家务劳动。女性失去独立人格，成为依附于丈夫的"家属"。直至 1912 年，袁世凯政府仍然规定，选举权和被选举权为男子独享，袁政府教育司长史宝安声称："女子参政不适合女子生理及本国国情，女子以生育为其惟一天职。"

---

　　① 塞缪尔·亨廷顿、琼·纳尔逊：《难以抉择——发展中国家的政治参与》，华夏出版社1989 年版，第 5 页。

　　② 戴维·米勒、韦农·波格丹诺编著：《布莱克维尔政治学百科全书》，中国政法大学出版社1992 年版，第 253 页。

　　③ 转引自李银河《女性权力的崛起》，文化艺术出版社 2003 年版，第 119 页。

资产阶级女权主义运动发端于 18 世纪，一开始就把争取妇女政治权利作为奋斗目标，在资本主义体制下，男女平权运动的发展十分曲折。英国 1640 年确立了资本主义生产关系，但直到 1928 年英国妇女才获得与男子平等的选举权；法国 1789 年爆发资产阶级革命，但直到 1944 年法国妇女才获得选举权；美国 1776 年发表《独立宣言》，美国妇女则是在 1920 年才获得选举权。

中国共产党自成立之日起，就把几千年来与国家政治生活隔缘的社会最底层的劳动者，视为自己的政治依靠力量。新中国的成立，前所未有地实现了长期处于社会最底层的广大劳动人民的政治参与，其中，也包括长期被排斥在国家政治生活外的妇女群体。

社会主义体制在推动妇女的政治参与方面发挥出优越性。党的绝对领导，保证了党的意志可以通过法律形式加以推行，从而为新中国妇女的政治参与给予了法律保障。在几乎没有反对声音与力量博弈的政治环境下，新政权制定了一系列法律规章制度，使党的妇女政策得到贯彻执行，为新中国妇女的政治参与打开了大门。

1949 年 9 月，中国人民政治协商会议第一届全体会议通过了《共同纲领》，《共同纲领》总纲规定，妇女在政治、经济、文化教育等各方面，均享有与男性平等的公民权利。①

1953 年 2 月 11 日，中央人民政府委员会第 22 次会议通过并颁布了《中华人民共和国全国人民代表大会暨地方各级人民代表大会选举法》，规定妇女有与男子同等的选举权和被选举权。在《选举法》中，虽然没有明确规定女性代表的人数和比例，但是在 1953 年 4 月中央委员会关于基层选举工作的指示中，明确指出："代表候选人的提名应注意到人民代表大会的广泛的代表性，即应注意到各阶层各民族都在人民代表大会中有与其地位相当的代表名额，尤其要注意到妇女代表的名额。"

---

① 《共同纲领》总纲规定："中华人民共和国废除束缚妇女的封建制度。妇女在政治的、经济的、文化教育的、社会生活的各方面，均与男子平等的权利。"

1954年9月，第一届全国人民代表大会第一次会议通过的《中华人民共和国宪法》规定了妇女享有与男性平等的选举权和被选举权。1954年《宪法》第八十六条规定："年满十八岁的公民，不分民族、种族、性别、职业、社会出身、宗教信仰、教育程度、财产状况、居住期限，都有选举权与被选举权。……妇女有同男子平等的选举权和被选举权。"第九十六条规定："中华人民共和国妇女在政治的、经济的、文化和家庭的生活各方面享有同男子平等的权利。"

1953年新中国举行第一次基层人民代表选举，有90%以上的妇女参加了投票，选举产生的基层女代表共9.8万人；1956年第二次全国基层人民代表选举，当选的女代表达到20.3%。[①]

表1　　　　　　　1—5届全国人大女代表、女常委的人数和比例

届别	女代表数（名）	占代表总数（%）	女常委数（名）	占常委总数（%）
一	147	12.0	4	5.0
二	150	12.2	5	6.3
三	542	17.8	20	17.4
四	635	22.6	42	25.1
五	742	21.2	33	21.0

妇女的政治参与除了表现在女性能够作为主体行使公民的民主权利，关心公共事务，还表现在女性能够进入各级政府、政党、企事业单位担任各类领导职务，参与到国家与社会事务的管理中去。对妇女干部的培养和选拔是中国共产党组织建设的内容之一。1950年7月22日，"中华全国民主妇女联合会妇女干部学校"成立，这是一所专门为党培养妇女干部的学校。1956年，中国共产党举行第八次全国代表大会，邓小平在报告中指出："党必须用很大的决心培养和提拔妇女干部，帮助她们和鼓励她们不断前进，因为她们是党的干部的最大来源之一。"

---

① 罗琼：《妇女解放问题基本知识》，人民出版社1986年版，第139页。

出于对妇女工作的关怀，中共对妇女参政一直有比例上的照顾与硬性规定。早在民主革命时期的根据地政权建设中，中共就对女性参政规定了明确的量化指标。1939 年 4 月，《陕甘宁边区第一届参议会提高妇女政治经济文化地位案》规定："鼓励妇女参政，各级参议院应有 25%的女参议员，各机关应大量吸收妇女工作。"① 这种比例保障制度和倾斜性政策在新中国成立后得到了延续。1956 年出台的《农业合作社章程》第六十条规定："在合作社的领导人员和工作人员里面，女社员要有一定的名额，在合作社主任和管委会副主任当中，至少要有副主任一名。"②

干部委任制推动中国妇女参政的步伐取得跨越性发展。1951 年全国女干部的人数仅为 36.6 万多人，到 1978 年增加到 447 万多人。③ 国家的高层领导中也出现女性身影，1951 年在中央一级担任领导职务的女性有 36 人，在省、市一级政府中，有女委员 287 人，占委员总数的 4.7%，有些地方达到 8%。第一届全国人民代表大会后，担任中央人民政府副主席、正副部长、正副司局长的妇女共有 60 余人。这个比例，当时即使与西方国家相比，也是较高的。

表 2　　　　　　　中国共产党第 8—10 届女中央委员的情况

时间	届次	女中央委员（名）	女政治局委员（名）
1956 年	第 8 届	4	0
1969 年	第 9 届	13	2
1973 年	第 10 届	20	1

---

① 全国妇联妇运史研究室：《中国共产党妇女运动历史资料（1937—1945）》，中国妇女出版社 1991 年版，第 176 页。

② 《新中国妇女参政的足迹》编写组：《新中国妇女参政的历史足迹》，中共党史出版社 1998 年版，第 57 页。

③ 源放：《我国女干部超过 870 万》，载《人民日报》1989 年 3 月 7 日。

表3　　　　　　　　　**第1—4届全国人民代表大会常务委员会的情况**

时间	届次	女常务委员（名）	女副委员长（名）
1954 年	第 1 届	4	1
1959 年	第 2 届	5	1
1966 年	第 3 届	20	1
1975 年	第 4 届	42	4

　　在干部委任制和"干部性别比例保障"双重政策下，社会主义国家的妇女参政比例都有了明显提高。比如前苏联最高苏维埃代表中，妇女所占的比重为：1952 年占 26%；1962 年占 27%；1974 年占 31%；1984 年占 31%。全苏人民陪审员中妇女占 50%。在国家一级政治领导和经济领导职务中，三分之一由妇女担任，女性在市长中占四分之一。在捷克斯洛伐克的联邦议会中，女议员占 33%；在前民主德国人民议院 500 名议员中，33% 是妇女。①

　　这些数字显然高于同时期许多发达资本主义国家妇女参政的比例。英国妇女经历了 19 世纪民主政治运动的洗礼，最终在 1928 年获得了选举权，但直到 20 世纪 80 年代，英国国会 635 名议员中，只有 19 名女议员，占议员总数的 3%；② 日本众议员当选者中女性比例 1960 年仅为 1.5%，到 1990 年才达到 2.3%；参议院当选者中女性比例在到 1980 年仅为 7.1%；③ 美国妇女为选举权奋斗了 70 余年，直到 1920 年美国国会选举权修正案才通过，但参与政党政治和担任公职的女性并不是很多。1939 年，在美国所有行政部门和独立机构中任职的女性比例为 18.8%，④ 直到 1960 年代末，"妇女想成为国会议员的一条可靠途径是有个在任内去世的国会议员丈夫……妇女想以自身能力获得高层次竞选

---

① 李银河：《女性权力的崛起》，文化艺术出版社 2003 年版，第 22 页。
② 同上。
③ 日独立行政法人国立女性教育会馆编著：《日本的女性与男性——男女平等统计》，当代中国出版社 2007 年版，第 181 页。
④ Susan Ware, Beyond Suffrage: Women in the New Deal, p. 63. 转引自周莉萍《美国妇女与妇女运动（1920—1939），中国社会科学出版社 2009 年版，第 342 页。

公职的难度是毋庸否认的……"① 统计数字显示，从美国建国到第 96 届议会的历届参议院中共有 1726 名参议员，女性议员仅 11 名，占 0.6%；历届众议院中共有 9591 名众议员，其中妇女 87 名，占 0.9%。②

当然，代表比例的高低并不能完全反映妇女参政的全部。因为在政治参与的过程中，代表的参与动机以及参政议政能力是衡量政治参与水平的更重要的指标。从这个角度讲，在社会主义国家中，政府在推动妇女参政问题上的倾斜性照顾政策并不能完全反映出妇女参政的真实水平，但也不能完全否定它的现实意义。在中国这样一个权利意识比较淡漠、男尊女卑观念仍然根深蒂固的社会里，妇女在国家力量推动下实现的被动参与，是对妇女的参政素质进行训练和培养的过程，并对歧视妇女的传统观念形成有力的冲击。

二 计划经济体制与妇女的经济参与

在传统社会中，中国妇女不仅被剥夺了政治权利，也被剥夺了经济权利。封建礼教和法律规定："子妇无私货、无私蓄、无私器，不敢私假，不敢私与。"（《礼记·内则》）男性继承财产，女性没有财产继承权、所有权和支配权。女性嫁到婆家后连从娘家带来的嫁妆都不能归其私有。宋《户令》规定："妻虽亡没，所有资财及奴婢，妻家不得追理。"清《条例》规定："妇人夫亡……夫家财产及原妆奁并听前夫之家为主。"经济权利的被剥夺，是妇女受奴役的主要根源。

妇女就业是参与社会的基本形式，也是妇女获得经济独立的基本保障。新中国妇女解放的重要的成就之一就是在工业化较低的时代条件下实现了妇女的高就业率和男女同工同酬。这个成就的取得与新中国计划经济体制的建立密不可分。

---

① 德博拉·G. 费尔德：《女人的一个世纪——从选举权到避孕药》，新星出版社 2006 年版，第 312 页。

② 李银河：《女性权力的崛起》，文化艺术出版社 2003 年版，第 22 页。

(一) 计划经济体制的建立

苏联是最早采取计划经济体制的国家,并对中国建立计划经济体制起了重要的作用。毛泽东在《读苏联〈政治经济学教科书〉谈话记录》中曾指出:"由于我们没有管理全国经济的经验,所以第一个五年计划的建设,不能不基本上照抄苏联的办法。"[①]

苏联经济模式的特点是在排斥私有制和市场经济机制基础上的高度集中统一的指令性计划经济。国家控制了主要的生产资料,对经济活动进行直接干预;在所有制结构上采取单一的公有制,非政府的民营经济和民间经济几乎消失殆尽;政府垄断一切社会资源,就业与分配不是按照市场原则而是由政府统一安排。中国妇女的就业正是得益于国家对经济领域的强大干预能力。

保障社会成员的就业是巩固政权、实现社会稳定的一项重要措施。为了安定社会秩序、减少失业,1952 年政务院出台了《关于劳动就业问题的决定》,针对城市企业的用工制度以及失业人员的安置问题,提出了具体的指导意见,《决定》要求:"一切公私企业,均应遵守共同纲领和人民政府的政策法令,积极发展生产和营业。在国家即将开始的大规模经济建设中,一切适合国家和人民需要的公司企业都是有前途的。某些企业即令一时发生困难,也应从积极发展生产和营业中来克服本身的困难,不得从解雇职工上想办法,以保障职工利益,避免增加失业。解雇职工必须按工会法及其他有关法令的规定办理。一切公私企业,对于因实行生产改革、合理地提高了劳动效率而多余出来的职工,均应采取包下来的政策,仍由原企业单位发给原工资(计入企业成本之内),不得解雇。"企业要采取措施保障职工利益,不得随意解雇工人,避免增加失业。企业裁员受到严格限制,1956 年全国共有 3500 万职工,而固定工已经达到 3200 万,占职工总数的 90%。[②]

---

① 薄一波:《若干重大决策与事件的回顾》,中共中央党校出版社 1991 年版,第 659 页。
② 杨晓民、周翼虎:《中国单位制度》,中国经济出版社 1999 年版,第 43 页。

在这种统包统筹的用工制度中，妇女就业还受到政府的特别关注："对于失业工人，应普遍予以登记，并分别介绍就业或予以转业训练……对于失业的和在业的职工家属中之劳动妇女及其他家庭劳动妇女，应尽可能根据原料和销路的条件，并依据需要和可能吸收她们参加其他工作。"[1]

（二）城镇妇女就业率的提高

在政府的推动下，城镇妇女的就业率稳步上升。尤其是在全民所有制企业中就业的女性人数呈逐渐增长趋势。

表4　　　　　　　1949—1976 年全民所有制女职工人数变化情况

年份	全民所有制职工总数（万人）	全民所有制女职工（万人）	女工比重（%）	指数（上年女职工数为100%）	备注
1949	800	60.0	7.5		
1952	1580	184.8	11.7	308.0	
1953	1826	213.2	11.7	115.4	
1954	1881	243.5	12.9	114.2	
1955	1908	247.3	13.0	101.6	
1956	2423	326.6	13.5	132.1	
1957	2451	328.6	13.4	100.6	
1958	4532	810.8	17.9	246.7	"大跃进"时期女工比重猛增
1959	4561	848.8	18.6	104.7	
1960	5044	1008.7	20.0	118.8	
1961	4171	886.8	21.3	87.9	
1962	3309	673.6	20.4	76.0	
1963	3293	656.6	19.9	97.4	三年困难时期国家精简职工
1964	3465	703.5	20.3	107.1	
1965	3738	786.1	21.0	111.7	
1966—1976	7196	2036.0	28.3	259.0	"文革"时期缺少女工统计资料

资料来源：《中国劳动工资统计资料 1949—1988》，中国统计出版社 1987 年版。

---

[1]　中央人民政府政务院《关于劳动就业问题的决定》［N］1952-08-04（1）。

　　除了在全民所有制企业就业外,大量城镇妇女,尤其是职工家属都被安排在街道工厂就业。1960 年,据北京、天津、沈阳等 43 个大中城市统计,参加街道工厂的共约 140 万人,其中大部分是妇女。[①] 到 20 世纪 70 年代末期,城市劳动年龄内妇女就业率达到 90% 以上。

　　计划经济体制也保证了男女同工同酬政策得以贯彻。1955 年,毛泽东曾经提出过"在生产中,必须实行男女同工同酬"。[②] 1956 年 6 月 30 日,第一届全国人大通过并由中华人民共和国主席颁布的《高级农业生产合作社示范章程》指出:妇女与男子有平等入社的机会;无条件地实行男女同工同酬。据调查,在 1978 年,中国女性劳动者的月工资是男性的 83%,这一数字远高于其他国家。[③] 中国是当时世界上基本实现男女同工同酬的少数国家之一。

　　计划经济也推动着同时期其他社会主义国家实现了妇女的高就业率。十月革命后的第一个五年计划期间(1928—1932 年),前苏联在国民经济部门就业的妇女人数从 240 万增加到了 650 万。1937 年,妇女在就业总人数中占 35.4%;1940 年女职工为 1319 万,占职工总数的 39%;1950 年为 1918 万,占职工总数的 47%;1960 年为 2925 万,占 47%;1970 年为 4580 万,占 51%;在集体农民中,妇女占 47%。[④]

　　计划经济体制下的劳动力资源配置方式违背了经济运行的内在规律,但却在一定程度上掩盖和抑制了就业领域的性别歧视现象。中国妇女,尤其是城市妇女成为这种体制下收益最大的群体。在政府的主导甚至直接安排下,中国妇女不仅实现了较高的就业率与男女同工同酬的分配制度,也享受着优越的劳动保护和福利政策。

　　计划经济体制为妇女的就业及分配提供了保障,在一定程度上实现

---

① 载《中国妇女》1960 年第 7 期。
② 《毛泽东文集》第 6 卷,人民出版社 1999 年版,第 453 页。
③ 《中国妇女统计资料(1949—1989)》,中国统计出版社 1991 年版。
④ 李银河:《女性权利的崛起》,文化艺术出版社 2003 年版,第 35—36 页。

了妇女的经济独立，但也培养了妇女群体对政府的依赖心理。一旦政府失去对企业的行政干预能力，女性需要完全通过自身技能和素质来竞争就业岗位，而企业也可以完全按照市场规律自行决定薪酬标准时，社会主义国家妇女的高就业率和男女同工同酬的神话很容易就被打破。

三 全能主义政府与妇女的"国家认同"

马克思主义认为，国家不属于社会的经济基础，而属于上层建筑；经济基础决定上层建筑，生产方式决定国家的形式；社会主义的国家应是正在消亡中的国家，其政治职能不应逐渐强化而应日益减弱。

但是在计划经济体制下，社会主义国家的职能不仅没有日益弱化，反而得到空前加强。每一个社会成员和社会组织、每一个企业和经济单位，都要通过不同的方式和渠道被纳入到国家的行政体系，个人价值也只有通过国家提供的平台才能实现。个人在享有国家提供的全方位保障的同时，也失去了自主安排生活的权利。胡乔木曾感叹道："革命的胜利，使得政府领导机关的作用、权威和威力大大扩大了。历史上没有过任何政府有这样大的作用。"[1] 于建嵘教授把毛泽东时代中国的政治体制概括为"家长式的威权体制"。[2] 邹谠称之为"全能主义政府"，即"政府权力可以随时地、无限地侵入和控制社会的每一个阶层和每一个领域"。[3]

全能主义政府在一个特殊时期为新中国的国家重建发挥了积极的作用，它保证了新中国能够在一个较短的时间内集中全国的政治、经济资源，为社会主义工业化奠定了物质基础。这种模式的社会制度对妇女解

---

① 《党的八大的基本精神》，载《胡乔木文集》第2卷，人民出版社1993年版，第86页。

② 于建嵘：《共治威权与法治威权——中国政治发展的问题和出路》，载《当代世界社会主义问题》2008年第4期。

③ 邹谠：《二十世纪中国政治——从宏观历史与微观行动角度看》，香港牛津大学出版社1994年版，第69页。

放更有着特殊的意义，它推动着中国妇女的解放走上了一条与西方女权主义运动截然不同的发展道路。政府可以综合运用行政、立法、宣传、群众运动等多种手段，推动中国的妇女解放事业在一个经济落后的国家获得超越常规的发展。

（一）法制建设与男女平权的实现

新政权从国家立法的角度，为男女平权的实现提供法律支持和制度保障。1953通过的《选举法》和1954年通过的《中华人民共和国宪法》规定："妇女有与男子同等的选举权和被选举权。""中华人民共和国妇女在政治的、经济的、文化和家庭的生活各方面享有同男子平等的权利。"

妇女的经济权益也得到了法律的保障。1950年6月28日，中央人民政府委员会第八次会议通过《中华人民共和国土地改革法》，规定"按人口统一分配土地"。这意味着几千年来一直被剥夺土地所有权和土地继承权的中国妇女终于获得了土地所有权和继承权。未婚妇女可以参与分配土地，妇女出嫁可以带田到婆家，甚至寡妇改嫁也可以带走属于她的那份土地，土地证可以同时写上男女家长的名字。土地权的获得，极大提高了妇女在家庭中和社会上的地位和自信心，是实现男女平等的经济保障。在《土地法》的鼓舞下，广大农村妇女不仅积极参与到土改运动中，而且成为五六十年代农业生产的重要劳动力。"到1952年土改基本完成时，全国参加农业生产的妇女约占农村妇女劳动力的60%左右，工作好的地区则达80%—90%。"[1] 男女同工同酬是我国的一项基本国策，男女同工同酬与按劳分配原则一同写入《中华人民共和国宪法》，《宪法》第六条规定："社会主义公有制消灭人剥削人的制度，实行各尽所能按劳分配的原则。"《宪法》第四十八规定："国家保护妇女的权利和利益，实行男女同工同酬。"

---

[1] 杨湘岚主编：《新中国妇女参政的足迹》，中共党史出版社1998年版，第25—26页。

　　男女平权不仅体现在政治经济生活中，也体现在婚姻生活和家庭生活里。1950 年 4 月 13 日中央人民政府委员会第七次会议通过并颁布了第一部《中华人民共和国婚姻法》。在其他国家，调整婚姻家庭关系的法条一般都是包含在《民法》中，或者是一些针对具体问题的法规文件中。将《婚姻法》作为一个独立法律部门，这是新中国的创举，可见新中国对婚姻自由的重视。

　　《婚姻法》反对包办婚姻，提倡和保护自由恋爱、择偶的权利；明令禁止重婚、纳妾，结束了中国历史上一夫多妻的习俗；关于离婚和再婚的条款保障了妇女的权益。[①] 新《婚姻法》不仅保障了妇女的婚姻自主权，还保障了家庭成员之间的平等、家庭不同性别之间的平等，从社会的最基础层面摧毁了男尊女卑文化，使男女平等观念逐渐深入到家庭内部。阎云翔通过对一个华北村庄的访谈发现，"在六七十年代，没有发生过一件父母、儿女间因婚姻而反目的事件。其次，在父母、儿女意见相左的情况下，后者多半都能在最后占上风，得到父母的允许而如愿与心上人结婚。事实上，到 60 年代后期，年轻一代在择偶方面已经有了相当的自主权，父母没有儿女的同意一般没法逼迫他们嫁娶。"[②]

　　新政权打破了中国传统社会严格的等级秩序，不仅从思想文化领域建构起人人平等的意识形态，更从政治和经济制度上保证了人人平等的实现。家庭成员之间，尤其是夫妇之间、父女之间关系的平等化是这个人人平等的崭新世界的缩影和窗口。

　　社会主义体制在实现男女平权方面发挥出了资本主义体制无与伦比的制度优越性。正如列宁所说的那样："在一切文明的甚至最先进的国

---

　　① 其中有关离婚和再婚的主要规定是：禁止干预寡妇婚姻自由（第二条）。男女双方自愿离婚的，准予离婚。男女一方要求离婚的，经由人民政府和司法机关调解无效时，亦准予离婚。（第十七条）。离婚后，哺乳期内的子女以随哺乳的母亲为原则。哺乳期后的子女，如双方因均愿抚养而发生争执且不能达成协议时，由人民法院根据子女的利益判决（第二十条）。离婚时，除女方婚前财产归女方所有外，其余家庭财产如何处理由双方协商决定，协议不成时，由人民政府根据家庭财产具体情况，照顾女方及子女利益和有利发展生产的原则做出判决（第二十三条）。

　　② 阎云翔：《私人生活的变革：一个中国乡村里的爱情、家庭与亲密关系》，上海书店出版社 2006 年版，第 63 页。

家里,妇女都处在被称为家庭奴隶的地位。在任何一个资本主义国家里,甚至最自由的共和国里,妇女都没有完全的平等权利。苏维埃共和国的任务首先是取消对妇女权利的各种限制法令,任何地方都没有这样充分地实现过劳动妇女的平等和自由。"① 单从男女平权法律的颁布来看,新中国的成就印证了列宁把妇女解放与社会制度联系在一起的论断。

(二) 行政干预与妇女的劳动保护

在妇女运动中,存在着有关平等(equality)与公正(equity)的长期争论。前者主张对妇女作特殊保护,因为她们属于弱势群体,处于不利地位;后者则主张不应该给妇女特殊保护,因为这妨碍了竞争中的公平原则。社会主义者主张平等,女权主义者主张公正。

在美国,围绕着妇女的孕产期是否应当享受特殊的保护性待遇这一问题存在争议;英国也有关于女工劳动时间要不要保护性限制的争论。女权主义者认为,女性不论智力还是能力都不比男人差,对女性的特殊保护有违市场公平竞争原则,对女性的特殊保护等于承认女性不如男人,争取男女平等要靠女性个人奋斗。社会主义者则认为,女性在生理上的确有其特殊之处,所以无论在就业还是参政问题上都应该给予女性特殊照顾。

在英美这样的价值观念多元化、各种政治力量相互制衡的国家里,很难在某一个议题上各种社会力量达到高度一致。反对男女平权最激烈的不仅仅是男性,还有部分女性。因为主张男女平权就意味着以往对妇女提供特殊保护的立法将无效,这是那些主张对女性要给予特殊保护的妇女组织不愿意看到的结果。再比如,政府是否应当投资建立儿童日托所,以减轻职业女性的负担,也是很有争议的,反对的人(包括许多

---

① 列宁:《在全俄女工第一次代表大会上的讲话》,载《列宁全集》第35卷,人民出版社1985年版,第180页。

女性）认为这将扩大政府权力，导致政府对个人事务的干预，所以推动日托法运动也屡受挫折。

但在社会主义体制下，意识形态领域高度一致，这样的争议从来没有发生过。计划经济体制下，政府对企业的用工和资源分配保持着强大的干预能力。因此，新中国一成立，不仅通过立法保障了妇女享有与男性平等的政治经济权利，同时也通过对企业用工的积极干预保障了妇女的劳动保护政策得到顺利推行。无论是男女平权的实现，还是托儿所、幼儿园的大规模建立，在中国政府的主导下，都是在没有任何争议的环境下顺利推行起来，并且被视为社会主义制度的优越性和中国妇女解放事业的伟大成就而被大力宣扬。

在第一届全国政协会议上制定的《共同纲领》中，提出了"保护青年女工的特殊利益"的条款。

1951 年 2 月 26 日政务院公布的《中华人民共和国保险条例》规定：女职工在产前产后享有 56 天的带薪产假。

1951 年 5 月 24 日，中央人民政府政务院人事部发布《关于废除招考工作人员及学员时"不收孕妇"规定的通知》，保障已婚妇女的工作权利。

1954 年 8 月 26 日，政务院通过的《中华人民共和国劳动改造条例》规定，分娩未满 6 个月或怀孕的，不许收押。女犯由女看守员监管检查。1956 年国务院制定了《女工保护条例》。

托儿所、幼儿园也在全国范围内大规模建立。资料显示，到 1959 年，河南省已建幼儿园 9428 个，托儿所 168748 个，共收托 598 万多儿童，占适龄儿童的 54%。[①] 北京市到 1960 年，已在全市建立了 18000 多个幼儿园托儿所，收托 61 万儿童；[②] 妇幼保健院也全面建立起来。

---

① 刘文树：《搞好集体福利事业并非生活小事》，载《中国妇女》1959 年第 2 期。

② 邓颖超：《发扬三八革命传统，向妇女解放的伟大目标前进》，载《中国妇女》1960 年第 6 期。

表5　　1950—1956年全国县及县以上妇幼保健院、所、站发展情况　　（单位：个）

年份	妇幼保健院数	妇幼保健所、站
1949	—	9
1950	77	349
1951	85	1185
1952	98	2379
1953	98	4046
1954	95	3939
1955	93	3852
1956	93	4564

资料来源：根据中华全国妇女联合会妇女研究所、陕西省妇女联合会研究室编《中国妇女统计资料》（1949—1989）（中国统计出版社1991年版，第478、481页）绘制。

（三）政治运动与妇女地位的改善

新政权在国家重建的过程中，除了加强法律建设外，也非常重视通过开展大规模的政治运动来实现政治经济目标。全能主义政府发挥出了强大的政治动员能力，推动着中国妇女的命运在短时期内就产生了翻天覆地的变化。

扫盲运动：新中国刚刚成立时，妇女中文盲的比例达到90%以上；在农村，妇女占文盲总数的95%以上，有的地方达到了100%。[①]

建国初期，政府在全国各地掀起大规模的扫盲运动。小学女生人数在1951年时仅为1206.3万人，到1956年就增加到2231.5万人；接受高等教育的女性人数在1949年只有23157人，到1956年上升为100374人；而高校女教师的人数则从1950年的1902人上升为1956年的11207人。[②]

---

① 罗琼主编：《当代中国妇女》，当代中国出版社1994年版，第222页。

② 张健主编：《中国教育年鉴1949—1981》，中国大百科全书出版社1984年版。

除了正规的学校教育外，政府还大力推动社会教育，开办夜校、识字班、技校等多种形式的社会办学，既学习文化知识，又传授劳动技术、妇婴卫生知识等等。新中国妇女扫盲运动取得了可喜成绩。到1958年，有1600万妇女摆脱了文盲状态。[1]

禁娼运动：中国娼妓有文字记载的历史有3000多年。近代以来，娼妓虽禁未绝，且呈蔓延趋势。据1917年英国社会学家甘布尔（S. D. Gamble）调查，当时世界八大城市中，公娼人数与城市总人口的比例以北京、上海为最高。

表6　　　　　　　世界八大城市公娼人数与城市总人口的比例

城市	比例	城市	比例
伦敦	1∶906	名古屋	1∶314
柏林	1∶582	东京	1∶277
巴黎	1∶481	北平	1∶259
芝加哥	1∶437	上海	1∶137

资料来源：杨洁曾、贺宛男：《上海娼妓改造史话》，上海三联书店1988年版，第1页。

甘布尔调查时，上海公娼约2万人，到1935年，上海公娼、私娼相加约在6万至10万人之间，大体20名女性中，即有一人是娼妓。[2]

取缔娼妓制度成为新政权解放妇女的重要步骤。1949年11月21日，北京市第二届各界人士代表会议通过了《关于北京封闭妓院的决议》。当天晚上，北京市三千多名干警在公安部长兼北京市公安局长罗瑞卿的领导下，封闭了224家妓院，拘留妓院老板454人，收容妓女1292人。[3]天津市于1950年1月开始严格管理限制妓院活动范围，到

---

① 周长鲜：《妇女参政：新中国60年的制度演进（1949—2009）》，中国社会科学出版社2009年版，第50页。

② 杨洁曾、贺宛男：《上海娼妓改造史话》，上海三联书店1988年版，第2页。

③ 唐娅辉：《中国妇女百年奋斗史》，湖南师范大学出版社1999年版，第190页。

1952 年底,天津市内妓院全部关闭,娼妓制度被彻底消灭。1951 年 11 月,上海市人民政府通过三次集中活动,收容妓女 7500 名。[①] 随后,各大城市如吉林、蚌埠、南京、石家庄、苏州、杭州、西安、南通、青岛、武汉都展开了取缔妓院的运动,到 1953 年,全国范围内封闭妓院工作基本结束。

城市	石家庄	吉林市	北京	蚌埠	南通	青岛	天津	上海	西安	武汉
时间	1948.1.4	1949.7	1949.11.21	1949.11.30	1951.11.20	1951.11.22	1951.11	1951.11.25	1951.12.9	1952.9.11

表7 各城市封闭妓院时间

资料来源:杨洁曾等:《上海娼妓改造史话》,第 22—24、41 页。

妓院封闭后,妓女被收进教养院教养。收容学员患病率极高,如北京 1300 名学员中,患病率高达 98% 以上。[②] 政府积极帮助她们医治疾病,并对她们进行政治教育,使她们认识到旧制度的罪恶,提高她们的阶级觉悟。

与历史相比,与国外改造娼妓相比,新中国无疑创造了一个奇迹:到 50 年代后期,仅经过七八年的时间,在中国延续了几千年的娼妓问题被彻底清除。

列宁曾经自豪地将苏维埃妇女的生存状况与资本主义国家的妇女进行比较:"拿妇女状况来说吧,在这一方面,世界上任何一个最先进的资本主义共和国内的任何一个民主政党,几十年中也没有做出我们在我国政权建立后第一年所做到的百分之一。"[③] 社会主义体制在推动妇女解放方面的重要优势就是强大的政府干预能力,在如此短暂的时间里,中国妇女运动能够在从政、就业、福利等方面取得如此高的成就,既与

① 林吉玲:《20 世纪中国女性发展史论》,山东人民出版社 2001 年版,第 240 页。
② 北京市公安局:《北京封闭妓院纪实》,中国和平出版社 1988 年版,第 68 页。
③ 列宁:《伟大的创举》,载《列宁全集》第 37 卷,人民出版社 1986 年版,第 20 页。

社会主义运动的价值取向有关，更离不开建国初期建立的高度集权的社会主义体制，它一方面让妇女深深震撼于党和国家强大的权威，同时又使她们不能不感动于它对妇女们无微不至的关爱。

（四）新中国妇女的"国家认同"

新中国妇女解放运动最重要的特点就是它不是由妇女群体主动发起的，尽管取得了令人瞩目的成就，但这些成就的取得并不是妇女群体自己争取的结果，而是由国家在进行社会主义革命的过程中"稍带"着实现的，国家才是妇女解放的真正倡导者、推动者，正是在强大的国家力量的作用下，中国妇女运动才能够在一个工业化水平和经济发展水平相对比较落后、封建观念仍然相当浓厚的东方国家取得了跨越式的发展。不论是妇女选举权的取得，还是男女同工同酬的实现，这都是西方女权运动奋斗几十年甚至上百年才得以实现的事情，而中国妇女何其幸运，在不需要自己做出多少努力的条件下，便由国家赋予了这些权利。

这种高度集中的政治经济模式应用于妇女解放的优势在于：在一个农业文明占主导、整体社会文化环境仍弥漫着浓厚的封建男尊女卑思想、妇女群体缺乏权利意识的社会里，通过国家政权的力量，甚至以某个魅力型领袖的个人感召力量，推动国家层面的政治、经济、文化制度的变革，从而在没有其他社会牵制力量、反对力量的前提下，在极短的时间内改变了中国妇女的命运，提高了她们的政治经济地位，几千年来根深蒂固的男尊女卑的封建礼教终被抛弃，国家倡导的妇女解放、男女平等、男女同工同酬等观念日益深入人心。这是中国有史以来范围最广泛、力度最深刻、效果最显著的一次关于妇女解放、男女平等的思想启蒙。

几千年来中国妇女都是把家庭作为自己终生的归宿，她们没有公共生活，没有政治参与的意识。新中国成功地把妇女从家庭人改变为社会人、国家人，妇女终于从家庭投身于社会的公共领域，这是中国妇女命运翻天覆地的变化。这项改造工程的一个重要成果就是使几千年来寓于家庭之中、与社会生活和国家政治严重隔离的妇女群体第一次感受到国家力量的存在，并从情感和意识上形成了对国家观念的认同。她们不再把自己仅仅视为家庭的附属物，而是国家的人。这种认同感的形成，在于新中国妇女解放的每一项成就的取得，都离不开国家力量的干预。"在无需个人做出实质性努力的情况下，一种来自外部的力量，用人们原来从未见过的方式，改变了无数人的命运。"① 这个力量就是国家。弱者借助国家的力量战胜强者，从而有效地促成了前者对国家观念的认同。

也许不仅仅是一种巧合，在当时承载着意识形态宣传使命的艺术作品中，给人印象深刻的恰恰是几部以妇女为主角的电影，如《刘巧儿》、《李双双》等。她们的命运轨迹基本相似，刘巧儿依靠政府摆脱包办婚姻，而李双双每每与丈夫喜旺冲突时就要搬出村党支部书记或乡党委书记的权威来弹压丈夫，妇女对权威的认同已从家庭转移到党与国家。

由于中国共产党在国家政治经济生活中绝对的领导作用，以及宣传中对党的作用的有意识的渲染，使这一时期妇女们的国家认同更多地表现为对共产党权威的认同。一位在旧社会饱受苦难的青年妇女以申请加入党组织来表达自己对共产党的感恩之情，她描述了被党接纳时的激动心情：

> 人的一生中，有些时刻是永远也忘不了，永远也过不够的！我告诉你，这一天，第二天就是红五月，车间支部书记找着我，头一句话就是：
>
> "祝贺你，组织上批准你入党。"
>
> 我简直像一个孩子找到了母亲一样，想着马上跑到毛主席那里

---

① 郭于华在《诉苦：一种农民国家观念形成的中介机制》，载杨念群主编《新史学——多学科对话的图景》，中国人民大学出版社 2003 年版，第 505—526 页。

去，表示一下我的决心。我呆住了。支部书记说：

"要继续不断的前进，党需要我们做许多的工作。"

我说了句："感谢党的教育。"就往家里走。

这是下午五点钟了。天空里的云彩，有些橙黄，也有些乳白。路旁密密麻麻的杨树、槐树、松树，发射着深绿、嫩绿的色彩。树林背后的大片麦田，起伏着微微的波浪……这一切一切，今天在我眼睛里都显得美丽和可爱。我踏进家门口，就看见我男人在写东西，我兴奋得甚至喘起来，我说：

"我，被吸收入党了！"

他马上站了起来，伸出手，用劲地握我的手：

"我以共产党员的资格，来欢迎你，秀英同志。"

我在这一刹那，简直像面对着一个生人似的，我说："要多帮助我。"

于是，我和我的男人坐在一块，共同读着他写的四句话：

"在过渡的船上，我们要努力划桨；抓紧多划一桨，争取早到岸上。"①

女工自述表明了她对党炽热的感情和追求，她的情感寄托不再仅仅局限于家庭和丈夫，她有了更高层次的追求。在这些满怀感恩心态的妇女心中，"党"实际上已成为"国家"的化身，党的形象使国家概念不再遥远和抽象，而变得具体而亲近，对党的认同和爱戴就是对国家的认同和爱戴。尽管这种认知仍属于传统的政治意识范畴，但并不是毫无意义的。它从思想意识层面实现了对中国妇女的改造，塑造着她们的政治认知和政治情感，调动起她们的政治参与和社会参与意识，推动她们实现了从自然人向"社会人"和"政治人"的转化。

---

① 宫琦：《总路线照亮了我的心——女工李秀英的自述》，山东人民出版社1954年版，第57—58页。

　　高度集中的政治经济模式在一定程度上适应了新中国成立之初的社会现实,尤其是在推动中国妇女解放事业的发展方面发挥出了体制的优越性。因为在中国这样一个封建观念根深蒂固、女性群体大部分都缺乏权利意识和主体意识的国家里,女性解放不可能走西方式的女权主义道路。中共利用其掌握的强大的国家资源推动中国妇女的就业和参政,男女平等的思想在全国范围内得到了宣传和贯彻,不仅提高了妇女的经济和社会地位,也塑造了她们崭新的精神世界。可以说,新中国妇女解放和男女平等实现的程度不仅在中国历史上是前所未有的,在世界历史上也是不多见的。

　　但是,我们也应看到,通过高度集中的苏联模式来推动中国妇女解放,尽管所取得的成就令人瞩目,但我们并不能把这种解放模式作为马克思主义妇女理论在中国的成功诠释。对苏联模式下中国妇女解放的程度需要理性地加以认识。我们不能否认的事实是:忽视妇女在追求自身解放过程中的主体性和主动性的发挥,将妇女解放完全视为国家和政府的责任,导致新中国的妇女解放在很长一段时期内仅仅满足于物质水平的提高和形式上的男女平等,这对妇女解放运动的进一步发展形成严重制约。

第四章
社会主义制度与新中国男女平等的实现（下）

马克思主义妇女理论是把妇女解放是与社会主义制度联系在一起的。作为资本主义的对立面与替代物，社会主义制度应是在吸收资本主义先进文明的基础上，扬弃了生产资料私有制的弊端，从而真正实现包括广大妇女在内的全人类的平等与自由解放。

1949 年以后，随着中国共产党掌握了国家政权，社会主义实践开始在全国范围内轰轰烈烈地展开。但是，中国的社会主义制度是建立在一个完全不同于马克思、恩格斯所处的时代环境和社会基础之上的；中国的妇女解放运动，也是完全被置于这样一个充满东方特色的社会主义体制之中。

首先，西方的妇女解放运动是 18 世纪欧洲启蒙运动的结果。女权主义者从一开始就把妇女的自由与权利作为争取的目标。20 世纪四五十年代的中国，仍是一个封建文化意识相当浓厚的国家。中国历史上从来没有进行过一场像欧洲启蒙运动那样深刻的思想启蒙运动。从中国最初的启蒙思想的起源来看，显然和欧美的启蒙运动大相径庭，甚至可以说是"与西方头足倒立的启蒙主义"。① 在西方，启蒙主义要解决的是个人的解放或个人的自由问题；在中国，启蒙要解决的是国家的富强问题；在西方，民主与自由被视为终极价值；在中国，民主与自由被视为实现国家繁荣富强的条件和工具。革命的先行者孙中山说得极为明白：

---

① 胡传胜：《观念的力量》，四川人民出版社 2002 年版，第 139 页。

"外国革命是由争自由而起，奋斗了两三百年，生出了大风潮，才得到自由，才得到民权。……实行民族主义，就是为了国家争自由。但欧洲当时是为个人争自由，到了今天……万不可再用到个人上去，要用到国家上去。个人不可太自由，国家要得完全自由。到了国家能够行动自由，中国便是强盛国家。要这样做去便要大家牺牲自由。"① 因此，中国的妇女运动，不是把个人的自由权利作为奋斗的目标，而是要实现国家与民族的富强。新中国的成立，并没有完全改变中国妇女运动的这一使命。

其次，西方的女权运动是在成熟的公民社会的基础上进行的。妇女们具有强烈的公民参与意识和权利意识，女性自身充当了妇女解放运动的发起者和推动者。在资本主义民主体制下，她们通过言论呼吁、游行示威、议会游说等民主机制争取自身的权益。而中国的社会主义制度则是在参照苏联经验的基础上建立的，"苏联模式"的社会主义最重要的特征是高度集权，执政党和政府对国家的政治、经济、文化等领域掌握着强大的干预能力。在这种高度集中的政治经济体制下，妇女解放运动成为执政党所要建设的社会主义事业的组成部分，全能主义政府以恩赐般的方式给予妇女各种福利与保护，并获得妇女群体的认同与支持。但是，由于妇女解放的主动权和解释权掌握在政府手中，因此女性的某些特殊利益往往被忽视甚至被牺牲。同时，相对低下的社会生产力和工业化水平以及公民意识和权利意识的缺位，导致中国的妇女解放在取得重大成就的同时，也存在一定的局限。

一　社会主义制度与妇女解放的局限

经济上的计划体制和政治上的干部委任制，保证了中国妇女较高的就业率和参政率，但是，这些成就的取得既不是中国社会生产力高度发

---

① 　孙中山：《三民主义》，岳麓书社 2000 年版，第 96 页。

展的结果，也不是中国妇女在强烈的公民意识下积极争取的结果，而是由政府从国家政治经济建设出发做出的安排。这种模式下的解放必然存在一定的局限，并制约了妇女运动的进一步发展。

(一) 计划经济与妇女就业的局限

妇女解放与男女平等的实现必须要建立在两性经济平等的基础之上，就业是妇女实现经济独立的重要途径。一般而言，一个国家妇女就业水平的高低往往与这个国家经济发展的总体水平有必然联系。但在中国特殊的政治环境下，妇女就业并不是完全取决于市场的需要，甚至也不是生产力发展水平的反映，而是由国家根据政治的需要而做出的行政安排。因此，在生产力水平相对低下的历史时期，中国却创造出妇女高就业的奇迹。但受制于生产力发展水平和行政干预，妇女在就业过程中存在的问题也是很明显的。

1. 妇女的"双重负担"。恩格斯认为妇女只有参加社会生产才能实现真正解放，并强调现代大工业的重要性，"妇女解放只有在妇女可以大量地、社会规模地参加生产，而家务劳动只占她们极少功夫的时候才有可能，而这只有依靠现代化大工业才能办到。"[1] 可见妇女解放离不开生产力的发展和工业化水平的提高，发达的社会生产力和工业化水平，能够为妇女参加社会劳动提供更多的就业机会，也能实现家务劳动的社会化从而减少妇女的"双重负担"。

但新中国是在工业化水平较低的情况下倡导妇女参加社会劳动的，由于工业化和农业机械化程度较为低下，妇女参与社会生产劳动，尤其是超越生理极限的重体力劳动，往往带给她们的是严重的身体伤害。根据天津妇女保健所对389名女装卸工的调查，每次负重量在50—100公斤的81人中，月经紊乱者占35%，经期延长者占14%，月经过多者占12%，重度痛经者占57%；每次负重在25—50公斤的308人中，月经

---

① 《马克思恩格斯文集》第4卷，人民出版社2009年版，第181页。

紊乱者占21%，经期延长者占3%，月经过多者占12%，重度痛经者占12%。[1] 高强度的体力劳动使妇女的身体受到极大伤害，当时农村妇女患子宫脱垂的约占妇女劳动力的20%以上，患闭经病的更多。[2] 这一时期妇女的死产率和自然流产率也显著上升。

高小贤在回顾50年代陕西关中地区农村妇女被动员参与棉田劳动的历史时，写到一位省卫生厅负责妇幼卫生的干部回忆当时妇女患子宫脱垂的情况：

> 五八年"大跃进"，人人要到地里劳动，妇女刚生了孩子也要去。所以子宫脱垂比较多。很多妇女子宫脱垂非常痛苦，走路吧，一个大肉疙瘩。子宫就脱出来她还得下地劳动。有了这个病还不能对别人说……子宫脱垂是营养跟不上，营养不良，产后又不能很好地休息，比如务棉花，是蹲在地里，这就不能得到很好的恢复。我们查到全省有子宫脱垂的妇女5万多。[3]

伤害不仅仅限于妇女，也涉及孩子。郭于华在对陕北骥村的社会调查中，记录了妇女回忆集体化时代被发动参加集体劳动导致孩子无人照看的情形：

> 那阵大合营，唉呀，我们那娃娃可可怜了。没人照看嘛，奶奶那阵那也要劳动去了。不劳动她也吃不上嘛。没人照娃娃，我们娃娃照娃娃嘛。我们大小子才五岁了，二的三岁了，五岁的照个三岁的嘛。锅里给娃娃煮上口那种擦擦饭（磨碎的粮食煮成糊状），高粱擦擦饭。放个勺勺，炕上放个尿盆盆。娃娃不出去嘛，那阵行吃

---

① 宋杰：《男女平等与妇女解放的关系》，载《民主与科学》1991年第4期。

② 罗琼：《关于贯彻以生产为中心的妇女工作方针的问题》，载《妇女工作》1980年第9期。

③ 高小贤：《"银花赛"：1950年代农村妇女与性别分工》，载《百年中国女权思潮研究》，第276页。

（乞丐）的多，净饿得，他们怕嘛。门上顶个棍，把它顶定。饿了就詧的吃点盆里的擦擦饭，把起尿就上尿盆盆把尿。五岁的照个三岁的嘛。到黑夜了，那阵黑夜也劳动去嘛，黑夜不回来，娃娃怕得啊，枕头被子拦得这么高高，两个抱定在被子后面睡觉着了。①

2. 男性就业优先。在中国，以男权为中心的传统思想和社会秩序是如此的根深蒂固，很难通过革命在一夜之间涤荡干净。新中国成立后，尽管国家层面在积极推动妇女解放，但在社会层面几千年来根深蒂固的封建思想并没有被彻底铲除，男权秩序依然在主宰着社会的政治经济文化结构。

中国妇女较高的劳动参与率一直被视为中国妇女解放的伟大成就之一，但在计划体制下，男性的就业权往往得到政府的优先保障，妇女的劳动参与只是承担了劳动力"蓄水池"的作用，家务劳动被视为妇女的天然职责。《人民日报》1956年5月16日社论《保护农村妇女儿童的健康》强调了女性的双重职责："参加农业生产是农村妇女应有的权利和义务，养育子女、从事家务劳动也是农村妇女不可推卸的责任。这就是妇女不同于男人之处。"一直到1958年初，这种观念仍没有发生改变："料理家务，对国家、对合作社、对各项建设事业、对自己家庭有多么大的贡献，所以料理家务是和参加社会劳动同样光荣的劳动，是社会主义不可或缺的劳动。"② 甚至女干部们也被劝说提前退职，"对于那些不适合当干部而又愿意回家料理家务的同志，应该允许她们退职，回家从事家务劳动。"③

进入大跃进时期，随着大批男性劳动力被投入到大炼钢铁运动中，

---

① 郭于华：《心灵的集体化：陕北骥村农业合作化的女性记忆》，载《中国社会科学》2003年第4期。

② 罗琼：《从农村勤俭持家问题谈起》，载《中国妇女》1958年第1期。

③ 安子文：《应该正确认识妇女干部的退职问题》，载《中国妇女》1958年第2期。

劳动力不足的问题开始凸现。此时，作为一种人力资源，妇女的作用受到国家的关注："中国妇女是一种巨大的劳动力，必须发掘这种资源，为了建设一个伟大的社会主义国家而奋斗。"① 妇女参与社会劳动被认为将有效解决男性劳动力不足的问题，"解放妇女劳动力，是解决当前和今后工农业劳动力相对不足、保证社会主义建设高速发展的一项重要措施……用妇女劳动力去顶替非生产部门现有的年轻力壮的男劳动力，再把这些男劳动力分配到其他劳动强度较大的工作岗位。"②

而一旦社会劳动力出现过剩，妇女解放的目标就会被牺牲。到了70年代末，由于大批上山下乡的知青返城使中国大城市再次出现就业难的问题，在1978年召开的全国妇联第四次代表大会上，康克清讲话中再次呼吁中国妇女要"当好实现四个现代化的后勤兵，精心培养革命的下一代"。③ 这些事实说明，由国家权力一手包办的中国妇女解放运动始终是社会主义运动的组成部分，妇女工作要围绕着党和国家的中心工作展开，因此妇女解放的目标要服从于甚至湮没于党和国家建设的需求。这一时期部分"男女平等"的实现，更多体现的是社会主义运动对平等价值的追求，而非妇女运动的成果。

3. "二元"社会结构与城乡妇女的分化。新中国成立后，政府实施了以户籍制度为核心的社会秩序和资源分配体系，从就业、住宅、养老医疗、教育婚姻等方面，将整个社会分割成泾渭分明的两大板块，即由市民组成的城市社会和由农民组成的农村社会，并严格控制人口从农村流入城市。1958年《户口管理条例》限制了农民的自由迁徙，1964年8月国务院批准《公安部关于处理户口迁徙的规定（草案）》，规定了两个"严加限制"：对从农村迁往城市、集镇的要严加限制；对从集镇迁往城市的要严加限制。据此，连过去农民通过结婚而进城的渠道也被

---

① 《毛泽东文集》（第6卷），人民出版社1999年版，第453页。

② 马文瑞：《进一步解放妇女劳动力》，载《中国妇女》1958年第9期。

③ 康克清：《新时期中国妇女运动的崇高任务》，《康克清文集》中国妇女出版社1997年版，第127—147页。

封死了。

在"二元"化的社会结构下，理论上经过社会主义革命而实现了解放与平等的中国妇女群体实际上被割裂成两大阶层：城市女性享受着附着于户籍制上的优越的就业和福利保障，而农村妇女却在物质、文化和福利诸方面受到完全不同的歧视待遇，与男性农民一起沦为二等公民，甚至连通过结婚而改变命运的机会也被剥夺。"城市妇女渐渐成为中国妇女的代表，而在人口上占大多数的农村妇女却成为被人遗忘的、被国家政策漠视的沉默的大多数。"① 妇女群体内部的分化远远超过男女之间的不平等。但是，在意识形态宣传中，农村妇女由于其劳动人民身份被给予了很高的政治地位，她们的幸福感与自豪感更多的是来自于这种政治地位带来的满足。

对于这一时期的中国妇女而言，不论参加社会劳动还是回家干家务劳动，都不是她们自己的选择，而是由党和政府根据社会主义建设事业的需要，动用国家权力直接干预的结果。全国妇联作为一个影响力巨大的妇女组织，对自己的定位并不是"代表广大妇女的利益"，而是"配合党的中心工作，组织发动妇女的助手角色。"② 这种解放实质上只是以国家的名义延续了以往"男性主导女性命运"的模式。同西方女权主义者孤军奋战的历史相比较，中国妇女的"被解放"尽管来得容易，但是，缺乏主体意识的所谓解放使中国妇女解放的现实意义大打折扣。

西方的女权主义者曾经对中国妇女解放的程度无比向往，但等到她们真正有机会到中国来考察后，却感到失望："共和国的妇女解放并不像从前所认为的那样叫人振奋……女性利益的特殊性和自主性都因为党和革命的利益而被牺牲了……在将女性纳入民族主义程序的民族解放话

---

① 杜芳琴：《中国妇女研究的历史语境：父权制、现代性与性别关系》，载杜芳琴、王向贤主编《妇女与社会性别研究在中国1987—2003》，天津人民出版社2003年版，第69页。

② 金一虹：《妇联组织：在挑战与回应之间》，载《中国：与女性主义亲密接触》，九州出版社2004年版，第94—104页。

语中，女性的解放不过意味着机会平等地参加公共劳动。"①

（二）妇女政治参与的局限

政治参与的逐渐扩大是社会由传统走向现代的必然趋势。新中国将政治参与的范围从精英阶层扩展到人民大众，从男性专属扩展到把妇女也囊括在内，这无疑是中国现代化进程中重要的步骤。

一般认为，广泛的政治参与与民主政治密不可分，是公民表达、维护和实现个人及团体利益的手段。因此，妇女的政治参与不仅将有力地推动新中国的民主化和现代化进程，也将有力地促进妇女权益的表达和维护。然而，从新中国妇女参政议政的实际情况看，并没有达到以上效果。

首先，中国妇女的参政议政与西方女性处于完全不同的政治环境下，参政的途径不同，参政行为表达的意义也有很大差异。在自由竞争体制下的国家里，女性必须要经过自己的奋斗和竞争型选举才能获得参政机会，尽管参政率较低，但每一位参政者的参政意识和议政能力都较强。不论是女领导还是女议员，她们往往具有强烈的民主参与意识，在自己的职责范围内能够独当一面，成为国家政治生活中不容忽视的力量。相比之下，中国妇女的政治参与则是通过政府的倾斜性照顾，尽管在参政人数与比例上与旧时代相比有较大提高，与西方国家相比也并不落后，但是由于中国独特的政治文化传统以及干部选拔上的委任制，许多参政女性缺乏民主参与意识和独立政治人格，往往是由于其本人的某些资格条件符合规定而被党和政府选中并置于权力结构的框架中，掌握实权的少，居于权力核心的少，最终成为国家政治生活中的点缀和陪衬。因此高参政率并不能代表中国妇女已经达到了如此之高的参政议政能力，更多的是具有象征性意义。

---

① 裴开瑞、法夸尔：《再次观看：以中国的实例重新思考电影中的性别》，载《二十一世纪》2001 年第 68 期。

其次，中国妇女参与政治的动机与西方女性的参政动机不是完全一致。所谓动机就是促使某人去做某事的心理推动力，它既是一定社会环境的反应，也是一定社会心理的反应。不同的人在参与政治活动的过程中往往出于不同的动机，如有的人是因为具有某种政治信仰，有的人只是为了谋求物质利益；有的人是出于自己的积极主动，有的人则完全是由于外力的推动。塞缪尔·亨廷顿将政治参与区分为既包括行动者本人自发的影响政府决策的活动，也包括"行动者受他人策动而发生的影响政府决策的活动。"① 在政治活动中，政治参与者不同的价值观念和参与动机会直接影响政治活动的效果。因此，要想全面衡量一个国家的政治参与度，公民的参政率与投票率不能作为唯一指标，还要看到统计数字后面的其他一些因素，尤其是公民政治参与的动机。

从政治参与的动机上看，中国妇女政治参与的目的并不是为了个人或者自己所属团体的利益，而是为了国家的政治经济建设的需要。她们的政治参与也不是权利意识觉醒后的主动追求，而是根据党和政府的动员与安排。这是一种服从型和被动型的参与，是一种组织安排下的行为。

正是由于妇女的政治参与完全出于组织的安排，因此她们的参政率也要取决于党和国家的需要。在 1951 年至 1961 年期间，由于国民经济的困难，党中央开始在全国范围内精简机构，女干部们成为精简首先考虑的对象，山西省 1959 年女干部占 18%，到 1962 年下降至 14%。②

一些西方学者也认识到了这一点："在社会主义世界中，女性在最高位置中的代表身份仅仅是一种象征，而且，具有女权主义观念的女性从根本上被否认了这样的权力位置。"③

---

① 塞缪尔·亨廷顿、琼·纳尔逊：《难以抉择——发展中国家的政治参与》，华夏出版社 1989 年版，第 7 页。

② 全国妇联妇女研究所：《新中国妇女参政的足迹》，中共党史出版社 1998 年版，第 92 页。

③ Margaret Randall, Gathering Rage: The Failure of Twentieth Century Revolutions to Develop a Feminist Agenda, Monthly Review Press, New York，1992, pp. 168-169.

二 "苏联模式" 社会主义与父权制

马克思主义认为，只有社会主义才能真正实现妇女的彻底解放，新中国成立后，随着社会主义制度在全国范围内逐渐建立，中国妇女的命运发生了翻天覆地的变化。然而，新中国的社会主义实践是在参照前苏联模式的基础上建立起来，高度集中的政治经济模式导致中国传统社会的父权制思想并没有得到彻底清除，妇女解放只是意味着从家庭父权制转入以党和国家形象出现的"集体父权制"下。

（一）关于"父权制"的概念

"父权制"这一概念是英国人类学家梅因于 1861 年首次提出的，他认为在现代法律制度化之前，家庭本质上是父权制的，即"有家长权的男子统治、支配所有的家族成员"。① 马克斯·韦伯进一步扩展了父权制的概念，指出父权制不仅包括父亲对儿子的支配权，还包括丈夫对妻子的支配权。

1969 年，美国学者凯特·米里特在其出版的《性的政治》一书中首次将父权制这一概念引入女性主义研究领域，并系统论述了父权制理论。她认为，父权制是男性借以统治女性的政治、经济、思想的结构体系，不仅表现在家庭领域，男性以父亲和丈夫的身份对女性的支配与剥削，并且表现在社会领域，男性通过其掌握的政治、经济、军事和意识形态的权力对女性进行统治。"我们的军队、工业、技术、高等教育、科学、政治机构、财政，一句话，这个社会所有通往权力（包括警察这一强制性的权力）的途径，全都掌握在男人手里。"② 从此，父权制成为女性主义研究领域的一个基本概念和重要工具。

---

① 秋山洋子：《女性主义分析与父权制概念》，载《妇女研究论丛》1995 年第 1 期。
② ［美］凯特·米利特：《性的政治》，社会科学文献出版社 1999 年版，第 38—39 页。

　　关于父权制产生的社会根源，研究者们给出了不同的答案。马克斯·韦伯将父权制的根源归因于男性在体力和智力上的优势，并认为资本主义制度对传统家庭经济的冲击和传统权威的瓦解将导致父权制逐渐削弱。激进的女权主义者将父权制归结于两性间的生理差异，由于生育导致女性体质变弱使女性不得不依赖于男性的支持与保护，因此女性解放必须要进行生物革命。凯特·米利特不承认父权制的产生是由于生物学上的原因，认为是一种意识形态和心理结构。

　　马克思主义妇女理论则认为，由于私有制和阶级社会的出现，导致了母权制被推翻和父权制出现，因此，只有社会主义制度才能最终推翻父权制。"随着生产资料转归社会所有，雇佣劳动、无产阶级、从而一定数量的——用统计方法可以计算出来的——妇女为金钱而献身的必要性，也要消失了，卖淫将要消失，而一夫一妻不仅不会中止其存在，而且最后对男子也将成为现实。"①

（二）"苏联模式"社会主义与"父权制"的联系

　　按照马克思主义理论，随着社会主义制度在新中国逐步建立，中国传统父权制文化的社会基础理应逐渐被削弱。但从实际情况看，新中国建立的是一种高度集中的政治经济体制，一方面，它能够以其强大的行政力量对家庭父权制进行打压和瓦解，但另一方面，"苏联模式"社会主义制度与父权制文化并不是完全排斥的，高度集中的政治经济模式在一定程度上为父权制文化的存在提供了新的载体。

　　在计划经济体制下，全民所有制和集体所有制成为主要的所有制形式，因此处于该体制下的每一个社会成员都不得不依附于集体和国家；强大的意识形态宣传塑造了全国人民对党和新政权的高度认同和敬畏。因此，在家庭层面的父权制被打压甚至瓦解的同时，在国家层面又形成了一种新形式的父权制。与建立在小农经济基础上的封建时代的父权制

---

① 《马克思恩格斯文集》第4卷，人民出版社2009年版，第89页。

相比，"苏联模式"社会主义制度下形成的父权制则是以公有制为基础，通过国家层面的经济关系、政治制度以及意识形态宣传来规范和支配每一个社会成员，并塑造他们对这种规范和支配关系的认同。不同于封建时代家庭父权制中的个体化形象，社会主义制度下的父权制更多地表现出集体化色彩，可以说是一种"集体父权制"，美国学者 Judith Stacey 曾将其命名为"社会主义父权制"。作为执政党的中国共产党在一定程度上担当了这一"集体父权制"的"家长"角色。

首先，从中国共产党的构成上看，农民成分长期占多数。虽然1917 年的俄国和 1949 年的中国都是农业人口占 80%，但是苏联的布尔什维克党员中只有 14.5% 是农民，而且实际只有 2% 的党员真正在农村。而在 1956 年的中国，虽然经过 6 年在城市发展党员，中共仍有69% 的党员来自农村，其中 58% 仍然是农民。因此，中国革命实质上是一场以农民为主体的革命。"具有长久传统的农民小生产者的某些意识形态和心理结构，不但挤走了原有那一点可怜的民主启蒙观念，而且这种农民意识和传统的文化心理结构还自觉不自觉地渗进了刚学来的马克思列宁主义思想中。"[1] 因此，对于这样一个主要农民成分占多数的执政党来说，妇女解放与男女平等往往流于形式，成为政治宣传的口号，根深蒂固的父权制思想仍在很大程度上左右着一部分党员干部的思维和行为。

其次，作为一个列宁主义政党，中国共产党以严格的组织性和纪律性著称，"列宁主义政党的等级结构、特殊的党员选择标准以及严格的纪律使它成为一个在混乱状态下能够进行快速、有效和集体行动的组织。"[2] 高度的纪律性和组织性，尤其是宪法所赋予的领导地位，使执政的中国共产党具有前所未有的高度的权威性。中国共产党以党领政，在国家的政治、经济、文化等各个领域内都具有不容置疑的发言权、领

---

① 李泽厚：《中国现代思想史论》，东方出版社 1987 年版，第 44 页。

② 邹谠：《中国革命再解释》，香港牛津大学出版社 2002 年版，第 7 页。

导权，对每一个社会组织、社会成员都具有强大的感召力和号召力。

因此，高度集权的政治经济模式与执政党高度的权威性的结合，导致新中国尽管建立了社会主义制度，但并没有从根本上铲除父权制的根源。党在以妇女解放的名义摧毁封建父权制的同时，又在国家层面上形成了一种"集体父权制"。它虽然把打碎封建家长制视为妇女解放的目标，但在某种程度上，这种高度集中的权力结构与意识形态是一种力量更强、层次更高的家长制。甚至以解放妇女的名义进行的打击封建家长制，也是党加强对社会全面控制的一个手段。正如学者孟悦在分析电影《李双双》中李双双借助党支部书记的力量与自己的丈夫斗争的情节时所指出的："如果说孙喜旺的大男子主义显然是父权社会男性'性别意识'的产物，那么李双双正是凭借'党法'对他进行惩戒和教训。在某种意义上，李双双夫妻间的高下之争预示着一场'父法'—'党法'之争，'父法'之所以妨碍了党法，与其说是因为欺压了女性，毋宁说是因为'大男子主义'这样一种性别专权势必分散党的全面控制。"①

(三) 新政权对妇女的规范和管理

在成功地实现妇女的社会化、革命化后，党已成为妇女们象征意义上的父亲，取代了肉体上的父亲的权威。党扮演了妇女们"精神教父"的角色，慈祥而又不失威严。一方面给予妇女未成年人般无微不至的关怀以及倾斜性政策的照顾；另一方面又全盘接管了对妇女生活方方面面的监管之职：从服饰到发式，从思想到行为。

1949年7月，新创刊的《新中国妇女》作为新政权面向妇女进行宣传教育的官方刊物，在其创刊号上发表了全国妇联秘书长区梦觉在天津举行的"妇女讲座"上的讲话——《怎样做一个新社会的妇女》。这篇讲话的内容实际上展示了新政权如何以革命的意识形态对新中国妇女进行重新塑造与规范。

---

① 孟悦：《性别表象与民族神话》，载《二十一世纪》(香港)1991年第4期。

区梦觉的讲话首先将"狭隘、依赖性、感情脆弱、怯懦、虚荣心"等性格特征作为旧社会遗留给广大妇女的弱点，号召妇女与这些旧社会的思想习惯进行斗争并努力克服这些弱点。随后，区梦觉提出了对新中国妇女的几点要求，这可以视为新政权塑造妇女的标准：第一，要建立革命的人生观；第二，要有劳动观点；第三，要有群众观点，要向劳动群众学习；第四，要有实事求是、艰苦朴素的作风。

在另一篇讲话中，区梦觉又对新中国妇女提出了以下要求：女同志要和男同志一样，一心一意地听党的话，党指向哪里就走向哪里；要认真地学习马列主义，学习毛主席的著作，提高自己的理论政策水平；要积极参加革命斗争，经常深入工厂农村。除此之外，女同志还要注意自觉地克服历史上遗留给妇女的一些弱点。譬如，一般地说，妇女比较脆弱，经受不起波折，容易心灰意冷。针对这些弱点，就要特别注意树立事业心，锻炼顽强的意志，要经受得起各种风浪。又如妇女的视野和胸襟比较狭隘，碰到一起，扯来扯去都是孩子、丈夫、穿衣、烫发之类的话题；听到一句半句闲话，就记恨在心里。针对这些弱点，就要特别注意把视野扩大一些，胸怀放宽一些，多关心些世界大事，多谈点政治。①

从建国后各种宣传刊物以及艺术作品所塑造的妇女形象可看出，新中国妇女的塑造主要是围绕着"革命的、劳动的、朴素的"这几个标准进行。

受到国家关注的不仅仅是妇女的思想，也包括她们的恋爱与婚姻。女性的恋爱与婚姻不再仅仅是个人的私事，而是被视为与社会、政治、道德领域相关。妇女杂志谆谆告诫女青年，"阶级社会里，爱情是有阶级性的，没有超阶级的爱情。"② 因此择偶的标准不应看重外貌和钱财，而应看重"共同的政治立场"，不同阶级不同信仰的男女必然会分道

---

① 秋燕、方超：《谈革命妇女的人生观——记区梦觉同志的谈话》，载 1963 年 3 月 8 日《羊城晚报》。

② 白夜：《恋爱和思想革命化的关系》，载《中国妇女》1964 年第 6 期。

扬镳。

资产阶级恋爱观是什么呢？即不考虑政治思想的好坏，一味追求外貌和物质享受。一位女青年后悔没有"从政治思想、阶级立场、劳动态度上考察对方"，只是从外貌上选择爱人导致自己上当受骗；[①] 一位男青年因为爱上一位"年轻貌美"的姑娘却不考虑两人的政治立场是否一致，最终被对方抛弃。[②] ……官方媒体通过这些具体的事例说明"资产阶级恋爱观"是多么的害人，关于爱情和婚姻的浪漫话语被认为从属于资本主义意识形态。

新政权要求女性要树立无产阶级的恋爱观，即选择爱人的标准应该把政治条件放在第一位，自由恋爱要建立在政治基础之上，要"把恋爱观与革命的人生观、国际主义的世界观相结合"，"我们的爱人一定是自己革命工作中的忠实伙伴，我们共同具有为共产主义社会实现而努力、为全人类的解放事业而奋斗的决心。只有在政治思想基础上建立的情感才是最坚固的是任何外力所不能摧毁的，也只有把私人情感融化在阶级友爱中，把爱人变成同志，这样才能有幸福美满的爱情，也就是革命青年正确的爱情观。"[③] 因此，无产阶级的恋爱观不提倡一见倾心，更不提倡以貌取人，而是要考虑革命理想和阶级立场是否一致。

作为一个高度强调组织性和纪律性的政党，共产党的组织原则导致党组织甚至也能像父亲一样出面安排女性的婚姻，其出发点是革命的需要、国家的需要而不是女性自身的意愿和需求。

军旅作家邢野的妻子张今慧女士在自传《夕阳回眸》中回顾了自己为追求解放背叛家庭来到延安，却被迫与一个她根本就不爱的人结婚，一生当中郁郁寡欢，欲离婚而不得的往事。强迫她结婚的不是别人，而是党组织，"一个比她的农民父亲还顽固、更不讲道理、绝对要

---

① 小黎：《沉痛的教训》，载《中国妇女》1963 年第 4 期。

② 《他上当了》，载《中国妇女》1964 年第 6 期。

③ 《我对恋爱问题的意见》，载《新中国妇女》1949 年第 3 期。

求她服从而不尊重她的'组织'。"① 同样，为了追求民主自由而来到延安的女学生李力群，在没有任何感情基础，甚至"见到高岗就害怕"的情况下，由组织出面安排了与高岗的婚姻，她不能不服从，因为"党员要听党的话，这也是党的安排。"②

与肉身父亲相比较，组织是一个更不讲人情的权力机器。作为一个要求革命的青年，她可以逃离自己的家庭，背叛自己的父亲，却必须服从组织。

新中国成立后，女性的婚姻开始与国家的政治经济建设联系在一起。在20世纪50年代—70年代的上山下乡运动中，国家鼓励城市女青年嫁给农村男青年，塑造了王培珍、邢燕子、张国清等以婚姻的形式与农民相结合的女知青的典型。据资料统计，这一时期嫁给男农民的女知青人数达到十万人。女知青嫁给农民，被舆论赋予了重要的社会意义，是"扎根农村"、"与旧观念决裂彻底"、"缩小三大差别"的具体表现，也有许多女青年把与农民结婚视为接受革命的洗礼，是为党、为国奉献自己的一种方式。

计划生育政策的推行，说明妇女的躯体、妇女的生育也不再仅仅属于妇女自己，而是属于国家，成为社会主义国家宏大的计划体制的一部分。1952年之前，政府实施鼓励生育的政策。1952年12月，中央政府文教委批准了卫生部起草的规定，宣布除了在妇女患有严重疾病或有生命危险的情况下，绝育和流产是违法的。规定通过的第二天，卫生部通知海关停止进口避孕药具。然而，随着由于人口快速增长、城市人口过度膨胀，中共中央于1955年3月1日正式发出了"关于控制人口问题的指示"，明确提出节制生育的问题，并把节育工作与经济发展、人民福利联系在一起。"从理论上说，直到毛死后，妇女儿童的健康和福利一直是计划生育和节制生育的理由。可就实际而言，从50年代开始，

① 见沈睿博客"以组织的名义剥夺女性"，http://www.unicornblog.cn/user1/65/25142.html。

② 戴茂林、赵晓光：《高岗传》，陕西人民出版社2011年版，第95页。

中央集权的计划经济才是它的真正依据。……育儿被同样地纳入到非个人的中央集权计划的运行机制中。"①

在中国特殊的政治体制下，恋爱、婚姻、生育等本应属于公民私人领域的事情也成为国家权力无微不至关注的领域，而这对于中国妇女而言，并非只有负面影响。20世纪50年代的中国，尽管已经建立了社会主义制度，但在文化观念上，尤其在广大的农村地区，封建礼教依然有着深厚的社会基础。正是由于国家权力的积极介入，才可能推动中国妇女摆脱封建父权制的束缚，并在较短的时间内完成政治身份的转变。

三 意识形态宣传与妇女解放的话语建构

话语权在政治中是一项不可忽视的权力，在许多情况下，政治精英们往往通过对话语权的把握来操控公众的立场和观点，"谁塑造了对标签的公共理解，谁就塑造了政治文本的性质。政治语言的历史就是一部为塑造对关键词汇的公共意义而战的历史。"②

建国后，通过一系列的政治运动和社会主义改造，私立的宣传媒介不复存在，党掌握了报刊、戏剧、电视、电影、广播等一切宣传工具，无论是小说创作还是电影艺术作品，都要承担起阐释国家意识形态的功能。妇女解放和男女平等，成为当时国家意识形态宣传中的一项重要内容。

（一）关于妇女解放的意识形态宣传

《中国妇女》杂志是妇女解放话语重要的生产基地。旧社会以及西方资本主义国家中的妇女儿童处于水深火热之中，只有社会主义国家的

---

① 蒂伦·怀特:《中国计划生育方案的起源》，载李小江、朱虹、董秀玉编《性别与中国》，生活·读书·新知三联书店1994年版，第125页。

② David Green, Shaping Political Consciousness: The Language of Politics in America from Mckinley to Reagan (Ithaca, NY: Cornell University Press, 1987), p. ix.

妇女儿童才生活在幸福之中，此类妇女解放的话语被迅速有效地生产、复制、传播、灌输。这些话语的生产具有以下特点：

首先，大多出自马克思主义理论或者领袖言论，具有不容置疑的权威性。"苏联模式"社会主义体制下产生了"卡里斯玛式领袖"，尤其是毛泽东作为党和国家领导人拥有着非凡魅力。由于 1949 年的胜利，"毛泽东几乎成了有魅力的理想领袖，其非凡的能力被公认为取得胜利的关键，也几乎成了新朝代的理想创始人，在传统文化中这个角色能赢得一切含义的服从。"① 毛泽东本人对妇女解放的关注是新中国妇女运动能够取得快速进展的重要因素，他关于妇女解放的思想和言论被认为是对马克思列宁主义妇女理论的重大发展。由此带来中国妇女解放的一大特色，即许多关于妇女解放的语言、政策都是出自领袖的话语，比如"时代不同了，男女都一样"、"妇女是一种伟大的人力资源"等等。毛泽东对"飒爽英姿"、"不爱红装爱武装"类型女性的赞赏，曾引领了一个时代中国妇女的审美时尚。

其次，关于妇女解放的话语是自上而下的单向传播。国家垄断了有关女性解放的话语权、解释权，而解放的主体——妇女群体却长期处于失语状态。她们缄默地接受着党和政府给予的各种权利和福利，无须争取也没有选择，更不能拒绝。

最后是话语大多简洁易记，如把妇女解放等同于"男女平等"、"男女一个样"、"同工同酬"等等。女性问题在西方是哲学研究的一个分支、也是社会学研究的新视角，甚至是政治博弈的一个筹码。但在中国，它仅仅是意识形态宣传的部分内容，不需要理论上的探讨、质疑过程，只需要结论。在闭塞、单调的一元化政治文化环境里，这种简洁的话语具有非常明显的灌输效果。

从宣传的内容上看，首先是歌颂新中国妇女的幸福生活。在宣传作

---

① ［美］罗德里克·麦克法夸尔、费正清编：《剑桥中华人民共和国史：革命的中国的兴起（1949—1965 年)》，中国社会科学出版社 1990 年版，第 61 页。

品中出现的新中国妇女，有着稳定的工作和福利保障；体格丰满健壮，和男人一样战斗在各行各业……承担着政治宣传任务的艺术作品，从小说、电影到舞台剧，都共同突出一个主题，即"旧社会使人变成鬼，新社会使鬼变成人。"

其次是强调男女平等。男女平等与妇女解放相互推进、互为条件，但两者并不完全等同。男女平等是相对于两性之间在社会领域内普遍存在的不平等而言的，旨在摆脱性别压迫和性别歧视，实现两性平等的权利与地位，是实现妇女解放的首要任务。妇女解放是一个长期的历史过程，与社会生产力的发展、工业化水平以及妇女自身觉悟的提高紧密联系。妇女解放的进程也是人类解放的过程，是人类实现彻底解放的标志。因此，妇女解放比男女平等有着更为宽泛的含义。

但在新中国的官方意识形态宣传中，使用最多的词汇不是"妇女解放"而是"男女平等"。新政权成立之初，就展开了一场轰轰烈烈的《婚姻法》宣传运动，随着妇女选举权、男女同工同酬的落实，男女平等成为国家意识形态的重要组成部分，被作为社会主义制度的优越性大加宣传。"妇女能顶半边天"、"男女都一样"等一些简单化、口号化的宣传语言是如此的深入人心，以至于在很长时期内成为中国妇女解放的代名词。这种认识和宣传并不是偶然的，而是有着深层次的政治内涵。

中国传统社会等级森严，阶级矛盾十分尖锐。因此，建立一个没有人剥削人、人压迫人的平等社会成为几千年来中国人的最高追求。社会主义革命之所以能够吸引中国从知识分子到底层民众的共鸣与追随，就在于它许诺了经济资源和社会财富的平等分配，"社会主义者所主张的公正常常体现在平等的观念中，社会主义者对平等的信仰与其说是道德性的，不如说是经验性的——他们断言，所有人并非相同的，可是他们的权利是平等的。"[①]

---

① 《布克莱维尔政治学百科全书》，中国政法大学出版社1992年版，第719页。

社会主义的平等理想也为新中国进行的民族国家的建构提供了社会动员的理念资源。"在那种世界里，没有剥削者、压迫者，没有地主、资本家，没有帝国主义和法西斯蒂等，也没有受压迫、受剥削的人，没有剥削制度造成的黑暗、愚昧、落后等……那种社会，当然是人类历史上最好的、最美丽的、最进步的社会。"[①]

社会主义的平等，不仅仅体现在社会财富的平等分配、国家权力的平等分享，也体现在家庭内部成员之间、社会不同性别之间地位的平等。"妇女能顶办半天"、"男女同工同酬"的实现是对几千年来形成的根深蒂固的封建等级观念的彻底颠覆。

几千年来一直被压在社会最底层的妇女群体的命运终于发生了翻天覆地的变化，获得了与男性平等的政治经济权利和社会地位，没有什么能比这一事实更能有力地证明社会主义制度的优越性和共产党执政的合法性。这些从外表几乎看不出性别特征的妇女，表达的是那个年代对男女平等的解读，即"男女都一样"、"妇女能顶半边天"，中性化甚至男性化的女性形象成为这个东方社会主义国家实现了人人平等的象征符号。

新政权掌握了妇女解放的话语权，成功地以"男女平等"尤其是"男女都一样"作为妇女解放的代名词，并通过国家机器进行大规模的宣传，实现了社会全体成员在妇女解放这一概念上与党和国家的高度认同。通过国家力量强制性地实现男女平等就业和平等分配，并将其作为妇女解放的重要成就加以宣传，从而建构起一幅振奋人心的妇女解放的画面。

（二）关于妇女解放的"建构性"表达

"苏联模式"社会主义对改变中国妇女的命运发挥了积极作用，国家通过政治、经济、法律等手段，推动中国妇女解放在短时期内取得了跨越性进展，那些意气风发的"半边天"形象，已深深镌刻在人们有

---

① 《刘少奇选集》（上卷），人民出版社 1981 年版，第 122 页。

关那个时代的记忆之中,成为时代的标志。但这种解放模式又与妇女的解放诉求存在一定的张力:它压抑个性与自由,忽视女性的主体性、主动性,甚至在一定程度上对妇女运动采取功利性利用的态度。

但在当时的意识形态宣传中,这些问题被有意无意地忽视,妇女解放的成就在一定程度上被夸大。所以,新中国妇女解放画面的建构,既是社会主义政治经济制度建设带来的必然结果,也是当时强大的意识形态的宣传的结果,即存在一定的"建构性表达"的特点。

黄宗智在谈到中国土地改革运动中的阶级斗争时,提到了"建构性表达"这一概念,即共产党关于土改中农村阶级斗争的描述是一种建构性表达,与中国农村的客观现实之间存在一定的偏离,"在土改中,'地主'、'阶级敌人'这样的概念,主要是一个象征性和道德性的概念而不一定是个物质性范畴。"① 通过这种建构性表达,共产党关于阶级对立存在于每一个村庄的构想成为全社会的共识。"建构性表达"这一概念也能应用于新中国关于妇女解放的宣传。关于中国妇女解放的"建构性表达"是有着积极的现实意义的。

"在人类的社会、政治生活中,语言的功能不仅仅在于描述现实的一些方面,而是常常被特定的人们所运用,以建构一种新的政治现实。"② 新中国妇女解放的话语尽管带有一定的乌托邦色彩,但乌托邦的构建并不是没有现实意义的。"一旦乌托邦成为现实社会意识,它便渗入了群众运动的意识,成为其重要的驱动力。乌托邦主义便从理性与道德思想的领域渗透到实际思想领域并主宰人的行为。"③ 在乌托邦的鼓舞与驱动下,人们纵然含辛茹苦也会由衷地产生出一种幸福感和归宿感。郭于华在访谈中感受深刻的是那些在集体化年代身体受到损害、孩

---

① 黄宗智:《中国革命中的农村阶级斗争——从土改到文革时期的表达性现实与客观性现实》,《中国乡村研究》第 2 辑,商务印书馆 2003 年版。

② 许静:《大跃进中的政治传播》,香港社会科学出版社有限公司 2004 年版,第 121—122 页。

③ 伯恩斯坦:《形而上学、批评与乌托邦》,参见《哲学译丛》1991 年第 1 期。

子无人照看的妇女，回忆起那个年代的个人经历时，话语中没有一丝的懊悔与抱怨，而是充满了自豪感与幸福感。① 这就是新中国妇女动员的成功之处：如同战争年代把妇女解放等同于革命，从而成功发动妇女积极投身于革命大潮中一样，建国后又把妇女解放与生产劳动画上等号，从而成功地发动妇女积极投身于生产建设。尽管妇女在参与体力劳动的过程中受到了这样那样的身体损害，许多人甚至落下了终生残疾，但是，"妇女能顶半边天"、"男女都一样"等官方宣传语言建构起一幅妇女解放的美好画面，使妇女们即使身心受到极大损害却仍然无怨无悔、精神充实。

中国妇女解放的成就，无论是参政比例，还是就业率，都远远超出了一个生产力水平和工业化水平较低而封建等级意识较为严重的国家在理论上所能达到的程度，它的超越常规的发展速度被惊叹为一种奇迹。奇迹的造就，既是高度集中的社会制度模式的结果，也离不开强大的意识形态宣传。这种宣传，既有与中国妇女实际生存状况相一致的地方，也有出于政治需要与实际偏离甚至夸大的成分。高调的解放话语的建构，并不是没有现实意义的，它是塑造社会主义制度优越性和党的执政合法性的需要，是党对妇女群体进行政治动员并借之成功进行国家重建的需要。意识形态对新中国妇女解放、男女平等的话语建构，极大地鼓舞了包括妇女在内的所有中国人对社会主义制度的热爱和对共产党执政地位的认同，并进一步塑造着新中国妇女的思想和行动。执政党通过妇女解放的话语对妇女群体成功地进行塑造与动员，使其成为新中国在进行社会主义革命和建设过程中的一支重要的人力资源。

---

① 郭于华：《心灵的集体化：陕北骥村农业生产合作社的女性记忆》，载《中国社会科学》2003 年第 4 期。

第五章
妇女解放与社会主义革命和建设

在中国，妇女解放问题不仅是关系到女性自身的问题，而且具有全社会意义。五四时期自由主义知识分子高举女性解放的旗帜，是因为他们需要借助妇女解放作为解构封建家长制的钥匙；共产党在夺取国家权力，重建国家秩序的过程中，依靠的是那些几千年来被排斥在社会政治生活之外的社会底层群体，妇女便是其中不可忽略的一支社会力量。在这一过程中，"妇女解放"实际上成为执政党成功进行社会动员的重要口号之一。

在新中国成立之初，万物待举、百废待兴，妇女解放的问题却空前地受到国家政权的高度关注，男女平等的美好画面成为新政权勾画的社会主义宏伟蓝图的重要内容之一。新政权如此重视妇女解放，如此高调地宣扬男女平等的伟大成就，其实有着深远的政治层面的考虑。在社会主义制度与妇女解放之间，事实上形成了话语的相互建构。一方面，新中国以社会主义为理论支持，以高度集权的苏联模式彻底改变了中国妇女的命运，勾画出一个妇女解放的美好画面；另一方面，又以解放的名义对占人口一半的妇女进行有效的规范、管理与动员，并以妇女解放为契机，将阶级意识、国家权力贯彻、渗透到社会的各个角落，建立起一套前所未有的国家与社会高度重合的社会主义体制。"着眼于共产主义运动的历史过程，妇女，不仅是这一宏大社会革命中的生力军，而且是这一革命的特性、意义和成功程度的重要表征。"①

① 郭于华：《心灵的集体化：陕北骥村农业合作化的女性记忆》，载《中国社会科学》2003年第4期。

一 妇女解放与社会主义道德建设

每一种社会制度的建立与巩固，都需要相应的意识形态的支持，对于新生的共产党政权而言，建立一套全新的社会主义价值观尤为迫切。

首先，这是重建社会秩序的需要。中国共产党的建立和发展是以传统社会结构的解体为背景。长年战乱导致原有的政治经济秩序分崩离析，传统的价值观念瓦解。传统社会结构的解体并不意味着现代社会结构的自动建立，新中国要在这样的基础上进行国家重建和社会整合，不能不建构一套新的价值体系以统一社会成员的思想。

其次，是进行社会主义革命的需要。社会主义革命不仅仅是一场生产方式的革命，也是一场生活方式的革命。怀抱共产主义理想的革命者们不仅要创造一种全新的政治经济制度，还要塑造一代具有最完美的精神世界的新人类——"共产主义新人"，共产主义新人最重要的特点就是具有有史以来最进步的思想觉悟，而这离不开先进的价值观的灌输。

最后，是建构共产党执政合法性的需要。西方国家执政党的合法性来自于选民投票，社会主义国家的政党通过武装斗争取得政权后，也需要为自己的长期执政寻找合法性依据。康晓光认为，改革开放前的中国共产党是根据马克思主义的历史唯物主义推导出自己的合法性[①]，即根据历史唯物主义，社会主义制度是人类历史发展的必然，是迄今为止最优越的社会制度，只有共产党才能带领人民实现这个制度，因此，中国共产党领导的合法性是建立在对社会主义制度的认同的基础上。对社会主义制度的认同，就是对共产党执政的认同。因此，建构社会主义价值观是彰显社会主义制度的优越性的需要。妇女解放与社会主义道德建设被认为有着密切联系。

---

① 康晓光：《经济增长、社会公正、民主法治与合法性基础——1978 年以来的变化与今后的选择》，载《战略与管理》1999 年第 4 期。

（一）妇女解放与旧秩序和旧道德的瓦解

社会主义道德是在与旧制度、旧道德的斗争中塑造出来的，"教育工作者和共产党这个斗争的先锋队的基本任务，就是帮助培养和教育劳动群众，使他们克服旧制度遗留下来的旧习惯、旧风气。"① 1949 年以后，我们党面临的斗争对象，一是封建主义，一是资本主义。

中国的知识分子在反封建的革命中，往往以封建制度对女性的压迫，尤其是封建的婚姻与家庭对女性的束缚来讨伐封建制度的罪恶，实现妇女解放和婚姻自由构成他们所构想的未来美好社会的一个重要内容。胡也频在小说《同居》中通过妇女性自由的获得描绘了想象中的理想社会："妇女们更快乐更活泼得厉害。她们从前都没有出息地关在贫苦的家庭里弄饭，洗衣，养小孩，喂猪，像犯人关在监狱里一样，看不见她们自己的光明，现在她们好像是在天上飞的鸟儿了。她们的生活自由了，没有压迫没有负担。并且不害怕丈夫了。她们可以随自己的意思和男子们结识。她们还可以自由地和一个'同志'跑到县苏维埃去签字，便合适地同居起来。"② 曾志在其回忆录中也回忆了一些青年人最初是冲着婚姻自由而参加革命的，"当时郴州有一批热血青年投身革命……这些男女学生白天走上街头巷尾或深入农村，开展宣传发动工作，晚上回来却又是又唱又闹，疯疯癫癫的。夜间男女也不分，几个人挤在一张床上，深更半夜还吵吵闹闹的。……他们以为现在解放了，男女平等了，男女也可以不分了。"③

共产党同样是把妇女解放作为对封建主义进行斗争的武器。在中国的封建社会里，妇女是没有离婚权的，法律上的离婚权专为男子而设立，称"出妻权"或"休妻权"。在"从一而终"的封建礼教束缚下，

---

① 《列宁选集》第 4 卷，人民出版社 1995 年版，第 303 页。
② 胡也频：《同居》，载《胡也频选集》（上册），福建人民出版社 1981 年版。
③ 曾志：《一个革命的幸存者》（上）广东人民出版社 1999 年版，第 51—52 页。

妇女一旦被丈夫离弃，就等同于她的"失贞"，不仅难以再婚，甚至很难存活下去。

1950 年新政权颁布了第一部《中华人民共和国婚姻法》。在《婚姻法》正式颁布前，《人民日报》发表了社论，称赞这是一项"伟大的社会改革工作"。《婚姻法》第十七条强调："男女双方自愿离婚的，准予离婚。男女一方要求离婚的，经由人民政府和司法机关调解无效时，亦准予离婚。"从而保障了妇女的婚姻自主权，给予了妇女主动离婚的自由。

1953 年 3 月，人民政府开始进行一系列"贯彻婚姻法运动月"的宣传活动，受到鼓舞的妇女们掀起了现代中国首次离婚高潮。在《婚姻法》颁布后，各地的婚姻诉讼案件显著上升，其中，绝大多数是离婚案件，提出离婚的又大多是女性。据 1950 年对 32 个大中城市和 20 个省 34 个县的统计，提出离婚者共 21433 人，其中女性占 76.56%。① 另有资料表明，从 1950 年 5 月到 1951 年 4 月，中南六省受理婚姻案件 90425 件，其中妇女主动提出的在 7 万件以上。② 在婚姻法颁布一年后，上海人民法院受理了 13349 件家庭纠纷案，比前一年增长 228%。在这些案件中有 10000 件或 75% 是妇女要求的离婚案。③ 女性获得离婚自由权，被认为是对封建制度宣战的胜利成果。

新中国成立后，中国人民革命的对象不再是封建专制主义，而是资本主义。1954 年 5 月 5 日召开的党的第二次全国宣传工作会议上，时任中宣部部长的习仲勋指出资产阶级思想的危害性："资产阶级思想对于党的侵蚀是无孔不入的，如果任其发展下去，其最终结果必然是在我国实行反革命的复辟。资产阶级思想对于党的种种侵蚀现象都是对我们党

---

① 许德珩：《认真贯彻执行婚姻法》，载《新华月报》1951 年第 11 月号，第 63 页。
② 《一年来执行婚姻法的初步检查和今后进一步贯彻执行的意见》，载 1951 年 8 月 30 日《长江日报》。
③ 乔健：《性别不平等的内衍与革命：中国经验》，载马建钊等主编：《华南婚姻制度与妇女地位》，广西民族出版社 1994 年版，第 250—253 页。

和党的事业有极大的危害的，而按照资产阶级的要求来破坏党、瓦解党、分裂党，更是资产阶级思想对于党和工人阶级最猖狂的进攻，是我国革命事业的最危险的仇敌。"因此，要"教育全体党员提高觉悟和战斗力，坚决抵抗和清除资产阶级的思想影响，向一切资产阶级思想展开严肃的斗争"。①

为了抵制资本主义腐朽文化对新生的政权的侵袭，必须塑造进步的社会主义的价值观。在物质贫乏的年代，道德力量成为凝聚全体中国人民的重要力量源泉。新的道德体系的建立，不能止于意识形态的宣传，还需要现实生活中的载体。塑造一代具有高尚的共产主义品质的新人类，成为宏大的社会改造工程的重要环节。在这些新人类身上，"一种崭新的性格，一种完全是建立在新的社会制度和生活土壤上面的共产主义性格正在成长和发展。"② 他（她）们既是道德改造运动的成果，同时也是新道德的载体与诠释者。

（二）塑造"社会主义新女性"

塑造社会主义新女性，是这一宏大工程的一部分。任何一个民族的道德体系的建构，都或多或少地与对女性的规范有联系。不同时代的道德文化、不同时代的意识形态，往往对女性的躯体有不同的规范。因此，女性的服饰与发式的改变，表达的不仅仅是个人的审美取向，而是承载了不同时代的道德训诫和文化价值理念。封建社会是通过束发、裹脚来实现对女性的束缚以及诠释"男女授受不亲"的封建伦理道德；自晚清以降，以梁启超、康有为为首的早期民族主义者就把国家的贫弱与中国妇女躯体的孱弱相联系，"废缠足"、"兴女学"都是为了通过塑造健康丰满的女性来表达他们对国富民强的渴望；五四新文化运动号召

---

① 中央宣传部办公厅：《党的宣传工作会议和文献（1951—1992 年）》，中共中央党校出版社 1994 年版，第 51—52 页。

② 冯牧：《初读〈创业史〉》，载《文艺报》1960 年第 1 期。

女性剪发、放足，以此作为向封建秩序发起挑战的突破口。解放战争年代，剪发与否成为一个妇女是否追求革命、追求进步的标志，甚至国民党士兵会以剪不剪发作为判断一个妇女是否是共产党人的标准。

社会主义革命时代的女性躯体也不得不服从于革命的需要，承载起重塑社会主义道德秩序的责任。中国共产党通过改变几千年来处于社会最底层、最边缘的妇女群体的命运，增强了自身的道德感召力，又通过塑造一代"社会主义新女性"，推动社会主义道德体系的建立。

新政权首先把妇女形象与社会制度相联系。在新的语境中，不同的社会制度会塑造出不同形象的妇女。"中国的绝大多数人民，由于长期地在封建统治和帝国主义的压迫下过着饥寒悲惨的生活，体格一般是不够健壮的，特别是我们妇女，由于受着种种封建习俗的束缚，身体往往从幼年就开始受到摧残。我们祖母、母亲们的缠足束胸已经使我们这一代的体格健康受到了极大的影响；此外封建阶级、资产阶级的压迫女性、玩弄女性的审美特点：如以窈窕、娇柔为女性美的特征，在目前还未被肃清，因此到现在还有些妇女轻视劳动，怕弄得手粗体壮。"[1] 在崭新的社会主义制度下，妇女必然会呈现出一幅完全不同的精神风貌与外貌形象，塑造一代全新的社会主义新女性，是建设社会主义制度的重要组成部分。

在中国特殊的政治环境下，作为最高领袖的毛泽东个人的审美倾向也在一定程度上影响着新时代中国妇女的形象塑造。毛泽东曾通过一首诗形象地描绘出他心目中理想的女性形象。1960 年，毛泽东为一张女民兵照片题词："飒爽英姿五尺枪，曙光初照演兵场。中华儿女多奇志，不重红装重武装。"后来定稿时，把"重"字用"爱"字替代，改为"不爱红装爱武装"。毛泽东还对身边人说过："你们年轻人就是要有志气，不要学林黛玉，要学花木兰、穆桂英噢！"[2] 三十年代的毛泽

---

[1] 云：《注意锻炼身体，做一个健康的新妇女》，载《新中国妇女》1952 年第 1 号。
[2] 潘强恩主编：《毛泽东诗词全集详解》，延边人民出版社 2003 年版，第 382 页。

东也曾给女作家丁玲填过一首《临江仙》，其中有一句："昨日文小姐，今日武将军。"不同年代的两首诗词，表达的是领袖对女性形象的同一种期望，它完全不同于封建社会对女性的定义：柔弱、依附、多愁善感；也完全不同于资本主义制度对女性的塑造：妩媚、性感、风情万种。

"飒爽英姿"高度概括了新社会对妇女形象的期待，以《中国妇女》为代表的妇女杂志、以《李双双》为代表的电影艺术、以《红色娘子军》为代表的舞台艺术，共同承担着按照革命的意识形态塑造新中国妇女这一使命。这些杂志的封面女性以及这些艺术作品塑造的女主人公的形象，有着几乎完全相似的发式、服饰甚至表情。"她们双眼放光地看着远方，标志着对革命理想的热情奉献。有着粉红色的面颊，精力充沛而健康，她们还代表着活力、努力工作和决心。她们的身体轮廓赞美的是力量和活力，拒绝任何柔和的女性线条……在外表上哪怕有一点点性感的表现（特别是女性）都足以引起无耻和不道德之类的怀疑。奇特的衣服就是道德败坏和思想不纯洁的象征。"[①]

这是一种充满时代精神的女性形象：朴实、健康、勤劳、具有反抗精神；这是一种劳动阶级的美，也是一种中性化的美。中性化甚至男性化的打扮，表达的是对旧的社会秩序的颠覆以及新的社会秩序的建立。从某种程度上来说，这是一种解放，是把女性从旧秩序的规范和压抑中解脱出来，与此同时，这又是一种新的规范，新政权通过对新时代女性的塑造与规范来重塑全新的社会主义道德秩序。

（三）妇女规范与新道德秩序的建构

"对于统治阶级来说，人体不是某种单纯的物理存在，人体必须充当意识形态的物质基础。"[②] 女性的身体，已经成为革命的意识形态的

---

① ［英］艾华：《中国的女性与性相——1949 年以来的性别话语》，江苏人民出版社 2008 年版，第 125 页。

② 南帆：《文学、革命与性》，载《后革命的转移》，北京大学出版社 2005 年版，第 204 页。

载体。官方意识形态通过对女性的重新塑造与规范，表达并建构一套全新的社会主义道德体系。在她们身上，我们看到了一种全新的社会价值取向：追求集体主义排斥个人主义，追求献身精神排斥享乐主义。

与腐朽、堕落的资本主义道德观相比，社会主义道德体系中最显著的特征就是"革命的清教主义"精神，这种精神主要是通过对全体社会成员严格的性规范来塑造的。这种道德观的形成，首先是长期在艰苦的战争环境中形成的禁欲主义传统使然。斯诺在《西行漫记》中印象深刻的是红军战士严谨的纪律性，美国学者 Stacey 也在其著作中论述过中国共产党的禁欲主义倾向："共产党家庭政策的一个突出特点是它提倡严谨的性道德规范……革命时期的中国共产党人并不是维多利亚时代的人，但是他们始终如一地要求把性活动限制在婚内，而不允许人们的社会责任来干涉它。在整个革命时期，敌人总是把共产党人描绘成性道德堕落的人，但是我们看到的却是，中国共产党对这种指责所做出的反应是公开把自己认同于比当代普遍盛行的标准更为严厉的性规范。……军队规定，侵犯妇女是犯罪行为，军队做出有意识的努力，抑制士兵的性冲动。"[1] 新中国成立后，革命时期的传统在一定程度上被继承，但是，新政权实行严格的性规范更是与当时对资本主义文化的批判有关。

资本主义文化代表着腐朽与堕落，尤其表现在自由的性关系上，"在资本主义社会，资产阶级撕开了封建社会笼罩在性关系上的伪道德面纱，把人类在性关系的淫乱推向了极致。"[2] 社会主义中国一直是把性自由视为资本主义文化的特征，把对性自由的打击作为抵御资本主义文化的重要手段。1989 年 8 月全国范围内大规模的扫黄行动成为当时反对资产阶级自由化的重要内容。

社会主义的中国需要以一种禁欲主义的态度表现道德上的纯洁与高尚，在社会主义者的观念里，严格的性规范往往象征着道德的崇高。

---

① 转引自李银河《性的问题 福柯与性》，文化艺术出版社 2003 年版，第 31 页。
② 安云凤主编：《性伦理学》，首都师范大学出版社 1995 年版，第 127 页。

"甩下卑微的肉体而仰望精神的宏大境界，这意味着革命者理想的巨大号召力。禁欲是这种号召力的组成部分。"① "革命的清教主义"道德观首先通过对妇女服装与发式的规范得到了阐释。"衣着的控制是身体政治非常重要的手段，在革命叙事中，衣着和身体属性一样都处于革命的控制之下，他们不是追求生命个性的领域，相反是革命表现其功利性的领域，因而也是政治必须照看的非常重要的领域。"② 因此，女性的服饰衣着不再仅仅是属于她们私人领域的事情，而是关系到革命事业与道德建设，必然要成为新政权关注的焦点。

新中国的妇女在服饰与发式方面有着高度的一致性：式样简单，以灰色、蓝色或绿色为主；发型通常是短发与直发。在服饰与发饰方面公然表现女性气质，如短袖、裙子、卷发等，往往会被认为是资产阶级兴趣的流露，都意味着对资本主义文化的向往和对革命事业的背叛。因此中性化甚至男性化的女性形象，表达的是社会对性诱惑的排斥，对资本主义文化的抵制。

新政权不仅仅关注女性的服饰与发饰，更是对婚姻与性给予严格的规范。妇女杂志在科学的名义下，以正确和错误、正常和不正常之间的高度选择性和说教性的区别为基础，规定了一系列严格的标准化的性和性行为。"婚姻的首要职能是生育职能和生产职能。……社会主义制度下一切性行为都只能在合法的婚姻范围内。"③ 婚前性行为、婚外性行为、同性恋等等现象是绝对不能容忍的不道德行为，尽管离婚自由一度被认为是对封建礼教的反抗而受到政府鼓励，但随着资本主义取代封建主义成为共产主义政权的主要敌人，离婚不再是婚姻自由的表现，而是"资本主义腐朽性"的代表。最高人民法院一度认为婚姻家庭纠纷"一般都或多或少地反映了社会主义的婚姻观点与资本主义的甚至是封建主

① 南帆：《文学、革命与性》，载《后革命的转移》北京大学出版社 2005 年版，第 208 页。
② 葛红兵、宋耕：《身体政治》，上海三联书店 2005 年版，第 82 页。
③ 安云凤主编：《性伦理学》，首都师范大学出版社 1995 年版，第 208、217 页。

义的婚姻观点的斗争"。① 于是，有关政策对离婚的限制越来越严格，离婚自由实际上成为一纸空文。

纯洁的社会主义道德是以对女性的性观念与性行为进行严格管理来实现的。官方要求妇女杜绝一切能够表现出性特征的发型与服饰，一个年轻女性如果把钱主要花在购买漂亮的衣服上，往往意味着她的思想有了问题，甚至可能是走向"堕落犯罪"的第一步。②

社会主义道德更要求女性成为性忠诚的主要负责人，从而对女性的贞操提出了更高的期望。女性的躯体往往与民族主义相联系，人们通常以妇女的受辱象征本民族被其他民族欺凌，以女性的贞洁代表本民族精神的纯洁，纯洁而神圣的女性身体一向是民族纯洁与神圣的隐喻。因此社会主义新女性不仅是健康的、朴素的，更是冰清玉洁的。

女性的性规范还被认为与社会的稳定密切相关。"很多研究报告表明在青少年女性走向犯罪的过程中，失去贞操和产生不正当的性行为是她们堕落的主要原因。"③ 因此，"社会主义贞操观认为妇女应该珍惜自己的贞操，勇敢捍卫自己的贞操"，"要求妇女随时注意自己的言谈，检点自己的行为举止，不允许（妇女）放荡不羁玩世不恭"。④ 尽管整个社会都被一种禁欲主义的氛围笼罩，不论男性还是女性都需要在严肃的道德戒律面前约束自己的行为和欲望，但有许多的事例表明，一旦女性做出了逾越道德戒律的行为，会比男性受到更严厉的惩罚。斯诺曾感叹道："中国妇女是引导她们的社会沿着'道义上优越'的路线前进的掌舵人。"⑤

在强大的意识形态宣传下，革命的道德观念逐渐内化为妇女的价值标准和行为准则，被自觉地加以接受和维护。其中不乏那些早年为追求自由而加入革命阵营的叛逆女性。作家杨沫的儿子在回忆自己的母亲

---

① 最高人民法院：《关于贯彻执行民事政策几个问题的意见》（修订稿），1963 年 8 月 28 日。
② 郑好：《曾经走过的弯路》，载《中国妇女》1957 年第 2 期。
③ 阎培珍、李培芳：《青少年生理心理健康指南》，学术期刊出版社 1989 年版，第 68 页。
④ 安云凤：《性伦理学》，首都师范大学出版社 1995 年版，第 199 页。
⑤ ［美］海伦·福斯特·斯诺：《中国新女性》，中国新闻出版社 1985 年版，第 32 页。

时，谈到了杨沫如何从一个追求婚姻自由的进步青年，变成一个马列主义老太太。30年代的杨沫，受五四精神的影响，"思想开放，感情丰富，好就住一起，不好就分，没有从一而终的那一套观念。她欣赏舞蹈家邓肯，敢于叛逆传统习俗、传统道德"，然而50年代的杨沫，看见女儿穿了双高跟鞋，就斥之为资产阶级，与女儿大吵大闹；女儿交了男朋友，她坚决反对，认为是"思想空虚和堕落的表现"。①

"三千年以来，中国的政治权力始终与对妇女的控制有着密切的关系。"② 妇女常常成为国家政治和道德的表现符号。新中国妇女的身心更是前所未有地被国家政治权力密切关注着。她们的身体和衣着、恋爱与婚姻都不再仅仅属于私人领域，而被国家权力强行拉入公共性空间，成为诠释社会主义价值观的政治符号。

二　妇女解放与群众动员

新政权不仅以妇女解放的名义成功建构一套社会主义的道德体系，同时还将妇女解放作为大规模群众动员的口号之一，成功地将占全国人口一半的中国女性动员到社会主义革命和建设事业中去，成为国家在大规模建设过程中重要的人力资源。

（一）动员与妇女动员

"动员"是个军事术语，指的是"把国家的武装力量由和平状态转入战时状态，以及把所有的经济部门（工业、农业、运输业等）转入供应战争需要的工作"。③ 当"动员"一词运用于政治领域时，它的含义发生了一些变化。《中国小百科全书》将政治动员定义为"指一定的政治主体如政党、政治集团等，为聚集力量，实现某一政治目标而进行

---

① 老鬼：《我的母亲杨沫》，长江文艺出版社2005年版，第36、360页。
② ［美］杰克·贝尔登：《中国震撼世界》，北京出版社1980年版，第385页。
③ 《现代汉语词典》，商务印书馆1996年版，第303页。

的政治宣传、政治鼓动等行为。"① 也有学者认为："政治动员是政治领导主体以自身的价值观、信仰去诱导和说服政治领导客体，赢得被领导者的认同和支持，取得被领导者的自愿服从和主动配合，以实现政治决策规定的目标和任务。"② 总之，政治动员就是主体通过一定的方式发动客体参与政治活动，获取政治资源，从而实现其政治目的的政治活动。

任何政治集团与政治力量都需要借助政治动员来争取政治资源，来实现其政治目标。中国共产党在取得国家政权后，面临的是一个在历经多年战乱之后，政治经济秩序已然全面瓦解的社会局面。要在短时期内解决这种全面性危机，迅速实现富国强民的目标，强大的社会动员能力成为中共最关注的问题。早在革命战争年代，中共就已经积累了十分丰富的社会动员的经验，这就是共产党的群众路线。

中国共产党与苏联党夺取政权的道路不同，是经过长期游击战争才取得革命胜利的，因此统治的方式也不同。苏联党更具有个人独裁的官僚体制特征，几代领导人都对广泛的群众参与实行严格的政治控制。中国共产党由于长期处于艰苦的斗争环境中，长期活动在各种资源都比较贫乏的农村地区，因此倾向于通过大规模地发动底层劳动群众来实现自己的政治经济目标。"中共政权一个最让人印象深刻的特点就是它有能力运用革命的群众路线，组织和发动千百万人按照党的社会改造和经济发展目标积极地工作。"③

共产党的群众路线既包括农民，也包括几千年来被边缘化的妇女。共产党领导下的妇女解放运动，实际上是以解放的名义进行的妇女动员，它是党所领导的群众运动的组成部分。从成立之日起，共产党就把妇女运动与他们所从事的民族独立和解放事业紧密地结合在一起，并根据政治斗争的需要赋予妇女解放不同的含义，以便发动广大妇女投入到

---

① 《中国小百科全书》第 4 册，团结出版社 2001 年版，第 740 页。

② 施雪华主编：《政治学原理》，中山大学出版社 2001 年版，第 740 页。

③ Doak Barnett, "A Note on Communication and Development in Communist China," in Lerner & Schramm, ed., Communication and Change in the Developing Countries, pp. 231–234.

党的革命事业中去。

成功的政治动员离不开正确有效的动员手段。政治动员的手段是多样化的，从新民主主义革命时期开始，中共就已总结出一套对妇女进行动员的成功经验，并称之为"妇女工作"。妇女工作有其独特的方法，即更加强调从情感的角度，唤起妇女对新社会制度的认同和对执政党的忠诚，从而焕发出巨大的自觉能动性，主动地投身于国家的政治经济建设中。妇女动员的手段可以归纳为以下几点：

首先是思想政治教育。中共一贯重视思想政治工作，1958 年刘少奇在党的八大二次会议报告中指出："思想工作和政治工作永远是一切工作的灵魂和统帅，在任何情况下，放弃或者忽视党的思想和政治工作，就会脱离群众，迷失方向。"① 思想政治工作的主要内容就是要提高群众的思想觉悟，因为"我们认为，在群众中不可能自发地产生社会主义思想。列宁说过，工人运动本身不能自发地产生社会主义，只能产生工联主义……社会主义事业是千百万群众进行创造性活动的事业，在党和国家制定方针、政策、任务之后，最重要的就是发动群众去贯彻、完成，就是要不断启发和提高群众参加社会主义建设的自觉。而要启发和提高群众这种自觉性，就必须要进行思想政治工作"。②

中共在长期的革命斗争中，发现中国妇女，尤其是农村妇女存在的主要问题是政治觉悟低，尤其是阶级意识淡漠。"农村中广大妇女在旧社会受着地主阶级的剥削压迫与侮辱最甚，痛苦最多，但她们几千年来，封建的毒素也最深，'讲良心'，'怪命运'，顾虑最多，因此需要对她们进行启发教育，特别要进行'谁养活谁'的教育。"因此，针对妇女的政治教育主要就是要对妇女进行阶级观念的灌输，把妇女的解放与阶级解放联系在一起。

在具体的工作方法上，常见的工作方式就是开"诉苦"大会。诉

---

① 《中共党史教学参考资料》第 22 册，中国人民解放军国防大学党史党建政工教研室编，第 446 页。

② 载 1958 年 1 月 15 日《人民日报》。

苦，即"诉说自己被阶级敌人迫害、剥削的历史，因而激起别人的阶级仇恨，同时也坚定了自己的阶级立场"。[①] 作为一种阶级话语，诉苦成为中国共产党进行政治动员的主要手段。对于那些受压迫尤为深重、情感色彩更为浓厚的妇女群体而言，参加诉苦大会往往会取得更为强烈的动员效果。《人民日报》刊文详细介绍了如何利用妇女身份增强诉苦大会的渲染力和宣传效果。

> 三区最近在发动妇女上取得几点经验：一、启发贫苦妇女诉苦，是发动的关键。贫苦妇女是我们发动的主要对象，她们除和男人受同样的贫苦压迫外，还多一层封建礼教压迫，痛苦是很深的。因此首先组织诉苦即打在疼处，由切身苦处，引导到阶级对比，如＊村妇女说地主妇女车上来马上去，咱碾道来，磨道去；地主闺女穿绸挂缎，咱是破衣烂衫，他们享福净是咱穷人的血汗。由对比引起仇恨，结果即积极行动起来。在妇女有了斗争要求时，领导上应放手让她们去干，相信妇女的行动力量，不要以为妇女不顶事。西周庄召集30多个贫苦妇女诉苦，其中有使女出身的，有给地主家做过饭的，当一个妇女诉到当使女时打了地主一个碗跪了半夜；又一个说到当地主的房子住，人家硬要赎房，她娘没处住上吊死了的悲惨经过时，30多个人都哭了，当晚这伙妇女就斗了一个地主。二、组织男干部男会员讨论妇女问题，了解妇女痛苦，检查自己思想上轻视妇女的观点，不少村干部检查出过去瞧不起妇女不关心妇女的旧思想，许多人决心去发动自己老婆，今后要转变怕妇女出门的旧脑筋，让她们也出来闹翻身开脑筋，并决心给妇女撑腰。[②]

黄宗智把共产党发动的阶级斗争看作是一场"道德戏剧性行动，

---

① 宋道雷：《土改中"诉苦"运动的政治技术》，载《二十一世纪》2010年4月，第118期。

② 载1947年2月4日《人民日报》。

用来表现代表着'善'的革命力量与代表着'恶'的阶级敌人之间的对抗"。① 妇女往往成为承担这种表演行为的演员与道具,因为女性的不幸遭遇更容易引发人们的感情共鸣,更容易激起农民的被剥削感和被压迫感,使抽象的阶级概念具体化、形象化。

"诉苦"大会作为阶级动员的成功经验在新中国成立后得到推广,妇女们依然扮演着诉苦的主角,控诉的对象从地主、资本家到国民党反动派以及美帝国主义,内容基本延续着"苦难—拯救—感恩"的模式。诉苦是手段,目的还是要揭发旧社会、旧制度的罪恶,从而培养对社会主义制度的热爱与对中国共产党的政治认同。

艾思奇曾指出:"我们政治工作的基本内容,就是要提高革命阶级的觉悟,团结革命阶级的力量去反对反动阶级的统治,为自己而争取国家的统治权,在既已争取到手之后,就要来巩固这政权。"② 由于妇女在家庭中所承担的照顾家人以及抚养孩子的责任,她们阶级觉悟的提高非常有利于中共将革命意志和阶级观念顺利灌输进社会最基本的组织单位——家庭,并有助于下一代觉悟的提高。《中国妇女》发表社论《做革命的家长 引导子女走革命的道路》和《针对儿童特点进行阶级教育》,要求妇女承担起对儿童进行思想教育的职责,培养他们"爱憎分明的无产阶级思想",教育孩子"永远不要忘记共产党、毛主席的恩情"。③

其次是宣传鼓动工作。宣传是组织机构所采取的一种达到劝服目的的手段,不同的政治文化对宣传的理解有很大不同。在西方文化中,宣传往往被视为操纵式的传播,"以重要的符号,或者更具体一点但欠准确地说,就是消息、谣言、报道、图片和其他种种社会传播方式来控制意见的做法"。④ 但在中国的政治语境中,宣传是一个很具积极意义的

---

① 黄宗智:《中国革命中的农村阶级斗争——从土改到文革时期的表达性现实与客观性现实》,载《中国乡村研究》第2辑,商务印书馆2003年版,第76页。

② 艾思奇:《历史唯物论社会发展史讲义》,工人出版社1952年版,第83—86页。

③ 《针对儿童特点进行阶级教育》,载《中国妇女》1963年第6期。

④ H. D. Lasswell, Propaganda Technique in the World War (New York : Peter Smith, 1927), 转引自 [美] 沃纳·赛佛林、小詹姆斯·卡特:《传播理论:起源、方法与应用》,中国传媒大学出版社2006年版,第95页。

词汇,《现代汉语词典》将其定义为通过"向群众说明解释政策,使群众相信并跟随"。

宣传与政治教育一样都是中共十分重视的群众动员的方法。宣传作为妇女动员的手段,主要是通过文字、影像、音乐等多样化手段塑造妇女的情感和行为,唤起她们的激情和热情。妇女解放和男女平等,是新中国国家意识形态宣传中一项重要内容。在建国后的艺术创作中,一大批反映妇女解放和男女平等的小说、电影、舞台剧等艺术作品涌现出来,在这些艺术作品中,新时代的妇女形象已经与旧时代受压迫的妇女截然不同:她们不仅在家庭中享受着较高的地位,甚至成为"内当家";她们还能像男人一样战斗在祖国的各条战线上,为社会主义国家的建设添砖加瓦。

除新中国妇女外,以苏联为首的社会主义国家的妇女生活也成为宣传的重点。《中国妇女》(1956 年前的刊名为《新中国妇女》)刊登的有关苏联妇女的幸福生活的部分文章一览:

发表日期	文章题目	发表日期	文章题目
1951(19)	热爱祖国的苏联妇女	1956(11)	莫斯科的苏联妇女权利平等讲习会
1952(11)	苏联妇女是共产主义的伟大建设者 学习苏联人民崇高的共产主义道德品质	1957(4)	忘我的人—介绍全苏闻名的先进挤奶员克拉拉·拉双诺娃
1953(4)	介绍"苏联健康的婚姻";学习斯大林同志关于妇女解放的学说,学习苏联妇女彻底解放的经验	1958(3)	苏联妇女的平等权利
1954(10)	在苏联人的教导下;苏联的今天就是我们的明天	1959(4)	苏联妇女是共产主义的积极建设者
1955(3)	苏维埃社会的爱情与婚姻	1960(9)	苏联人民的女儿
1955(总66)	列宁论社会主义建设与妇女解放	1960(1)	我访问了苏联的集体农庄

进入 60 年代以后,随着中苏两党、两国关系的恶化,介绍苏联妇女解放的文章很少再出现。除苏联外,越南、古巴、阿尔巴尼亚、朝鲜

等社会主义国家妇女的幸福生活也经常出现在妇女期刊上。当然，揭露资本主义国家妇女（包括台湾地区）的悲惨遭遇也是这类期刊的职责。以下同样是《中国妇女》的部分文章：

发表日期	文章题目	发表日期	文章题目
1952（9）	日本人民的灾难与斗争	1956（3）	在美军铁蹄下的日本劳动人民
1955（62）	台湾妇女在水深火热之中	1961（10）	台湾妇女的血泪仇
1956（2）	美国妇女的悲惨生活	1964（7）	南朝鲜妇女的处境和斗争

"诉苦—感恩"模式的动员方式营造了一种极具渲染力的社会氛围，社会主义国家妇女的幸福生活与资本主义制度下妇女的悲惨遭遇形成强烈对比，有力地证明了"只有社会主义才能实现妇女解放"的理论，有效塑造了中国妇女对社会主义制度和共产党领导地位的政治认同。

根据《中国大百科全书》的定义，所谓的政治认同就是"人们在社会政治生活中产生一种感情和意识上的归属感"。主要有三种类型的政治认同：（1）初级层次即本能上的认同，如血缘、种族、地域的认同；（2）中级层次即情感上的认同，如对政治组织的热爱、信赖、追随、亲近、归属等；（3）高级层次即理智上认同，指在理性指导下的认同。[1]

中国妇女动员的方式更多的是通过生动具体的事例展示从情感层面唤起妇女的政治热情，所以这种政治认同只能是一种基于"受惠—感恩"类型的情感认同，并没有上升到理性层次，但却有效地激发了妇女群体对中国共产党的知恩图报式的追随与忠诚。

第三，加强对妇联组织的领导。建国后随着对各种社会团体的控制和清理，一些原国统区的妇女组织与各种民主妇女团体逐渐被合并或消

---

① 《中国大百科全书·政治卷》，中国大百科全书出版社 1992 年版，第 501 页。

亡，中共在战争年代创立的妇女组织成为全国最大的妇女组织。1957年全国妇联第三届代表大会通过的章程，第一次明确提出要"坚持中国共产党的领导"，并表明妇联的职能就是要"团结和教育全国妇女积极参加祖国的社会主义建设"。从此，妇联作为中国唯一的妇女组织，成为党进行妇女动员的得力助手，根据党和政府的政治经济建设目标来确定妇女工作的具体任务。

在党的领导与动员下，长期以来被摒弃于社会政治经济生活之外的中国妇女，积极参与到国家的政治经济建设中，成为社会主义革命和建设中的重要力量。新政权能够做到这一点，在于它成功地把妇女解放的目标与党和国家的政治经济建设目标紧密联系在一起。

（二）妇女动员与国家建设

借助马克思主义妇女理论提供的理论支持，中共从建党之初就强调："只有共产党，只有无产阶级的革命、社会主义的完全胜利，才能完全解放妇女。"[①] 从而把国家的政治经济建设目标与妇女解放紧密联系在一起，并成功地将占人口二分之一的妇女发动起来，成为党在政治斗争和经济建设过程中的重要资源。

在土改运动中，共产党十分重视发动妇女的作用。1950年刘少奇在关于土地改革问题的报告中指出："农民协会应切实注意吸收农民家庭中的妇女来参加，并吸收妇女中的积极分子来参加领导工作。"新政权赋予妇女参加土改以妇女解放的意义。华东局1950年发出的关于妇女工作的指示强调："只有发动妇女群众积极参加土地改革，使妇女同样分得一份土地和生产资料，并领导妇女积极参加劳动生产工作，才能使妇女与男子同样获得平等的经济权利，才能解除千百年来封建制度给予中国妇女的压迫和束缚，才能使中国广大劳动妇女获得真正的解

---

① 《中国共产党第六次全国代表大会妇女运动决议案》，载《中国妇女运动历史资料（1927—1937）》，中国妇女出版社1991年版，第12页。

放。"所以，"必须把妇女组织在农民协会中一起参加反封建的土地改革的斗争。"①

通过组织农村妇女参加诉苦大会和控诉大会，越来越多的妇女卷入土改运动，北京郊区近20万农村妇女，参加到农会中的有46224人，占农会会员总数的39%；②江西省74个县有妇女组织，会员达到72万余人；湖南省各级农民协会均有女委员女代表；河南在土改运动中全省有组织的妇女已达一百多万人。③

朝鲜战争爆发后，蔡畅发表讲话，阐释了抗美援朝战争对于妇女解放的重大意义：凡是平时注意妇女工作，做好妇女工作的地方，就容易广泛和深入地发动妇女参加抗美援朝运动；同样的，凡是此次深入进行抗美援朝爱国主义教育的地方，妇女群众的觉悟提高了，一切经常工作都能够较好较快地完成；这样，既能使妇女群众的爱国热情变成实际行动，加强抗美援朝的实力，又能把妇女解放工作推进一步。④《新中国妇女》发表社论，指出了抗美援朝运动对中国妇女解放事业的推动作用主要体现在"提高了妇女自身的思想觉悟，扩大了各阶层、各民族、各民主党派、各种宗教信仰的妇女之间的团结。"⑤

为了支援抗美援朝战争，在1951年"三八"妇女节前后，全国310个城市、700个市镇、600个村庄约2000万妇女参加了保卫世界和平的示威游行。⑥上海妇女完成了40万双军鞋，⑦松江、吉林两省及沈阳、哈尔滨两市，76984名妇女在三个月时间里做了1539013件军衣。⑧

---

① 《中共中央华东局关于在土地改革准备时期加强妇女工作的指示》，载《新中国妇女》1950年第14期。

② 宋林屏：《北京郊区妇女在土改中翻了身》，载《新中国妇女》1950年第13期。

③ 汎圃：《农村家庭妇女在土地改革中的作用》，载《新中国妇女》1950年第14期。

④ 中华全国妇女联合会编：《蔡畅、邓颖超、康克清妇女解放问题文选》，第209—210页。

⑤ 《在抗美援朝运动中推进妇女解放运动》，载《新中国妇女》1951年第20期。

⑥ 蔡畅：《热爱祖国、保卫和平》，载《新中国妇女》1951年2月（总第20期）。

⑦ 《各地妇女积极热烈参加反美侵略台湾朝鲜周》，载《新中国妇女》1950年7月（总第13期）。

⑧ 《东北妇女为建设事业奋斗》，载1950年3月8日《东北日报》。

对妇女最成功的动员是"大跃进"运动。马克思主义认为在社会主义条件下，妇女必须要参加社会化大生产才能实现经济独立。但在建国初期，严峻的经济形势并不能为妇女的劳动解放理论提供较多的实践基地。然而，形势很快发生了改变，从1957年底全国农村掀起了大办农田水利建设的高潮，随后又开展了全民大炼钢铁运动，最多时，全国农村投入土法炼钢的劳动力达6000万人。同时，在全民办工业的宣传下，全国办起各种小型工业企业，招收工人（主要是农民）2400万人，① 劳动生产力不足的问题突出了。在劳动力不足的问题日益尖锐的情况下，把广大家庭妇女从家务琐事中解放出来投入到生产中去，自然成为形势的需要。"解放妇女劳动力，是解决当前和今后工农业劳动力相对不足、保证社会主义建设高速发展的一项重要措施。用妇女劳动力去顶替非生产部门现有的年轻力壮的男劳动力，再把这些男劳动力分配到其他劳动强度较大的工作岗位。"②

"大跃进"运动的确造就了中国妇女解放史上宏伟壮观的一幕：和男人一样战斗在各个工作岗位上，妇女劳动力代替了新的资金，也代替了机器。据统计，1959年全国农村妇女劳动力达5000万人以上。③ 1958年城市女职工队伍由1957年的328.6万猛增到810.8万，增加了113%。④

从1958年以来，我国农村妇女以空前巨大的规模投入各个生产建设战线，成为农业生产战线上的一支生力军。1959年，农村人民公社妇女出勤人数一般能达到妇女劳动力总数的90%。农村劳动力平均全年出勤人数，1957年男劳动力是249天，女劳动力只有166天；1959年，男劳动力为300天左右，女劳动力增长到250天左右，已逐渐接近于男劳动力的出勤天数。并且从原来的辅助性劳动转变成主要劳动。

---

① 罗平汉：《大锅饭——公共食堂始末》，广西人民出版社2001年版，第46页。
② 马文瑞：《进一步解放妇女劳动力》，载《中国妇女》1958年第9期。
③ 《妇女们，鼓足干劲 作出更大贡献!》载1959年3月8日《人民日报》。
④ 唐娅辉：《中国妇女百年奋斗史》，湖南师范大学出版社1999年版，第216页。

1959 年全国参加水利建设的妇女人数达到 3000 万人。①

人民公社运动更是被宣传为"妇女解放的根本道路"。《红旗》杂志发表社论，指出了人民公社运动对于妇女解放的伟大意义："人民公社使我国妇女走上了彻底解放的道路，它是彻底解放我国妇女的很好的社会组合形式。"②《中国妇女》发表署名文章，将人民公社对妇女解放的伟大意义概括为五点：（1）人民公社生产规模大，范围广，为妇女参加社会劳动开辟了更广阔的道路；（2）人民公社的建立，加速农业半机械化和电气化的实现，为妇女减轻体力劳动，提高技术水平，更好地提高劳动生产效率创造了条件；（3）人民公社大办集体福利事业，使广大妇女从家务劳动中解放出来，更无牵挂地参加生产和学习；（4）人民公社教育大发展，为妇女提高文化水平创造了有利条件；（5）人民公社的分配制度进一步破除了家长制的残余，使失去劳动力的妇女和多子女的母亲，在生活上得到了最可靠的保证。③

应该承认，新政权对中国妇女的动员是十分成功的。几千年来，根据"男主外、女主内"的传统观念，中国妇女一直被摒弃于公共生活尤其是国家的政治生活之外。被成功动员起来的中国妇女不仅积极投身于国家的经济建设，成为计划经济时代"一支伟大的人力资源"，而且还开始积极投身于各种各样的政治运动。

在政治运动频繁的年代里，一个颇为耐人寻味的现象是，一些女性参与者往往表现出更为高涨的革命激情。比如在三反五反运动中，很多妇女动员丈夫、亲友主动坦白。北京女中学生史淑云，检举了犯有贪污盗窃罪而又拒不坦白的父亲，并和父亲断绝了父女关系；④ 北京家庭妇女郑文玲动员儿子、表姐坦白罪行，并启发和鼓励家庭妇女帮助丈夫、儿子、亲友坦白罪行。⑤

---

① 《人民公社是妇女彻底解放的很好组织形式》，载《红旗》1960 年第 5 期。
② 《人民公社是妇女彻底解放的很好组织形式》，载《红旗》1960 年第 5 期。
③ 王炤：《人民公社的道路是妇女彻底解放的道路》，载《中国妇女》1960 年第 7 期。
④ 载 1952 年 3 月《新华月报》。
⑤ 同上。

我们不能不承认，妇女解放的话语已被成功地演绎成为一场群众动员的号令，它最大限度地调动起了几千年来由于被屏蔽于政治领域之外，对公共事务漠不关心的妇女群体的政治热情，实现了中国妇女从"非政治人"向"政治人"的转化。尤其是对于长期被隔离于国家政治经济生活之外、社会经验贫乏、受教育程度不高的中国妇女而言，来自上面的宣传与引导往往更会产生极为强烈的效果。

（三）群众身份与妇女动员

尽管中国妇女终于在宪法上获得了与男性相同的政治权利，但在当时的政治环境下，她们是以群众的身份而非现代国家建构中的公民的身份参与到国家的政治进程之中。公民是国家的主人，全体公民构成国家的主权者，每个公民是其平等的一员。"'群众'概念更多地继承了传统'民'的概念的消极、被动、受治者的含义，是传统的'臣民'内涵的延续和蜕变。"在理论上，群众也被承认为国家的主人，但是由于具体的公民权利没有得到落实，所以，在具体操作层面上，它"仍然是权力的客体，处于政治生活的边缘，成为政治运动的对象，甚至沦为消极被动的一群。"[1]

群众身份决定了中国妇女政治参与的限度，她们不是出于公民的权利观念，而是为了响应党的号召，把社会参与视为向党、向领袖表达忠诚与感恩的渠道。20世纪60年代的媒体曾集中报道过上山下乡青年的典型——"毛主席的女战士"张勇的事迹：

> 张勇出身工人家庭，从小就经常听父母讲苦难家史，对党和毛主席充满爱戴之情。按报纸的说法，早在五六岁时，她见到毛主席的画像，就懂得一张张地敬放起来。上学后，每天写作业，都要把

---

[1] 丛日云：《当代中国政治语境中的"群众"概念分析》，《中国政法大学学报》2005年3月，第23卷第2期。

毛主席像端端正正地放在桌子上。六年级，在班里主动组织同学一起学习毛主席著作。进入中学后，学习毛著更加自觉。

"文革"后，她带头造了"党内一小撮走资派"的反；毛主席指示"要复课闹革命"，她带头把老师请进教室；不久，"无产阶级革命派联合起来"的口号传来，她又带头"斗私批修"，消除"资产阶级派性"，促进了"革命大联合"。总之，毛主席的话就是她的个人意志。

1968年底，她初中毕业，响应毛主席号召，带头报名到农村去。学校准备留她在天津工作，她坚定地表示"毛主席的号令，是我最大的心愿"。

张勇的名言是："让毛主席思想统帅自己的每一根神经。"据说她身上形影不离的就是装着毛著和笔记本的挎包，利用一切时间，拼死拼活地学习毛主席著作，当她脸上的冻疮淌出脓水，老牧民劝她上药时，她表示：有骨头不愁长肉，敢在风雪中锻炼，就是对修正主义教育路线的打击。

当时的舆论在宣传这个典型时，突出了张勇对"阶级斗争"的偏好。她到草原后首先做的一件事就是拟定了一个调查提纲，了解牧民的阶级成分，分清敌、我、友。当她为抢救集体的落水羊只牺牲时，年仅19岁。牺牲之前还在跟一位知青畅谈接受"再教育"的体验。[①]

作为"党的好女儿、毛主席的女战士"，张勇代表了那个时代高度"革命化"的妇女形象：对党和领袖忠贞不渝，充满革命热情，热衷阶级斗争，真正做到了"领袖的意志就是自己的意志"。

妇女解放成为党和政府进行社会动员的口号，正是通过把妇女解放

---

① 刘小萌：《中国知青史大潮（1966—1980）》，当代中国出版社2009年版，第147—149页。

的意义与国家的经济建设和政治斗争的需要紧密联系在一起，中共成功地将占人口一半的妇女群体发动起来，为新中国的政治经济建设做出了巨大贡献。尽管这种动员方式带有明显的工具性利用的特点，但从效果上看，它将妇女从家庭的禁锢之中动员出来，进入她们长期被禁入的社会公共领域，丰富了她们的生活经历和精神世界，开拓了她们的视野和胸怀，这对妇女的精神解放是十分重要的。

三　妇女解放与社会结构变迁

"革命不仅仅只是从一个国家机器向另一个国家机器的过渡，而同时是大规模的社会结构变迁。"① 中国共产党通过社会主义革命实现了中国传统社会结构有史以来最大规模的变迁，其中有许多促成的因素，比如土地革命、经济制度的变革、阶级划分、革命的意识形态的建立等等，但不能忽略的一个因素是，共产党的妇女政策在其中发挥的作用。

杰克·贝尔登肯定了新中国妇女地位的改变对社会结构变迁起到的作用："妇女当奴隶、成为私有财产和统治阶级传宗接代工具的地位，不仅对总的中国社会，甚至对国家结构，下至农村上至朝廷，都产生了影响。家庭是培养对国家权力效忠精神的训练所，父亲是家庭里的最高独裁者……任何全面解放妇女的运动，必将导致整个社会金字塔的倾覆，导致争夺权力的各种力量消长的巨大变化。"②

（一）阶级观念与妇女的革命化

社会主义革命不仅仅是政治经济领域的革命，也是思想意识的革命。中国传统的政治文化具有强烈的伦理色彩，以父子的人伦关系为基础组成家庭，再以家族的人伦关系为基础组成社会和国家，人们心中只

---

① 黄宗智：《中国革命中的农村阶级斗争——从土改到"文革"时期的表达性现实与客观性现实》载《中国乡村研究》第 2 辑，商务印书馆 2003 年版，第 66 页。

② ［美］杰克·贝尔登：《中国震撼世界》，北京出版社 1980 年版，第 386 页。

有家族观念而无阶级意识，这与中国共产党强调阶级斗争的政治文化发生冲突。强化社会成员的阶级意识，根除狭隘的家族观念，不仅是建设社会主义新文化的需要，更是巩固新政权的需要。

党对社会主义新女性的塑造，不仅仅体现在恩赐般赋予她们与男性完全平等的政治经济权利，也体现在以革命的意识形态改造她们的思想领域，从而塑造一代具有先进的革命意识的新女性，使她们能够以进步的阶级观念和革命意识替代狭隘的家庭与血缘观念。

在早在战争年代，共产党的妇女工作者们就对中国女性，尤其是农村妇女阶级觉悟的低下感到失望。"由于妇女的生活圈子较小，养成其小气、嫉妒、琐碎、脑筋迟钝，较农民还自私"，尤其是"阶级意识往往比较模糊"。① 因此，向妇女们进行阶级斗争的教育，成为党的妇女工作的重要内容。其基本经验主要是开展"诉苦—感恩"教育，使妇女们认识到她们的苦难来自于旧制度的罪恶和阶级敌人的压迫，只有党的领导、只有社会主义制度才能真正改变她们的命运。

这套工作方法在建国后得到了延续。国家控制下的妇女杂志和电影艺术作品，共同承担起这一重大的思想改造任务。和战争年代相比，宣传的手段更加多元化，所以取得的成效更加显著。

接受了阶级斗争教育的女性往往会表现出出人意料的革命觉悟和斗争精神，一位农村妇女的丈夫给国民党当过兵，当他回到家中时，妻子不肯接纳他："他不是俺家的人，和俺没关系……现在俺有了房子和田地，都是共产党给的。他跟国民党反动派来着，教他去向国民党反动派要吃的吧！"儿子睡梦中大叫："我是共产党员，不能要替国民党反动派做过事的爹。"②

一位村妇代会主任在报刊上发出呼吁，要求妇女同志在春节期间走亲戚时要坚持阶级立场，分清敌我。"一定不要和地富反坏的亲戚拉扯

---

① 浦安修：《五年来华北抗日民主根据地妇女运动的初步总结》，《中国妇女运动历史资料（1937—1945）》，第 698 页。

② 《妻不认夫 子不认父》，载《新中国妇女》1950 年第 7 期。

在一起，模糊自己的阶级立场"。

需要接受阶级观念的不仅仅是劳动妇女，也包括那些知识女性。茅盾的女儿，一个内心充溢着丰富情感的文艺女青年，在日记中记下了自己接受阶级观念的艰难经历。"记住在党的原则下，私人感情等于灰尘，个人感情上的压迫，应该是像热锅里的冰块，不能存在一分钟、一秒钟。现在的中心是学好文件，阶级教育的五个文件。多么好的名字啊！我要好好地学习，好好地研究，在我这没有阶级仇恨的心灵上培养出热的铁的阶级仇恨来。"①

妇女的革命化对于革命的意识形态向基层社会渗透具有积极意义。新政权在重新建构国家秩序的过程中，一方面是社会主义的政治制度和经济制度的建立和完善，另一方面就是革命的意识形态的建立，要以马列主义毛泽东思想取代封建主义、资本主义思想成为整个国家占主导地位的意识形态。这不仅需要从国家层面上进行全新的意识形态的建构与宣传，更需要从社会层面上使革命的意识形态贯彻到社会成员的日常生活之中。在这一方面，家庭妇女往往可以起到十分重要的作用。因为女性在家庭成员的情感交流中所起到的作用，尤其是母亲在培养下一代方面所扮演的无可替代的角色，导致一个家庭中女性的思想倾向对于家庭中其他成员的思想，尤其是年轻一代的思想，能够发挥出重要的影响。事实证明，共产党能够成功地将阶级观念渗透进家庭，马列主义毛泽东思想能够彻底战胜中国传统社会根深蒂固的家族主义，妇女的革命化是十分重要的环节。

（二）公有制经济与妇女走向社会

历史唯物主义认为，人的本质属性在于他的社会性。人生来就必然要生活在一定的社会群体中，并或多或少要与政治发生联系。亚里士多德说过："人本性上是一种政治动物。"马克思更为明确地指出："人是

---

① 沈霞：《延安四年（1941—1945）》，大象出版社 2009 年版，第 121 页。

最名副其实的政治动物，不仅是一种合群的动物，而且是只有在社会中才能独立的动物。"① "人的本质并不是单个人所固有的抽象物，在其现实性上，它是一切社会关系的总和。"②

人的社会性意味着，在历史和政治过程中活动的人，并不是单个的、孤立的个人，而是生活在与他人的特定联系中。而中国妇女在几千年的封建社会中，被屏蔽于社会生活之外。她们或者"为人女"、"为人妻"，或者"为人母"，甚至不能有自己的姓氏；她们不能参与公共事务，家庭成为她们唯一的活动场所。严格意义上来说，中国传统女性并不是作为完整意义上的人而存在，她们只是"家庭动物"而已。

中国传统上是自给自足的自然经济，家庭不仅是生育场所，也是进行生产劳动的基本单位。男性家长担任家庭生产劳动的组织者和管理者，并掌管财政大权。妇女寓于家庭之中，不能与社会发生直接接触。五四时期的女权主义运动触动的主要是城市知识女性阶层，主要表现为知识女性冲出家庭，自由恋爱争取个性、意志和自我价值的实现，对广大的劳动妇女和底层妇女影响不大，并没有改变她们与社会隔绝的状态。新中国推行的集体化与国有化政策终结了中国妇女与社会隔绝的命运。新中国给妇女带来的最大改变是妇女终于走出家庭，并且以个人身份直接与国家发生联系，享有政治权利，承担国民义务，成为真正的公民。

1953 年 12 月 16 日，中共中央通过的《关于发展农业生产合作社的决议》规定："现有形式的农业生产合作社可以成为引导农民过渡到更高级的完全社会主义的农业生产合作社（集体农庄）的适当形式。"③ 农业集体化和合作化运动开始加快，并推动农村妇女的社会身份发生改变：土地归集体所有，生产劳动以集体方式进行，农村女性通过合作社和人民公社走出家庭。城市女性也通过国有企业和事业单位以个人身份

---

① 《马克思恩格斯全集》第 46 卷（上），人民出版社 1979 年版，第 21 页。
② 《马克思恩格斯选集》第 1 卷，人民出版社 1995 年版，第 60 页。
③ 《农业集体化重要文件汇编》（上册），中共中央党校出版社 1981 年版，第 215—227 页。

直接与国家发生接触，成为国家的人。家长失去对她们的劳动的监管权。

随着共产党政权的逐渐巩固，妇女组织在全国范围内，甚至在连最偏僻的乡村层层建立起来。它与党组织、民兵组织、共青团组织等等交织在一起，使整个中国社会，从最基层的农村，到偏远的边疆地区，都被严密地组织起来。所有新中国妇女，不论在城市还是乡村，都通过至少一种组织与社会发生联系。她们不再是家庭的附属物，从此成为"有组织"的人。

传统观念认为，"男主外，女主内"，女人不能参与到公共事务中。这种划分虽然剥夺了妇女的部分政治权利，但也使妇女与男人相比，一定程度上能够远离国家权力的关注，享有一些个人空间和自由。通过集体化政策和人民公社运动，千百年来一直寓于家庭里处于"无组织"状态的中国妇女，被党成功的纳入到国家权力的直接控制之下，从就业、生育到思想觉悟甚至审美标准，都被国家权力严格规范化、标准化。妇女在走出家庭摆脱了对丈夫或父亲的依赖的同时，又形成了对党、对国家权力的深深的依赖，从此，"党指向哪，妇女就奔向哪。"[1]在以后的历次政治运动中，中国妇女不仅积极参与，甚至成为主力。"毛泽东的国家和家庭相互渗透，妇女政治化是关键，这种通过家庭中的妇女政治来实现国家社会主义目标的做法既非传统，也非一般意义上的马克思主义。"[2]

在这样一个集体化、组织化的社会中，每个社会成员都直接隶属于社会，直接隶属于一个代表全社会成员共同利益的政权。妇女的命运发生了根本性改变，她们不再通过家族、家长和丈夫而隶属于社会，而是和男子以平等的方式隶属于国家权力。妇女的身份不再仅仅是"某人妻"或"某人母"，而是和男性平等地成为国家政权组织中的一名成

---

① 《论妇女解放的新阶段》，《中国妇女》1959 年第 10 期。

② 鲍晓兰：《西方女性主义研究评价》，生活·读书·新知三联书店 1995 年版，第 268 页。

员。在对组织和对国家的认同感不断加深的同时，她们对家庭或对宗族的认同感必然会相应削弱。妇女社会身份的变化不可避免要对中国传统的家庭关系和社会结构造成冲击。

（三）妇女解放与家庭和社会变迁

在传统中国，家庭与整个国家的政治、经济、社会生活息息相关。儒家伦理假定家庭（家族）与国家的政治生活是同质的，所谓"家国同构"就是指国家的秩序以家为模版复制而成，"父为子纲，夫为妻纲"，父亲是家庭里的最高统治者，女性服从男性，儿子服从父亲，这是臣民服从君主的伦理基础。因此，家庭关系是国家关系的基石，家庭伦理是社会伦理的基础。妇女思想的改造与社会身份的转变，影响的不仅仅是家庭内部的关系与伦理，也会对社会秩序和社会伦理产生冲击。在新中国妇女解放的过程中，党和政府通过对妇女思想的改造和社会身份的改变，成功将阶级意识和革命意志灌输进家庭，从而实现了对家庭的改造和传统社会的瓦解与重建。

1. 妇女解放与家庭边缘化和政治化　在自然经济条件下，家庭不仅是生育单位，也是生产单位，是国家的社会管理单位。"天下之本在国，国之本在家。"封建家庭制度构成了封建社会伦理与政治规则的基石，所以从戊戌变法到辛亥革命时期的仁人志士，都把改造家庭作为摧毁封建制度的关键。五四时期的知识分子开始把妇女解放与对封建家长制度的批判联系在一起，试图通过妇女解放作为瓦解封建制度的突破口。

中国共产党人对待家庭的态度，一方面如同早期启蒙者一样，把封建家庭制度视为封建社会的基石，希望通过改造家庭实现对封建社会的改造。另一方面，在社会主义思潮的影响下，把消灭家庭作为未来共产主义社会的重要目标之一。1919 年 12 月，毛泽东在《湖南教育月刊》第一卷第二号上发表了《学生之工作》一文，谈到他的新村计划时写道："合若干之新家庭，即可创造一种新社会。新社会之种类不可尽举，举其著者：公共育儿院，公共蒙养院，公共图书馆，公共银行，公共病院，公园，博物馆，自治会。"① 1958 年 6 月 14 日，刘少奇同全国妇联主席蔡畅、副主席邓颖超、杨之华谈话时提到，毛主席讲过两次，家庭是要消灭的。②

进入 50 年代以后，尤其是随着"大跃进"运动的展开，许多地方出现了劳动力不足的情况。在劳动力不足的问题日益尖锐的情况下，把广大家庭妇女从家务琐事中解放出来，投入到生产中去，自然成为形势的需要。然而，在当时生产力水平和科技水平相对比较低的条件下，妇女既要参加社会生产，又要料理繁重的家务，两者之间不可避免地会发生冲突。为了保证妇女能够全身心地投入到公共劳动中去，党开始重视集体福利事业的建设，并赋予其妇女解放的重要意义。"没有公共食堂，没有幸福院、托儿所，没有扫除文盲，没有进小学、中学、大学，妇女不可能彻底解放。"③ "只有把家家做饭、家家洗衣、家家带孩子，为一家一户服务的劳动改变成为大家服务的集体福利的事业，才能彻底解放妇女劳力，才能适应社会生产发展的要求。"④

在全国范围内，公共食堂、托儿所、幼儿园、缝纫组等集体福利事业开始蓬勃发展。资料显示，到 1959 年，河南省已建立公共食堂 26942 个，就餐人数 4790 多万人，占全省总人口的 99.89%；建幼儿园 9428 个、托儿所 168748 个，共收托 598 万多儿童，占适龄儿童的 54%。⑤ 北京市到 1960 年，已在全市建立了 12000 个集体食堂，1200 个服务修理组，18000 多个幼儿园、托儿所，收托 61 万儿童，郊区 92.4% 的农户加入了公共食堂。⑥农村的人民公社与城市的单位制度，也在一定程度

---

① 薄一波：《若干重大决策与文件的回顾》（下），中共中央党校出版社 1993 年版，第 773 页。
② 罗平汉：《天堂试验——人民公社化运动始末》，中共中央党校出版社 2006 年版，第 14 页。
③ 《毛主席在安徽》，载 1958 年 10 月 4 日《人民日报》。
④ 《论妇女运动的新阶段》，载《中国妇女》1959 年第 10 期。
⑤ 刘文树：《搞好集体福利事业并非生活小事》，载《中国妇女》1959 年第 2 期。
⑥ 邓颖超：《发扬三八革命传统，向妇女解放的伟大目标前进》，载《中国妇女》1960 年第 6 期。

上实现了对家庭职能的替代，在帮助妇女解脱繁重的家务劳动的同时，也导致传统家庭的地位日益边缘化。

家庭的变化，不仅仅体现在地位的边缘化，也表现在家庭关系的政治化。与其他社会组织不同的是，家庭的价值主要体现在家庭成员之间的相互关爱、帮助乃至牺牲的精神，它不带功利色彩，超越利害得失的算计，体现了人类最美好的一种情感——亲情。因此，法国社会学家涂尔干把家庭视为"学习自我牺牲和自我克制精神的课堂，是至高无上的道德圣地。"① 尤其是传统的中国家庭，十分重视血缘亲情、伦理社会，家庭成为个人的庇护所。

1949 年后，随着整个社会生活的政治化，家庭的这一基本价值也被逐渐侵蚀。党以解放妇女的名义将革命意志、阶级观念成功地灌输进家庭。阶级论瓦解了建立在血缘基础上的家庭观念，家庭不再为个人提供私密空间和庇护所。"家庭关系也好，朋友关系也好，其中都存在阶级的界限。"② 真正的革命者必须从阶级立场到思想感情同敌对阶级划清界限，应当积极揭发自己亲属中的反革命分子。"家庭观念、讲人情、讲面子，封建的亲属关系等"被党定义为"封建意识"加以批判。家庭成员之间的关系阶级化，家庭成为阶级斗争的战场。在"三反五反"运动中，大量家庭妇女站出来，揭发自己的丈夫或者父亲，有的妇女甚至坚决要求枪决自己的反革命父亲。③

甚至母爱与亲情也被视为资产阶级人性论遭到批判。老鬼回忆自己的母亲杨沫对待孩子的冷漠："三年困难时期，她和父亲看着孩子吃不饱，甚至饿昏了也不管，自己心安理得地吃高级点心。"孩子生病或挨整，作为母亲的杨沫却"出奇的安静，满不在乎……"因为在杨沫这样的女性革命者眼里，"毛主席的'革命第一，工作第一，他人第一'的教导已经深入骨髓"，儿女情长是政治觉悟低下的表现，母爱越少，

---

① 埃米尔·涂尔干：《社会分工论》，生活·读书·新知三联书店 2000 年版，第 28 页。
② 《人性、党性、个性》，中国青年出版社 1961 年版，第 22 页。
③ 《坚决要求枪决我的后父反革命分子洪亮》，载《新中国妇女》1951 年第 21 期。

越表示自己"觉悟高,思想好"。①

随着家庭成员之间关系的政治化,包括传统上非常私密的领域,比如恋爱、婚姻、生育等,都不再仅仅是民众的私人活动,而被置于公共领域受到权力的关注与规范。当年《新青年》诸公高喊打倒中国传统的"家族主义",只有在共产党领导下才真正实现。"毛泽东的国家和家庭相互渗透,妇女政治化是关键,这种通过家庭中的妇女政治来实现国家社会主义目标的做法既非传统,也非一般意义上的马克思主义。"②

2. 妇女解放与宗族社会的瓦解 宗族组织是中国农村社会的独特现象,一直到 20 世纪初期,宗法制度和观念仍然在中国的广大农村地区有着深厚的社会根基和影响力。

在宗族社会中,社会最底层的农民阶级几千年来处于"天高皇帝远"的状态,他们被隔离于国家的政治生活之外,对政治漠不关心。在他们眼中,政府的压迫甚于阶级压迫。"对农民来说政府是外人,政府所体现的,是剥削和压迫乡村这个封闭世界的外部世界。"③ 农民的宗法观念、家族思想极其浓厚,只知有家族,不知有阶级。湘赣边界地区"无论哪一县,封建的家族组织十分浓厚,多是一姓一个村子,或一姓几个村子,非有一个比较长的时间,村子内阶级分化不能完成,家族主义不能战胜。"④ 因此,尽管在中国的政治生活中出现过类似于政党的组织,但这类组织都未进入乡村社会,特别是农民中间。

1949 年中国共产党建立政权后,开展了大规模的社会主义改造运动,新生政权把宗族作为一个过时并阻碍社会发展的历史包袱来解除,传统的宗族组织作为封建制度的残渣余孽成为社会主义革命的打击对象。在这一过程中,共产党成功地以妇女解放的名义,推动了对中国传统家庭和家族社会的改造,加速了传统宗族社会的瓦解。

---

① 老鬼:《我的母亲杨沫》,长江文艺出版社 2005 年版,第 292—294 页。
② 鲍晓兰.:《西方女性主义研究评价》,生活·读书·新知三联书店 1995 年版,第 268 页。
③ 费正清、崔瑞德:《剑桥中华民国史》(下),中国社会科学出版社 1994 年版,第 306 页。
④ 毛泽东:《井冈山的斗争》,载《毛泽东选集》第 1 卷,人民出版社 1991 年版,第 69 页。

妇女不仅参加生产劳动，甚至参加代表会议的竞选，和男人一样对公共事务发表看法，彻底颠覆了中国社会几千年来"男主外、女主内"、"女人只能围着锅台转"的传统观念。家庭成员之间的关系逐渐向一种民主、平等的方向发展。

新婚姻法的颁布和土地改革运动，使农村妇女不仅获得了在两性关系中的自由选择权利，也和男人一样享有土地所有权和继承权，甚至姑娘出嫁、寡妇改嫁、妇女离婚都可以带走自己的一份土地，极大地撼动了农村宗族社会的根基。

1949 年后的集体化政策及人民公社运动，进一步动摇了封建家庭制度的社会基础，瓦解了乡村社会的传统秩序。可以说，对农村妇女的动员和改造，是党改造和重建乡村社会秩序的重要环节。

在广大的满怀报恩心态的妇女群体的追随与支持下，中共成功地把革命意志、阶级观念嵌入农民家庭，瓦解了乡村社会根深蒂固的家族血缘观念，推动封建宗法秩序的日益瓦解。几千年来处于"天高皇帝远"状态下的中国农民终于前所未有地直接置于党的政治影响之下，乡村社会与政治相隔绝的传统状态从此被打破。

随着宗族社会的瓦解，中国共产党史无前例地做到了"在乡村社会的最底层发展起中国历史上就其结构之致密而言前所未有的组织体系"。[①] 国家政权比以往任何时代都更有效地深入到乡村内部，农民被高度组织起来，纳入到行政化的制度之中。"只有在中国共产党取得政权之后，家庭改造才在基层社会更为深刻、更为广泛地推行，同时在社会其他层面也开始了由国家倡导的社会主义革命。"[②]

无论是在新民主主义革命时期，还是在社会主义建设时期，妇女解放运动始终是共产党所从事的争取民族独立和社会主义革命事业的组成部分，党对妇女解放的重视及推动，其目标指向从来都是与民族解放、

---

① 陈德军：《乡村社会中的革命》，上海大学出版社 2004 年版，第 157 页。

② 阎云翔：《私人生活的变革：一个中国村庄里的爱情、家庭与亲密关系（1949—1999）》，上海书店出版社 2006 年版，第 242 页。

国家富强有关的宏大主题，妇女的利益诉求被要求服从于这一目标。在高调的解放话语下，党成功地把妇女群体团结于自己周围，并使之成为国家重建过程中一支不容忽视的人力资源。

但是，国家在推动妇女解放的过程中，把妇女解放的目标完全服从于国家经济建设和政治斗争的需要，在一定程度上忽视甚至牺牲了妇女自身的利益和需求。对妇女解放的工具性利用，使人们在很长一段时期内没有认识到妇女解放的真正内涵与本质目标，阻碍了妇女解放的进一步发展。

在现代化的民主体制下，社会各个阶层都应该有自己的利益表达渠道，不同的团体组织代表不同的社会群体进行利益博弈，从而推动国家层面的法律建设和制度的完善。因此，妇女运动有必要保持适当的独立性，它首要的目标是应该积极争取和维护妇女群体的利益而不是牺牲妇女的权益。但是，在苏联模式的社会主义体制下，社会各个阶层的利益被高度同化于国家利益之下，不论妇女运动还是工会运动、青年运动的目标，都要与国家的政治目标高度重合。因此，没有国家政治经济制度的改革，中国妇女解放运动不会有大的突破。

第六章

改革开放：中国妇女解放事业的新起点

从人类的历史发展进程看，人的解放和妇女解放紧密相连。妇女的解放和发展依赖于人类的解放和发展，人类解放和发展影响和制约着妇女的解放和发展，是妇女解放和发展的前提和基础。"一个人的发展取决于和他直接或间接进行交往的其他一切人的发展……单个人的历史绝不能脱离他以前的或同时代的个人的历史，而且是由这种历史决定的。"①

人的解放和发展，是一个长期的历史进程，因为"'解放'是一种历史活动，不是思想活动，'解放'是由历史的关系、是由工业状况、商业状况、农业状况、交往状况促成的。"② 寓于人的解放之中的妇女解放，也必然要经历一个漫长的历史阶段。妇女的解放，除了要与男子一样摆脱不合理的社会制度和社会关系的束缚，还要摆脱"父权—夫权"的奴役。早在1927年毛泽东就曾指出，在当时的中国，男子"普遍要受三种有系统的权力的支配"，即政权、族权、神权的支配，"至于女子，除受上述三种权力的支配以外，还受男子的束缚"，③ 即父权的统治。连一个最受压迫的男人也可以压迫另一个人，这个人就是他的

---

① 马克思、恩格斯：《德意志意识形态》，载《马克思恩格斯全集》第3卷，人民出版社1960年版，第515页。

② 《马克思恩格斯选集》第1卷，人民出版社1995年版，第74—75页。

③ 毛泽东：《湖南农民运动考察报告》，载《毛泽东选集》第1卷，人民出版社1991年版，第31页。

妻子。因此，妇女解放是人的解放的最后群体，是反映社会进步程度的"晴雨表"。

新中国成立后，社会主义制度的建立推动中国妇女解放事业取得了重大进步，妇女的社会地位和生活水平都有了较大提高。但同时我们也应认识到，中国妇女的生存状况从来就没有脱离和超越于全体中国人民的生存状况：当国家的经济发展和工业化水平处于较低水平时，她们不得不忍受"双重负担"带来的压力；当国家的民主政治和人权事业停滞不前时，她们并不会比男性群体享有更多的权利与自由。这说明了中国人民的解放程度决定着中国妇女的解放程度，因此，中国妇女解放事业的进一步发展，依赖于全体中国人民的进一步解放和发展。

1978 年中共十一届三中全会的召开，标志着中国进入改革开放的新时期，中国妇女解放事业也进入一个新时代。

一 改革开放以来中国政治经济改革与社会变迁

改革开放就是去苏联模式的过程，即在经济上改变过度集中的计划经济体制，建立起社会主义市场经济体制；政治上推行社会主义民主政治建设，法治观念和人权观念日益增强；思想文化领域的开放导致人们的价值取向越来越多元化；国家与社会日益分离，人们拥有了更多私人空间和个人选择的机会……正是在改革开放的过程中，中国人民实现了政治上、思想上的进一步解放和经济上的进一步发展，同时也给中国妇女解放事业的进一步发展带来了前所未有的时代机遇。

（一）改革开放以来中国经济领域的变革

中国的经济改革首先是从农村启动：实行家庭联产承包责任制，结束人民公社体制，确立了以家庭承包经营为主、统分结合的双层经营体制的经营制度；统筹城乡经济社会发展，形成了逐步消除城乡二元经济结构的体制机制框架。

随着经济体制改革的进一步深入，社会主义市场经济体制逐渐建立并日益完善。以公有制为主体、多种所有制经济共同发展的基本经济制度的建立，推动了私营经济、中外合资合作经济、个体经济等多种所有制经济的出现。到 1991 年，全国城镇的个体工商户已经从 1978 年的 10万户发展到 1988 年的 600 多万户，而全国个体从业人员到 1990 年底已达 2092.8 万户。① 到 2011 年，全国已注册的私营企业达到 180612 个，资产总额达到 127749.86 亿元。"三资"企业 57216 个，资产总额161987.74 元。② 物质财富的分配开始按照市场的需求，而不再依赖于政府的安排。

市场经济的拓展也推动了社会利益的分化，改变了中国人传统的利益观。利益是人类生存、发展和享受的各种需求的综合，马克思恩格斯曾指出："每一个社会的经济关系首先作为利益表达出来。"③ 列宁也曾称利益是"人民生活中最敏感的神经。"④ 改革开放前的中国是一个均等化程度很高的社会，社会的利益格局表现出高度的整体性：个体的局部的利益必须要服从整体的、国家的利益。随着经济体制改革的深入，原来的一元化的利益格局逐渐被打破，社会利益分化日益明显，人们的利益要求也越来越多元化，并初步形成了在收入米源、社会地位、生活方式等方面有着明显差别的利益群体。甚至在女性内部也形成不同利益群体，她们各自存在不同的利益表达。比如在关于女性退休年龄的争议中，从事体力劳动的女性和从事教育和党政机关的妇女立场截然不同。⑤ 人们长期被压抑的利益意识开始觉醒，追求个体的或者局部的利益动机被社会承认并受到市场的尊重，很难再以统一的国家利益、集体

---

① 《中国青年报》1991 年 5 月 6 日。

② 国家统计局数据库：http：//219.235.129.58/reportYearQuery.do? id = 1500&r = 0.31628343613575527。

③ 《马克思恩格斯全集》第 2 卷，人民出版社 1972 年版，第 537 页。

④ 《列宁全集》第 16 卷，人民出版社 1988 年版，第 136 页。

⑤ 根据一份调查显示，52.5% 的女职工认为"男女同龄退休只保障高职位女性利益"，23.9%认为"完全不保障女性利益"，只有 13.0% 认为"完全可以"保障女性利益。参见广东省总工会课题《关于"男女同龄退休"问题的调查报告》，载于维普资讯。

利益来消弭不同群体间的利益冲突和利益诉求。

（二）改革开放以来中国政治领域的改革

经济体制改革的推进，尤其是市场经济的不断深入，对政治领域的改革提出了要求，党政不分、政企不分的传统体制已不能适应市场经济进一步发展。正如党的十三大报告所指出的："经济体制改革的展开和深入，对政治体制改革提出了愈益紧迫的要求。……不进行政治体制改革，经济体制改革不可能最终取得成功。"① 因此，改革开放以来，党和政府的领导方式都进行着重要转变。

一、中共执政方式的改革：打破党的一元化领导体制。

首先，1982 年宪法与中国共产党党章，都对中国共产党与国家的关系作了明确的约束，规定执政党必须在宪法和法律的范围内活动。中共中央强调要杜绝以党的名义发布法律性文件，还规定了党员在各级人民代表大会中的比例。

其次，党不再替代政府作为直接的行政管理机关。中共十三大政治报告把党政分开视为中国政治体制改革的关键，规定了实施党政分开的根本方向和步骤。

第三，干部选拔制度的改革。党的十三大强调完善党内选举制度，明确规定了党内选举提名程序和差额选举办法。十四大不断完善党内选举制度，1994 年中共中央印发了《中国共产党地方组织选举条例》，规定地方各级组织党内选举全部实行差额选举。

在 1979 年前，无论是选举人大代表还是地方国家机关领导干部，都是采取等额选举制度。1979 年后《选举法》规定，选举各级人大代表一律实行差额选举。《地方组织法》规定，选举各级地方国家机关的正职领导人员，其候选人一般应多一人，进行差额选举；如果提名的候

---

① 赵紫阳：《沿着有中国特色的社会主义道路前进——在中国共产党第十三次全国代表大会上的报告》，载《十一届三中全会以来党的历次全国代表中央全会重要文件选编》（上），中央文献传版社 1997 年版，第 469—470 页。

选人只有一人，也可等额选举。副职领导人员和人大常委会其他组成人员则应按照规定的差额数进行差额选举。进入 20 世纪 80 年代后，中国的干部人事制度的改革进一步深化，逐渐从任命制向选聘制和民主选举制转变。

二、政府职能的转变。改革开放以来，我国政府职能转变也迈出重要步伐，政府职能逐步由全能政府转为有限政府，由管制政府转为服务政府。

改革开放前，与高度集中的计划经济相适应，中国政府具有典型的全能政府的特征，从个人的婚姻到企业的经营，都离不开无所不能的政府。政府既要对社会与个人进行严格的管理，又要对企业的经营进行直接干预。

进入 80 年代后，经济体制改革的逐步深入，对政府职能的转变提出了要求。经过 1982 年、1988 年、1993 年、1998 年等历次政府机构改革之后，政府职能界限日趋明确。下放权力，政企分开，只要是市场机制能够自行调节的问题，只要是社会和公民能够自行解决的问题，政府不再插手。1989 年《行政诉讼法》表明政府如果滥用权力，可被起诉。

（三）改革开放以来中国社会领域的变迁

随着改革开放的深入，中国社会领域发生的最显著的变化便是国家与社会适当分离，公民社会逐步开始成长。所谓的公民社会指的是"相对独立于政治国家的民间公共领域"。① 在我国现代意义上的公民社会产生于清末民初，但其发展历程十分曲折。新中国成立后，在经济上实行公有制和计划经济，政治上实行党的一元化领导和中央集权体制，除了党和国家一体化外，国家与社会也高度一体化。强大的国家权力渗透进社会的每一个角落，社会缺乏独立性，成为国家的附属物，不存在一个相对独立的公民社会。

---

① 俞可平：《思想解放与政治进步》，社会科学文献出版社 2008 年版，第 84 页。

　　进入20世纪80年代后，随着中国民主政治建设和法制建设的进行，在市场化经济改革和分权化的行政改革过程中，国家逐渐退出了社会生活的某些领域，各种社会组织获得较多的自由活动空间，享有较大的自主权，中国公民社会得以恢复和成长。中共十七大首次提出要把加强公民意识教育、深化民主政治理念作为执政党的重要任务，这在中国民主政治发展史上具有里程碑的意义。

　　公民社会形成的一个主要标志便是各种社团组织获得迅猛发展，1989年10月5日国务院发布了《社会团体登记管理条例》，到2004年，民政部门统计的全国社团组织达到289432个。[①] 社团组织的兴起，有利于形成一个与国家相对分离的公民社会。

　　公民社会发展的另一重要标志是人权事业的新发展。妇女人权是人权运动的重要内容之一。1993年维也纳世界人权大会通过的《维也纳宣言和行动纲领》第一次写入"妇女人权"的概念，《纲领》指出"妇女和女童的人权是普遍人权当中不可剥夺和不可分割的一个组成部分。"明确了妇女人权在人权中的地位和作用，1995年第四次世界妇女大会提出"妇女权利就是人权"的口号。可见，在一个国家中妇女权益的维护离不开这个国家人权事业的发展。

　　中国自上世纪50年代末以后，因"左"倾思想影响，认为人权概念是以资产阶级抽象人权论为基础，事实上不存在超阶级、超国界的抽象的"人"和"人权"，因而认为"人权"是资产阶级的专利品，将人权理论视为"资产阶级毒草"进行批判。在这种思想指导下，从五四宪法到八二宪法，人权概念均被公民的基本权利和义务取代。1991年中国政府发表《中国人权状况》，这是中国第一次向世界公布的以人权为主体的官方文件，首次明确了"生存权是中国人民的首要人权"的基本观点。党的十五大报告首次写入"尊重和保障人权"，十六大再次确认"尊重和保障人权"是新世纪新阶段党和国家发展的重要目标。

_____

[①]　中华人民共和国民政部编：《中国民政统计年鉴2005》，中国统计出版社2005年版。

2004 年第十届全国人民代表大会第二次会议通过的宪法修正案,把
"国家尊重和保障人权"载入了中华人民共和国宪法,标志着尊重和保
障人权由党和政府的主张上升为宪法原则,由党和政府执政行政的理念
和价值上升为国家建设的理念和价值,这是中国人权发展的一个重要里
程碑,也为中国妇女人权事业的推进提供了前所未有的时代机遇。

　　1978 年以来中国在政治、经济与社会领域发生的这些变化,为中
国妇女的进一步解放与发展提供了一个崭新的时代环境。市场经济虽然
在一定程度上解构了计划经济时代制造的妇女解放的神话,但又为妇女
解放与发展铺垫了更为坚固的基石。

二　改革开放为中国妇女运动带来的机遇及挑战

　　改革开放以来,中国人民在政治、经济和思想文化领域都经历了一
场重大的变革,这场变革在改变中国人民的命运的同时,也改变着中国
妇女的命运,为中国妇女的进一步解放与发展提供了重要的历史机遇;
但政府职能的转换、社会主义市场经济体制的建立,也对妇女的就业、
参政以及生存状况带来前所未有的冲击。

(一)　改革开放以来中国妇女解放面临的新机遇

　　一、社会主义市场经济体制的建立为妇女解放与发展奠定丰厚的物
质基础。

　　马克思毫不讳言物质进步对个性解放的重要性:"资本作为孜孜不
倦地追求财富的一般形式的欲望,驱使劳动超过自己自然需要的界限,
来为发展丰富的个性创造物质要素。"[①] 美国未来学家约翰·奈斯比特
也指出:"在狩猎和农耕时代是谈不上妇女解放的,因为女性无法在这
样的社会经济中担当主要角色,只有在信息产业和服务业高度发达的社

---

　　① 《马克思恩格斯全集》第 46 卷(下册),人民出版社 1980 年版,第 477 页。

会，才会为妇女大规模就业和在工作中施展才干提供可能。"① 可见，妇女的解放不仅需要必要的物质基础，也需要工业化的实现，这都离不开社会生产力的发展。只有发展社会生产力，才能为社会主义精神文明建设提供雄厚的物质基础，才能为有效地实现男女平等和妇女全面发展创造良好的物质条件。

改革开放以来中国在经济领域的最重要的成果就是社会主义市场经济的逐步建立和日益完善，为中国妇女的经济参与提供了一个与计划经济体制完全不同的经济环境。以公有制为主体、多种所有制经济共同发展的基本经济制度的建立，推动了多种所有制经济的出现，为广大妇女带来新的发展空间和更多的发展机遇。截止到 2010 年底，在私营企业、外资企业从业的女职工分别达到女职工总数的 36.4% 和 46.8%。多种形式的就业方式推动了妇女就业率的提高，至 2010 年，全国城镇单位女性就业人员达到 4862 万人，占职工总数的 37.3%。越来越多的妇女在经济参与的过程中实现了经济独立，为男女平等的实现奠定了更加丰厚的物质基础，并成为推动国民经济发展的不可或缺的重要力量。

市场经济也推动中国妇女就业结构的调整与改善。在社会主义市场经济建立前，妇女就业主要集中在第一产业和第二产业。1990 年的调查数字显示，从事于农林牧渔行业的妇女占妇女从业总数的 76%，在工业领域从业的妇女占 13%。② 单一的就业模式，导致女性在就业上失去自由选择的机会，也在一定程度上限制了妇女的个性发展。随着工业化、信息化、城镇化、市场化、国际化的深入发展，妇女就业领域不断拓宽：除了化工、纺织等传统行业，在商业、金融、邮电、保险、旅游、社区服务等第三产业中，女职工成为举足轻重的力量；从事教育和科技领域的女性比例也在不断增加，在全国具有高级职务的专业技术人

---

① 约翰·奈斯比特：《90 年代世界发展十大趋势》，何茂春译，中国经济出版社 1991 年版，第 215 页。

② 国家统计局社会与科技统计司编：《中国社会中的女人和男人——事实与数据（1995）》，中国统计出版社年版，第 50 页。

员中，女性达到 1269.4 万人，占总数的 45.1%，① 就业结构的调整在农村妇女身上表现得尤为突出。随着城乡壁垒被打破，大量农村妇女得到进城打工的机会，截止到 2012 年，进城务工的女农民工占到女职工总数的 42.7%。乡镇企业的发展更是帮助她们脱离贫困。

表1   1982 年—2000 年女工基本情况

年份	女工人数（万人）	占女性在业人口的比重（%）	占全体工人的比重（%）
1982	2953.2	12.96	35.42
1987	3435.3	13.20	35.78
1990	3501.0	12.03	35.68
1995	3506.7	10.98	34.82
2000	3724.8	11.67	33.43

资料来源：1982 年、1990 年和 2000 年为全国人口普查资料，1987 年、1995 年 1% 为人口抽查资料。

表2   1982—2000 年各类职业女性人口变化

职 业	人数（万人）			增长率（%）
	1982 年	2000 年	增加数	
负责人	84.4	196.7	112.3	133.1
专业人员	1012.6	2076.9	1064.4	105.1
办事员	166.1	659.7	493.6	297.1
商业服务人员	983.2	3229.5	2246.2	228.5
农民	17565.8	22015.5	4449.7	25.3
工人	2953.2	3724.8	771.6	26.1
其他不便分类的职业	19.1	16.9	-2.2	-11.7
合计	22784.4	31920.0	9135.6	40.1

资料来源：1982 年、1990 年和 2000 年为全国人口普查资料，1987 年、1995 年 1% 为人口抽查资料。

---

① 国家统计局社会和科技统计司编：《中国妇女儿童状况统计资料 2011》。

从上面两张表中可以看出，从 1982 到 2000 年间，尽管女工数量增加了，但女工占女性从业人口的比重从 12.96% 下降到 11.67%，女工占全体工人的比重从 35.42% 下降到 33.43%。商业、服务业吸纳越来越多的女性从业。

市场经济所倡导的平等、竞争精神在一定程度上塑造着投身其中的女性的精神风貌。她们不再一味等待政府的照顾与安排，而是通过自身的努力争取工作机会和发展的机会，许多既有独立精神又懂市场经营的现代女性脱颖而出，她们有的成为公司高管，有的成为企业老总……在这些女性身上，焕发着崭新的时代气息。

二、社会主义民主政治建设与妇女权利意识的觉醒

民主政治与妇女解放之间存在着密切联系。早在 1919 年 10 月，李大钊在《妇女解放与 Democracy》一文中曾指出："妇女解放与 Democracy 很有关系，有了妇女解放，真正的 Democracy 才能实现，没有妇女解放的 Democracy，断不是真正的 Democracy。我们若是要求真正的 Democracy，必须要求妇女解放。"李大钊认识到了欧美资本主义国家民主观念的缺陷，即所谓的民主，是以男子为本位的，广大妇女却被排斥在民主权利之外。他进而指出了妇女享有民主权利对人民民主的重要性，"人民这个名辞，绝不是男子所得独占的，那半数的妇女一定包含在内。那真正的 Democracy 不是男子所行的民权民主的政治，乃是人民全体所行的民权民主的政治。这里所谓的人民全体，就是包含男女两性在内。"① 可见，妇女解放离不开社会主义民主政治建设，在社会主义民主政治建设过程中必须要真正落实和维护广大妇女的民主权益。社会主义民主和法制建设的不断推进和完善，推动妇女组织的转型，并为妇女权益的保护提供更加多元化的渠道和法律保障。

公民社会与女性自我意识的觉醒 妇女解放与发展的主体力量是妇女，列宁曾经说过："工人的解放应当是工人自己的事情，同样女工的

---

① 《妇女解放与 Democracy》，载《少年中国》1 卷 4 期 "妇女号"，1919 年 10 月。

解放也应当是女工自己的事情。"① 但是在"苏联模式"社会主义体制下,中国政府长期以来是把妇女解放视为政府的责任,过度强化了国家在推动妇女解放事业上的作用,却有意无意地忽视了妇女自身的努力和意愿。妇女群体主体意识的缺乏使中国妇女解放的成就主要表现为物质层面的提高。

中国妇女运动的进一步发展,必须要发挥妇女们在追求自身解放过程中的自主性和能动精神,这离不开公民社会的建设和公民意识的提高。市场经济所奉行的独立、平等、自由、参与等观念逐渐渗透进社会的政治和文化领域,并在潜移默化之中改造着社会的意识形态,影响着个人的观念和行为。个体自主性得以彰显,社会自主性得以充分展开。改革开放以来,中国社会各个领域的变革对妇女群体形成的重要冲击,便是推动了她们自我意识和主体意识的萌发。从精英女性到基层妇女,都在追求自身解放与发展过程中展示出积极主动的精神。

第三期妇女地位调查显示:有11.2%的女性参加过各级管理和决策,54.1%的女性至少有过一种民主监督行为,18.3%的女性主动给所在单位、社区和村提过建议。随着基层民主的推进,尤其是村民自治的完善,大量基层妇女,尤其是农村妇女权利意识开始觉醒。不论是自身土地权益受损还是面临家庭暴力,越来越多的女性开始懂得诉之法律,维护自身权益。还有越来越多的基层妇女积极参与村民代表大会的选举,试图通过扩大村民代表大会中的女性比例使村民大会通过的村规民约有利于女性权益的维护。调查显示,有83.6%的农村妇女参与了村委会选举,投票时能够"尽力了解候选人情况"、认真投票的占70.4%。②

除此之外,一些精英女性积极投身于社会实践中,推动妇女权益的

---

① 列宁:《论苏维埃共和国女工运动的任务》,载《列宁全集》第37卷,人民出版社1986年版,第193页。

② 第三期中国妇女社会地位调查课题组:《第三期中国妇女社会地位调查主要数据报告》,《妇女研究论丛》2011年第6期。

维护、帮助妇女就业和脱贫、关注家庭暴力等等，在她们的努力下，一些妇女 NGO 组织应运而生，成为中国公民社会成长进程中的标志性事件。

妇联组织职能的改变：从"动员组织"到"妇女维权"。 作为中国共产党领导下的群众组织，中国的妇联组织的作用是双重的，一方面，作为党和政府联系妇女群众的桥梁和纽带，妇联组织的工作和活动要配合党和政府的工作；另一方面，由于妇联组织是妇女利益的代表，因此，维护妇女权益，促进男女平等也是妇联工作的重要内容之一。改革开放前，妇联组织扮演的角色更多是帮助党和政府进行妇女宣传、动员和组织工作，维护妇女权益的职能并没有受到足够重视。进入 20 世纪 80 年代，中国共产党执政方式的转变为妇女组织独立自主地开展工作提供了相对宽松的自由空间，妇联组织在维护妇女权益方面的角色定位日益清晰。

1982 年党的十二大报告指出："妇联应当成为代表妇女利益，保护和教育妇女，保护和教育儿童的群众团体。"1983 年党中央书记处明确今后妇女工作的方针是："坚决维护妇女儿童的合法权益，抚养、培养、教育儿童少年健康成长，充分发挥妇女在建设社会主义物质文明和精神文明中的重大作用。"1988 年全国妇联第六次全国代表大会在其章程中首次明确妇联的职责是要"代表和维护妇女权益，促进男女平等"，也是在这一届的章程里，顺应党政分开的改革要求，将妇联定位从"党联系妇女群众的纽带"转变为"党和政府联系妇女群众的桥梁和纽带"，增补了妇联与政府的关系描述。

妇女非政府组织的发展。 市场经济推动着社会上不同利益群体的形成，社会成员利益需求的多元化，需要多元化的利益表达渠道，客观上为非政府组织的存在提出了需求。1995 年联合国世界妇女大会的召开对中国公民社会和社会团体的发展具有非常大的影响，从此，"非政府组织"这一概念开始被中国政府接受并在获得较大的活动和生存空间。1998 年，国务院把原民政部的社会团体管理局正式改名为民间组织管理局。中共十七大后，国家开始重视非政府组织的发展，提出了要健全党的领导、政府负责、社会协同、公众参与的社会管理格局，截止到2010年底，在民政部登记和备案的基层群众自治组织68万多个。[①]民间社会组织的涌现，是社会自治发展、政府职能转换、公民意识觉醒的表现。这为妇女组织的进一步发展拓展了空间。与改革开放前相比，妇女组织在迅速增长的同时，组织类型也有了很大发展。除了国家、人大、政府建立了专门的妇女组织机构，如全国政协妇女青年委员会、国务院妇女儿童工作委员会等之外，大量的新型非政府妇女组织和妇女机构也风起云涌，包括民政注册的妇女社团组织、工商注册的非营利妇女组织、非正式的妇女组织等，如北京红枫妇女心理咨询服务中心、北京农家女文化发展中心、河南社区教育研究中心等等。据全国妇联统计，截止到2011年，各级各类妇女组织已发展到1万多个。这些妇女组织的出现，适应了社会利益格局调整、妇女需求多样化的需要，在帮助妇女脱贫、为基层劳动妇女提供专业咨询和技能培训等方面发挥出了重要作用。中国妇女NGO组织的涌现成为中国公民社会成长历程中的重要内容。

值得注意的是，历来被视为国家机构组成部分的中国官方妇联组织，也在将"非政府化"作为定位目标。1994年2月，中国政府在《贯彻执行〈内罗毕战略〉的报告》中正式宣布："全国妇联组织是中国最大的提高妇女地位的非政府组织。"全国妇联在此后参加有关妇女的国家活动时，也以非政府组织自称。在第四次世界妇女大会中国组委会办公厅编写的《有关问题参考资料》中，中国政府在此明确了妇联组织的非政府组织的身份。当然，妇联的办公经费仍需财政划拨、人员聘用仍根据国家的公务员制度的情况下，"非政府组织"这一概念运用于中国的妇联组织是一件很容易引发争议的事情，但起码说明了，在今

---

① 民政部2010年社会服务发展统计报告，中华人民共和国民政部网站，http：//www. mca. gov. cn/article/zxgx/201106/20110600161366. shtml？2。

天的中国，非政府组织终于获得了生存空间，不再是"反政府"的同义词。

妇女个性自由的发展　"被束缚的个性如得不到解放，就没有民主主义，也没有社会主义。"[①] 但在苏联模式社会主义制度下，国家与社会高度一体化，社会生活也被高度政治化，每个社会成员的行为方式、价值选择甚至情感体验都要被呈现于公共权力的关注之下并要保持高度一致性。

改革开放以来，国家权力日益与社会分离，公民有了更多个人空间和个人选择的自由。时代的改变体现在妇女身上就是女性服饰与发型的多元化选择。从直发、短发到卷发、长发，从列宁装到连衣裙，从灰黑蓝色一统天下到红、黄、绿的五彩缤纷，女性终于可以完全根据个人喜好而非国家的政治需要来决定自己的服饰风格及发型。

个人选择的自由同样体现在女性对待婚姻的态度。中国人对待婚姻与恋爱的态度一度被高度政治化，政治条件成为妇女选择婚姻对象的首要因素。改革开放后，中国人的个人生活日益"去政治化"，价值选择趋于多元化、个性化，这突出表现在人们择偶观念的转变。北京市婚姻家庭研究会 1989 年底对北京市区进行的婚姻观念的调查显示，北京人择偶标准中第一重要因素的排列顺序是：性格好占 24.0%；志趣相投占 11.4%；能体贴人占 8.5%；忠诚占 8.3%；有上进心占 7.4%；门当户对占 8.3%；家庭经济条件好占 6%。从这一份调查结果中可以看出，随着价值观念的多元化，政治条件已经不再成为女性择偶的决定因素。这些改变不仅仅是女性的形象和观念的改变，也是中国人的政治和中国人的思想的转变，它代表了更多的个性自由和思想解放。这种改变，已经超越了个人生活层面的选择，而是标志着整个国家、整个民族进入了一个新的时期。

---

① 《毛泽东书信选集》，人民出版社 1983 年版，第 239 页。

(二) 改革开放以来中国妇女运动面临的挑战

改革开放实现了中国从高度集中的计划经济体制到充满活力的社会主义市场经济体制、从封闭半封闭到全方位开放的伟大历史转折。新老体制的转换、新旧观念的碰撞在给国家的发展带来巨大活力的同时，也为社会生活带来许多的矛盾和问题，它们以不同的方式反映在妇女解放和发展的问题上。

一、就业市场的性别歧视日益加重，"妇女回家论"一度盛行。在计划经济体制下，政府承担了社会保障和家庭福利的成本，企业对女职工的歧视现象并不严重。政府对企业的干预保证了男女同工同酬的落实，这一度被视为社会主义制度给中国妇女解放带来的重大成果之一。随着市场机制取代政府干预成为资源配置的主导，中国妇女无论在就业还是收入分配上的优势都受到了严峻挑战。

市场经济条件下，政府将其所承担的社会服务功能转向了市场，结果导致企业因需要独力承担女职工的生育成本而拒收女员工。甚至女大学生，也被视为潜在的生育者和家庭照顾者受到市场机制的排斥。在政企分开的条件下，政府已无法再干预企业的用工，导致就业市场的性别歧视现象越来越严重。据全国总工会的调查，在1993年的失业和下岗人群中，女工占60%。[①]

表3　　　　1984—1993年城镇待业（失业）女青年人数及比例

年份	待业女青年（万人）	占待业青年（%）	年份	待业女青年（万人）	占待业青年（%）
1984	120.7	61.6	1988	145.2	59.2
1985	118.6	60.2	1989	183.7	59.4
1986	128.8	61.5	1990	181.4	58.0
1987	139.8	59.5	1993	192.5	58.0

资料来源：《中国妇女统计资料（1949—1989）》，《中国劳动统计年鉴》（1990、1991、1994），中国统计出版社。

---

① 常凯：《公有制企业中女职工的失业及再就业问题的调查与研究》，载《社会学研究》1995年第3期。

从职业分布上看，女性失业群体主要集中于工人阶层。

表4　　　　　　　　　　2000 年失业人口失业前的职业分布

职　　业	失业率（%）		失业人口分布（%）	
	男	女	男	女
负责人	0.98	1.11	1.47	0.39
专业人员	1.88	2.86	5.66	10.80
办事员	2.34	3.26	5.56	3.92
商业服务人员	4.33	5.29	22.28	31.81
农民	0.09	0.06	3.34	2.51
工人	5.13	7.09	61.09	50.13
其他不便分类的职业	11.69	13.02	0.60	0.45
全部/合计	1.68	1.75	100.00	100.00

资料来源：1982 年、1990 年和 2000 年为全国人口普查资料，1987 年、1995 年 1% 为人口抽查资料。

从上表中可以看出，在市场经济的冲击中，工人成为失业率最高的职业，其中女职工的失业率又比男职工高出近 2 个百分点。这个阶层的女性一旦失业，面临的不仅仅是再就业的困难，更是生活水平的贫困化。

男女间的收入差距不断拉大。在计划经济体制下，男女同工同酬曾被视为社会主义制度的优越性和中国妇女解放的伟大成就广为宣传。随着我国走上了社会主义市场经济道路，收入分配从行政调节转变为市场调节，市场机制下男女"同工同酬"原则在许多企业中得不到有效贯彻，男女工资收入逐渐拉大。在产业结构调整的过程中，许多原先从事纺织、机械等传统行业的女工在企业转制的过程中被迫下岗，她们中的大多数人由于年龄和技能的原因导致再就业困难，生活水平下降。妇女成为贫困人口的主要构成群体。第三期妇女社会地位调查显示：在城乡低收入人群中，女性分别占 59.8% 和 65.7%，比男性高 19.6 和 31.4 个百分点。

随着就业市场压力的增大和就业形式越来越灵活多样的趋势，关于"妇女回家"和"阶段性就业"的提法就开始浮现于社会上，有学者几次提出要"让生育妇女回家"，专门从事家务劳动和抚养孩童，以便为男性就业提供更多岗位。

第三期妇女地位调查结果显示，有 61.6% 的男性和 54.8% 的女性认同"男人应该以社会为主，女人应该以家庭为主"的观点，与 2000 年相比，男女两性分别提高了 7.7 和 4.4 个百分点。有 44.4% 人认同"干得好不如嫁得好"。这表明在当前，"男主外女主内"的传统观念不仅没有得到有效遏制，反而得到了更多人的认同。

二、妇女参政面临的挑战　衡量一个国家妇女地位的重要标志之一便是女性在国家议会和政府机构中所占的比例。中国政府在妇女参政问题上一直有倾斜性照顾政策，保证了中国妇女较高的参政率，甚至超过了一些西方发达国家的妇女参政率。但是，这种政策也掩盖了中国妇女真实的参政水平。随着 20 世纪 80 年代政治体制改革的推进，干部选拔制度进行重大改革，从干部委任制转向差额选举制和公开聘任制，松动了原有的性别保障规定，相当一部分妇女干部在国家各级政府的换届差额选举中纷纷落马。在失去国家的特殊比例保护政策后，中国妇女真实的参政水平显现出来。

1987 年的第十三届、1997 年的第十五届女中央委员仅有 10 人和 8 人，只有第十届 20 人的一半和不到一半；第十六届中央委员会女性占 2.5%，比上一届下降 1.6 个百分点。中国妇女参政比例在国际社会的排名，由 1994 年的第 12 位下降到 2002 年的第 28 位。[①]

在 1982 年中国各级领导干部中，妇女领导干部占到 10.4%，1983 年全国机构改革，妇女在领导层中的比例大幅度下降。在一度以重视女干部的培养和使用闻名的河南省偃师县，女干部占干部总数的 16.5%。1988 年 4 月偃师县县乡两级换届选举中，8 名女性候选人全部落选。新

---

① 颜烨：《我国女性人口的社会成绩分析》，载《统计研究》2002 年第 1 期。

当选的 17 个乡镇的 50 多位正副乡镇长中，一位女性也没有。主要原因据说是：不少代表说，这次选举可没说非得选女的。①

1998 年后，在全国启动了农村村委会直接民主选举，结果导致农村女村委员在村委会中的比例直线下跌。据统计，广西 14822 个村委会，1998 年 6067 个村有女干部，1999 年村委会干部直选后，只有 1/3 的女干部留了下来。山东省 1999 年对 3 个市区的试点镇换届选举情况进行的调查显示，妇女进村委会的比例由换届前的 68% 降至 21%。②

表 5　　　　　　　　　中国妇女参政比例在世界中的排名

年份	1993	1994	1999	2000	2002	2003	2005
排名数	10	12	20	24	28	38	42

资料来源：中国妇女网。

这一现象也出现在巨变之后的东欧和前苏联。在罗马尼亚 1990 年议会选举中，女性议员的比例从约占三分之一，跌到仅占 3.5%；在捷克和斯洛伐克，相应的下降是从 29.5% 到 6%；在保加利亚从 21% 降至 8.5%；在匈牙利从 20.9% 降至 7%；在前民主德国从 32.2% 降至 20.5%；在波兰 1991 年选举之后，议会 460 名当中仅剩 44 位女性。此次选举后组成的政府还解除了仅有的两位在任女部长及大批女副部长的职务。③ 这些前社会主义国家大都对女性从政比例实行过人为的比例规定，这种比例规定的做法实际上掩盖了妇女真实的参政能力。因此，一旦这种做法结束，让妇女们遵循正常的竞争原则参与竞选，她们参政的实际能力就会暴露出来。

三、农村妇女生存状况下降，权益得不到保护。1949 年后中国农村推行的土地集体化政策和人民公社制度，对农村妇女的命运改变最

---

① 马俊民等：《陵谷之间》，载 1988 年 1 月 11 日《中国妇女报》。
② 王金玲主编：《中国妇女发展报告》，社会科学文献出版社 2006 年版，第 245 页。
③ 李银河：《女性权力的崛起》，文化艺术出版社 2003 年版，第 24—25 页。

大。她们得以摆脱家庭父权制的束缚，和男性同等地成为"集体人"和"国家人"。强大的政府力量是对家庭父权制的有力制约。中国经济体制改革首先是从推动农村家庭联产承包责任制入手，伴随以城乡二元体制逐渐松动。农村社会的结构变迁对农村妇女的影响是双重的。

首先，她们的就业不再局限于繁重的田间劳动，而是日益多元化。乡镇企业、城市家政行业以及其他的企业为她们提供了更加丰富的职业选择和改善命运的机遇。根据中国社科院农村发展研究所的调查，1978—1988 年的 10 年间，共有 1.3 亿劳动力从农业中转移出来，其中妇女有 3300 万左右，占总数的 25%。[①] 进城打工的经历使她们走出农村社会的封闭环境，丰富了阅历、增长了见识。但是，她们在进城打工的过程中，从事的大多是一些劳动密集型的低端行业，生产环境恶劣，身体健康受到严重损害。与城市女职工相比，她们得不到相应的劳动保护和养老、医疗、生育保险一类的福利待遇，成为企业的廉价工具。恶劣的工作环境和巨大的生活压力迫使许多进城务工女性被迫走上卖淫为生的道路。

随着政府对社会控制的减弱，家庭承包制的推行，农村社会父权制文化重新抬头，农村妇女的土地权、受教育权受到损害的现象十分严重。土地承包制是以户为单位推行的，按照农村的传统，户主一般为父亲或者丈夫。在以家庭为单位进行的生产劳动中，男性居于主导地位，妇女不得不重新依附于父亲或者丈夫。土地家庭承包制的推行，大大强化了农村的家庭父权制。同时，随着城市化进程的加快，土地资源的紧张，农村妇女土地权益受损现象十分严重。出于"重男轻女"的观念以及农民自身的利益考虑，许多村规民约都严格限制对出嫁女、离婚返村女的土地分配。许多农村女性因出嫁、招婿或离婚丧偶而失去村民资格，被剥夺平等参与土地、宅基地、集体资源和福利分配的权利。

---

① 刘晓玲：《新的社会分化——高小贤谈农村女性化趋势》（上），载 1993 年 12 月 3 日《中国妇女报》。

出于经济利益的考虑和重男轻女传统思想的影响，农村社会拐卖妇女、丢弃女婴、女童辍学现象十分严重。尽管女性总体受教育水平有了较大提高，但农村妇女的受教育水平仍然偏低，与男性相比差距较大。第二期中国妇女社会地位调查报告显示：农村女性文化程度为初中以上的比例是 42.3%，比男性低 20.8 个百分点；女性文盲率为 13.6%，比男性高 9.6 个百分点。

市场经济对中国女性生存状况所带来的负面影响打破了计划经济时代新中国妇女解放的神话，导致许多人得出"改革开放后中国妇女地位下降、妇女解放倒退"的结论。这种认识其实并没有看到问题的实质。

计划经济时代建构起来的妇女解放的话语，本来就存在一定程度的"建构性表达"的成分。在政府推动和倾斜性照顾下，中国妇女引以为豪的就业和参政比例代表的仅仅是政府的业绩，而不是妇女自己的努力和真实的水平。因此，一旦失去政府的推动和照顾，中国妇女解放的真实的一面就暴露了出来。可见，改革开放以来中国妇女在就业和参政方面的倒退只是将中国妇女解放真实的一面展示出来而已。这迫使我们不得不思考，在推进市场经济和民主政治的过程中，如何推动中国妇女的进一步解放与发展？

改革开放以来政府角色的缺位给妇女发展带来的不利影响也引起了中国官方的重视。以第四次世界妇女大会在中国召开为契机，中国的妇女运动进入新的阶段，政府角色重新得到确认。1995 年 9 月 4 日，江泽民在联合国第四次世界妇女大会欢迎仪式上发表讲话，阐明了新时期中国政府在妇女问题上的一系列重要主张，并明确宣布："我们十分重视妇女的进步与发展，把男女平等作为促进我国社会发展的一项基本国策。"① 男女平等作为基本国策得到国家更充分的认定和承诺。自此，中国政府开始通过一系列的国家机制建设和法律建设推动妇女的就业、

① 《第四次世界妇女大会重要文献汇编》，中国妇女出版社 1998 年版，第 19 页。

参政和权益保障。

一、建立和完善促进性别平等和妇女发展的国家机制

1. 成立了以政府职能部门为主要成员的国务院妇女儿童工作委员会。1990年2月22日。国务院妇女儿童工作协调委员会正式成立。它是国务院负责妇女儿童工作的协调议事机构。1993年8月4日，该委员会更名为国务院妇女儿童工作委员会。至2008年，该机构发展到33个成员（部委和社会团体）单位。其主任先后由国务院副总理和国务委员兼任。到2005年8月，全国31个省（区、市）、地（市）、县（区）地方人民政府均成立了妇女儿童工作委员会，形成了纵向贯通各级政府组织、横向协调有关政府部门的妇女儿童工作网络，各级政府推动性别平等和促进妇女发展的主体地位、主导作用得到了充分体现。

2. 颁布中国妇女发展纲要和中国儿童发展纲要，把妇女发展的目标、任务纳入到国家经济社会发展的总体规划。1995年8月7日，国务院颁布了《中国妇女发展纲要（1995—2000年)》，这是中国第一个直接关注妇女儿童生存、保护、发展状况的政府专项规划。2001年5月22日，国务院颁布了《中国妇女儿童发展纲要（2001—2010年)》。与此相关，国务院妇女儿童工作委员会和地方各级妇女儿童委员会，都设立了实施《中国妇女发展纲要》和地方妇女发展规划的监测评估领导小组，下设统计监测组合专家评估组，开展对《中国妇女发展纲要》和地方妇女发展规划实施情况的年度检测及阶段性评估，分析性别差异，提出对策建议。

2011年8月，与刚刚通过的"十一五"规划纲要相匹配，国务院发布了《中国妇女发展纲要（2011—2020年)》，为保障妇女在国家政治、经济、文化、社会和家庭生活中的平等地位及各项权利，促进妇女事业与经济社会同步发展提供了行动指南和政策保障。

二、形成了一整套保护妇女权益和促进男女平等的法律体系

随着社会主义法制建设的推进，针对女性权益保障的立法不断完善。自1995年以来，我国相继制定和修订了100余件涉及妇女权益保

障的法规和规章，形成了以宪法为基础，以妇女权益保障法为主体，包括国家各种单行法律法规、地方性法规和政府各部门行政法规在内的一整套保护妇女权益和促进男女平等的法律体系。其中，1992 年 4 月 3 日，七届全国人大五次会议通过的《中华人民共和国妇女权益保障法》，是我国第一部全面的、综合的专门保障妇女权益的法律，也是世界上第一部由国家制定的保障妇女权益的专门大法。

1982 年 12 月 4 日，由五届全国人大五次会议颁布并经过多次修改的《中华人民共和国宪法》，和 1979 年 7 月 1 日，由第五届全国人大二次会议通过，在 1982 年、1986 年、1995 年、2004 年、2010 年先后五次修改的《中华人民共和国全国人民代表大会和地方各级人民代表大会选举法》（以下简称《选举法》）中，都清楚地阐述了妇女参政的条件：凡满 18 岁的公民，不分民族、种族、性别、职业、社会出身、宗教信仰、教育程度、财产状况，都有选举权和被选举权。其中 2010 年 3 月 14 日，第十一届全国人民代表大会第三次会议通过的全国人民代表大会关于修改《中华人民共和国全国人民代表大会和地方各级人民代表大会选举法》的决定，将《选举法》原第六条第一款修改为："全国人民代表大会和地方各级人民代表大会的代表应具有广泛的代表性，应当有适当数量的基层代表，特别是工人农民和知识分子代表；应当有适当数量的妇女代表，并逐步提高妇女代表的比例。"这是国家为保证妇女的参政权利而采取的重要做法。

政府干预的效果是推动了中国妇女参政议政情况的好转。第十一届全国人民代表大会代表中的妇女代表比例为 21.3%，全国政协第十一届女委员占委员总数的比例为 17.7%。2008 年，国家领导人中有 8 位女性，有 230 多位女性任部级领导，全国公务员中的女性比例占 40%以上。在基层社区居委会和村委会委员中，女性已经分别占到 48.2%和 21.7%。全国女干部和女党员的数量不断增长，比例分别达到 39%和 20.4%。

但是，政府主导色彩的加重也引发另一种忧虑：这是否再一次将中国妇女的解放与发展依赖于政府而不是妇女自身的努力？在妇女解放的道路上，应如何做到既发挥政府的主导作用，同时又充分发挥出妇女在追求自身发展道路上的 主体性和主动性？在这一方面，有必要借鉴北欧国家妇女运动的经验。

三　北欧妇女运动的成就与启示

北欧国家（挪威、瑞典、丹麦、芬兰、冰岛）的妇女享有较高的社会地位，不论妇女参政、就业还是享受的社会福利，其成就不仅领先于西方国家，也令世界瞩目。北欧国家的妇女运动所取得的成就，既是强大的工人运动的结果，也离不开女权主义运动的推动；既不能忽视政府发挥的作用，更离不开广大妇女群体的积极主动地争取。分析北欧国家妇女运动的经验，将会对社会主义国家的妇女运动的发展带来一些重要启示。

（一）北欧妇女运动的成就及原因分析

作为后起的资本主义国家，北欧五国的工业革命起步较晚，妇女运动兴起的时间也晚于英国、法国、美国等国。但就妇女运动的成就而言，不论是妇女就业、参政还是所享受的福利保障，北欧国家的妇女在世界范围内都处于领先地位。

首先，北欧妇女的就业率不仅高于世界平均水平，甚至在西方发达国家中也处于前列。

表6　　　　　　　　　北欧国家女性的就业率（%）

	1985 年	1990 年	1995 年	2000 年	2005 年	2007 年
丹麦	67.4	70.6	67.0	72.1	70.8	73.3
芬兰	69.8	71.5	59.0	64.5	66.5	68.5
冰岛			76.8	81.0	81.2	81.7

续表

	1985 年	1990 年	1995 年	2000 年	2005 年	2007 年
挪威	63.3	67.2	68.8	74.0	72.0	74.6
瑞典	74.8	81.0	70.9	72.2	71.8	73.2
OECD 总计	49.3	53.9	53.2	54.9	56.1	57.5

资料来源：OECD Facebook，2009，Paris，2009。

其次，北欧妇女具有较高的参政议政水平。北欧女性参政不论是从数量上还是层次上，都领先于世界其他国家。从政妇女大多位居高位并且掌握实质性权力，女首相、女部长人数之多、比例之高，位于世界前列。以 1993 年为例，北欧各国女部长的比例远远高于欧洲其他国家。

表 7 　　　　　　　欧洲各国女部长比例（1993 年）

国家	女部长比例（%）	国家	女部长比例（%）
挪威	42.1	意大利	11.5
丹麦	33.3	瑞士	11.1
瑞典	33.3	希腊	11.1
荷兰	24.0	法国	10.3
比利时	20.0	英国	9.0
德国	15.0	西班牙	7.1
奥地利	12.5	爱尔兰	6.8

资料来源：R·E（欧洲网络数据库）。

北欧各国的女议员的比例也是位居世界前列。到 2006 年，北欧国家的女性议员比例达到 40%，而世界女性议员的平均值仅为 16.4%。[1]

第三，北欧国家的妇女还享受着完善的福利保障。女性群体（包括女性单亲家庭）都可以享受到国家规定的定期的保健医生检查，怀

---

[1] 张永英：《中国共产党成立后关于妇女参政的理论认识与实践经验》，载《妇女研究论丛》2001 年（增刊）。

孕期间享受怀孕补助。妇女生育之后有权离开工作岗位休息一段时间，雇主不能解雇她。在休假期间，妇女可以获得一定补助来替代原先的收入（全部或部分）。为了推动妇女就业和促进家庭中的性别平等，除丹麦外的北欧国家都推行了父亲法定亲子假的制度。产假津贴、父母的社会保险金和家庭照顾津贴也为全民享有，女性单亲家庭也不会因家庭的财务负担而走向贫困。

表8　　　　　　　　　2009 年北欧各国亲子假　　　　　　　　　（单位：周）

	丹麦	芬兰	冰岛	挪威	瑞典
母亲专享	18	18	13	9	8
父亲专享	—	(2)	13	6	8
父亲或母亲可享	32	26	13	全额工资补贴的为 29 周，80％工资补贴的为 39 周。	约 52
父母一起享有	2	3	—	2	约 2
开始实行父亲假的年份	1984 年	1978 年	1981 年	1978 年	1974 年
开始为父亲预留部分假期的年份		2003 年	2000 年	1993 年	1994 年

资料来源：NOSOSCO：30，Leira，2006：32。

北欧妇女运动所取得的成就令世人瞩目，其成就的取得有多方面的原因。

1. 北欧妇女运动的成就，离不开强大的劳工运动的成果。妇女能够享有的福利水平是衡量一国发展状况的指标，北欧女性享有的就业权、休假权、津贴补助是北欧国家全体公民所享有的高福利生活的一个缩影。这种福利国家的形成，是工人阶级斗争的结果。

第二国际后期，工人运动产生了分化，主张走和平改良道路的社会民主党在瑞典、挪威等北欧国家长期执政。社会民主党的执政纲领是政治、经济、社会和国际四大民主，主张用改良渐进的办法"和平长入"社会主义。这导致北欧国家的工人运动可以通过议会斗争和阶级合作的方式取得进展。北欧国家工会力量十分强大，是全世界工会密度最高的地区，不仅仅只是某些产业中比较高，而是在所有的经济领域中都很高，包括公共部门和私营部门，男性雇员和女性雇员。参加工会的会员占全体职工的比例，除挪威55%之外，其他北欧国家均在80%—90%之间。除了男女混合的工会外，北欧国家还有专门为妇女设置的工会组织，如芬兰有近20个专门为妇女建立的职业组织，丹麦有83000名成员的妇女工人协会是丹麦工会联合会中第四个最大的工会。[1]

与苏东国家不同的是，北欧国家的工会不是官办的行政性或半行政性组织机构，而是职工的联合组织，与政府不存在领导与被领导的隶属关系，其主要职能就是代表和维护职工的利益，通过劳资谈判解决工资问题并影响政府的劳工立法。以冰岛为例，早在1940年，蓝领工人加入工会的比例已经达到70%—80%，而在随后的数十年中，90%以上的雇佣劳动者都加入了工会。强大的劳工运动对冰岛社会福利制度的推行和不断完善起到了巨大的推动作用。五十年代的劳资谈判推动社会保障制度的改革，使家庭补贴扩大到第二个和第三个孩子。雷克雅未克工人的罢工运动导致了1955年开始实行的失业津贴制度。第一批儿童保育机构就是由妇女工会与慈善组织在两次世界大战之间设立的。

完善的社会保险、社会救济以及高福利社会的实现，离不开工会、雇主协会和政府三方之间的相互斗争与妥协，为包括广大妇女在内的所有公民的提供了一个人人享有平等和尊严的社会保障。高福利制度为妇女在劳动保护、福利保障方面的政策倾斜提供了一个有利平台。福利社会是一种缓慢然而却是公正地达到更高水平的男女平等的保证。只有一个国家从制度上保证了每一个社会成员都能享有到权利的平等和做人的尊严，才能真正落实性别平等和妇女权益的保障。

2. 北欧妇女运动所取得的每一项成就，也是女权主义运动的结果。北欧各国的人民都具有强烈的公民意识，完善的民主制度保证了公民可以通过多种渠道行使自己的民主权利，一是通过投票表达自己的政治理

---

① 胡康大：《积极、活跃的北欧妇女》，载《西欧研究》1989年第5期。

念,二是成立各种各样的社团组织,参与公共服务的管理与监督。在丹麦,15周岁及以上人群中有92%参加了一个或一个以上的志愿组织;在瑞典这一比例为90%,挪威为84%,芬兰为76%。在瑞典和丹麦,每个人参加不同类别组织的平均数目为2.5,挪威为2.4,芬兰为1.6。① 许多福利制度的实施有赖于民间社团组织的推动,如社会保险计划的全面普及离不开妇女、渔民和小农等没有工资收入的人群所发起的民众运动。

和相对独立的工会组织一样,北欧国家的女权运动也保持完全的独立性,并且在国家的政治生活中具有强大话语权。甚至在瑞典出现一个引人注目的现象,大多数的瑞典政党都标榜自己是女性主义政党。在自由竞争体制下,女权运动的首要目标是选举权,在争取到选举权后,妇女在就业、参政方面的发展主要是通过自由体制自己争取。

成熟的公民社会培养了北欧妇女政治参与的高素质。北欧妇女参政成就的取得不仅仅是部分精英女性个人奋斗的结果,而是北欧国家妇女整体素质的反映。北欧妇女普遍受教育水平较高、性别平等意识与政治的参与意识都十分强烈。早在19世纪,北欧各国就已经出现有组织的妇女运动,芬兰1884年成立的"妇女协会"、丹麦于1899年成立的"妇女联合会"、挪威于1904年成立的"妇女全国理事会"等妇女组织先后成立,目标指向参政权,大大拓展了妇女的参政道路。北欧五国几乎所有的政党内部都有妇女小组。在女权运动的推动下,到20世纪初,北欧各国妇女相继实现了选举权,时间上早于美英等其他资本主义国家。从此,北欧妇女成为国家政治生活中一支不容忽视的力量。

北欧妇女投票率一直保持在较高水平。1968年瑞典大选,男性投票率为91.6%,女性为90.7%。② 进入七十年代后,瑞典妇女的投票率甚至稍高于男性。许多女性政治家的当选离不开广大女性选民的投票。

---

① 卡尔·斯温新德、培尔·塞勒:《北欧国家的志愿组织》,载《北欧福利国家》,复旦大学出版社2010年版,第260页。

② [丹麦]福尔默·威蒂斯:《北欧式民主》,中国社会科学出版社1990年版,第127页。

如冰岛前总统维·芬博阿多尔蒂在 1992 年第四次当选总统时，获得 93.5% 的选票，其中大部分来自女选民。

由于北欧妇女所具有的良好的公民素质和强烈的公民参与意识，推动北欧妇女在政治参与过程中形成精英女性与普通妇女之间的良好互动。女首相、女议员的当选离不开女性选民的投票，掌握国家权力后的精英女性具有强烈的政治责任感，能够自觉代表妇女群体的特殊利益，为女性群体争夺在国家政治中的话语权，从而使北欧国家的政治决策过程中，女性的利益不能被忽略。比如说自 20 世纪 20 年代始，女性议员进入瑞典的家庭部、福利部，在她们的推动下，政府建立收费低廉、服务周到的托儿所，鼓励已婚妇女走出家庭，从事有酬劳动；到了 60 年代，女性议员进入税收、就业部门，推动一项有利于妇女就业的税收改革——"中性税收规定"，新规定以个人而不是以家庭为单位征收个人所得税，妇女的收入不再被加入丈夫的收入中计税，鼓励已婚妇女自己养活自己，实现经济独立。

3. 北欧男女平等的实现，离不开政府的政策扶持。北欧妇女无论参政还是就业以及福利的享受，离不开各国政府发挥的积极作用。政府提供的高福利政策为妇女的生育、生活质量提供了保障。为了推动妇女的政治参与，挪威在 1976 年做出规定，提出候选人时必须一男一女，最后结果由选举产生；丹麦政府规定，政府各部门提候选人必须一男一女，最后结果由部长决定；1987 年 1 月 1 日开始实施的芬兰平等法规定，在芬兰所有通过选举产生的机构中，妇女的比例应占 40%。①

北欧各国政府还采取积极措施，打破男女职业隔离，推动妇女就业多样化。1976 年瑞典通过法案，废除基于性别的职业划分，保证妇女在培训和提升方面享有平等权利。瑞典政府要求雇主必须保证在两种性别申请者中选择候选人。政府还对那些能够打破传统性别偏见的雇主实

---

① 林松乐：《妇女参政的历史与现状刍议》，载《杭州大学学报》，1991 年第 4 期，第 22—27 页。

行"补助津贴制"，在招工中妇女比例至少达到40%的雇主能够得到政府的资助。

为了增强妇女在非传统就业领域的竞争力，北欧各国都加强对妇女的职业培训。1973年，瑞典政府在克里斯蒂安什坦特首先实行一项计划，就业机构为妇女举办知识讲座，然后对她们进行4—6周的培训，一个星期讲授理论，剩下的几周在厂家实习。课程结束后，妇女一般都能在企业里找到一份受过培训的工作。丹麦平等委员会要求就业法律顾问同就业机构合作，消除在男女间平等分配就业位置时产生的一切纠纷。这些负责就业问题的法律顾问要经过专门培训，以坚定他们对平等的就业机会所持有的信念。芬兰劳工部要求对就业机构的工作人员的平等信仰进行严格考核，并经常进行教育以消除他们在性别方面的任何偏见。

为了保证妇女在生育孩子之后仍能够走出家庭就业，大部分的适龄儿童都进入由政府建立的公共托儿所。

表9   按年龄划分北欧各国进入公共儿童保育机构的儿童比例（%）

年龄组（岁）	丹麦	芬兰	冰岛	挪威	瑞典
	2007	2007	2006	2007	2007
0—1	17	1	7	4	—
1—2	90	40	80	69	70
3—5	96	72	95	94	97
6	90	69	—		86
0—6 总计	82	52	64	—	75

资料来源：NOSOSKO（2008）. Social tryghed i de nordiske lande 2006/2007, tabel3. 12。

相比之下，以美国、日本为代表的资本主义体制下，由于公共儿童抚养机构的缺失，导致生育后的妇女不得不待在家中，承担抚养孩子的责任，从而丧失了工作的机会。因此，就儿童的公共抚养而言，不论是中国还是北欧国家的政府所发挥的作用都体现了社会主义妇女运动与资本主义妇女运动的差异及优越性。

（二）北欧妇女运动带来的启示

北欧妇女的发展道路能够给我们带来一些重要启示。首先是应如何发挥政府在推动妇女解放和发展道路上的作用。如何发挥政府在妇女解放道路上所扮演的角色，社会主义和资本主义两种体制下有不同的解读。以美国为首的资本主义国家强调"小政府、大社会"，将政府职能的扩大视为对个人权利和自由的侵犯，从而警惕乃至排斥政府在妇女运动中的作用，导致妇女运动完全成为一群女权主义者孤军奋战的舞台。以苏联、中国为代表的社会主义国家把妇女解放视为政府义不容辞的责任，通过政府推动男女平等的实现，却又使妇女运动完全失去独立性并使妇女群体产生对政府的依赖性。

鉴于女性与男性完全不同的生理结构以及妇女所承担的生育角色，无论在就业还是参政方面过于强调两性绝对平等反而是对女性的不平等，对她们的倾斜性照顾政策实际上是对女性承担家务与生育职能所付出的补偿。尤其是对于那些生活在社会底层的劳动妇女而言，必要的劳动保护与福利保障对于她们的生存是非常关键的。因此，在实现两性平等和妇女解放方面，社会主义制度的确发挥出了比资本主义体制更大的优越性。

但是，任何一种解放都不能无视主体的自主能动性的发挥。妇女的解放与发展，两性平等的实现首先要依靠妇女群体的主动争取。因此，在社会主义体制下追求妇女的解放与发展，一定要很好地处理好政府角色与发挥妇女主动性之间的关系。一方面，政府要在推动妇女就业、参政与社会保障方面发挥必要作用，另一方面，要加强社会主义民主政治建设和公民社会建设，培养妇女的公民意识和权利意识，推动她们在政治参与的过程中通过自身的权利主张推动国家有关妇女权益维护的制度建设。

其次，正确应如何认识妇女运动的独立性问题。自共产国际成立后，其对妇女运动的指导原则是坚持认为"没有特殊的妇女问题"，认为妇女运动必须要成为工人运动的一部分。以前苏东和中国为代表的社会主义国家的妇女运动都遵循了这一原则，将妇女运动的目标完全纳入国家的政治经济建设目标中去，妇女运动完全失去独立性。通过工人运动的发展来推动妇女的解放，的确发挥了优势，取得了很大成就，新中国男女平等的实现、北欧妇女享受的高福利，都说明了妇女运动与工人运动的紧密联系。但是，完全失去独立性的妇女运动也带来一系列的问题，妇女利益被忽视、妇女的依赖性加深等等。北欧妇女运动的成就说明，妇女运动作为劳工运动的组成部分，它的每一步发展同时也是劳工运动的成果；但妇女运动的目标并不能与劳工运动完全一致，妇女群体有其独特的利益诉求，只有保持妇女运动一定的独立性，才能有利于女性群体利益的实现。

改革开放以来，中国政治、经济、社会各个领域的改革的深化，既给中国妇女运动带来前所未有的机遇，也导致中国妇女就业、参政以及生活水平的下降。在社会主义市场经济不断深化、社会主义民主政治建设逐渐完善的时代条件下，要推动中国妇女运动的进一步发展，应该借鉴其他国家妇女运动的经验，尤其是北欧国家妇女运动的经验，正确处理政府扶持与发挥妇女主体性之间的关系，才能真正发挥出社会主义制度在推动妇女运动方面的优越性。

马克思主义是一个开放的和不断发展的理论体系，向来注重对人类一切进步文化成果的吸纳。作为马克思主义妇女理论的经典作品，恩格斯的《家庭、私有制和国家的起源》就是在摩尔根《古代社会》的研究成果的基础上完成的。列宁也认为："在马克思主义里绝对没有与宗派主义相似的东西，它绝不是离开世界文明发展大道而产生的故步自封、僵化不变的学说。"① 作为马克思主义人类解放思想重要组成部分

① 列宁:《马克思主义的三个来源和三个组成部分》，《列宁选集》（第 2 卷），人民出版社 1995 年版，第 309 页。

的妇女解放理论，也理应跟随时代进步不断发展、不断创新。21 世纪的中国社会，无论政治、经济还是社会文化等领域的改革开放都在不断加深，中国妇女解放事业将会面临前所未有的时代机遇及挑战。中国妇女运动的进一步发展，应在坚持马克思主义妇女理论的指导下，立足中国特色社会主义建设的实践，充分借鉴西方妇女运动的先进经验，推动妇女解放和发展事业的大发展。

结　语
从男女平等到人的解放

马克思主义是一门关于人的解放的学说，把握了人的解放的思想，也就把握了马克思主义思想体系的精髓。也只有理解了人的解放的思想，才能真正理解马克思主义的妇女解放理论。那么，在马克思主义的理论体系中，是如何定义"人的解放"的呢？

第一节　人的解放：男女平等的前提

马克思十分欣赏法国空想社会主义者傅立叶的思想，即妇女解放的程度是衡量人类普遍解放的天然尺度。这句话揭示了妇女解放与社会发展的关系，与人类解放的关系。

人类解放是妇女解放的前提，人的解放在一定程度上制约着妇女解放的程度，在一个人与人之间没有实现平等的社会里，男女之间的真正平等就不可能实现。反过来，妇女解放的进程又是人类解放的重要尺度，没有妇女的解放，作为两性关系所组成的人的解放就不可能实现。"如果没有两性间的平等，那么人类的解放就不可能。"[1]

1. 马克思主义是关于人的解放的学说

"马克思主义的学说并不认为人的主要动机就是获得物质财富；不

---

[1]　[德] 奥古斯特倍倍尔：《妇女与社会主义》，第247页。

仅如此，马克思的目标恰恰是使人从经济需要的压迫下解脱出来，以便他能够成为具有充分人性的人；马克思主要关心的事情是使人作为个人得到解放。"① 马克思主义是一门关于人的解放的学说，把握了人的解放的思想，也就把握了马克思主义思想体系的精髓。也只有理解了人的解放的思想，才能真正理解马克思主义的妇女解放理论。那么，在马克思主义的理论体系中，是如何定义"人的解放"的呢？

"任何解放都是使人的世界和人的关系回归于人自身"，② 对人的本质的认识是马克思关于人的解放的理论前提。"一个种的整体特性、种的类特性就在于生命活动的性质，而自由的有意识的活动恰恰就是人的类特性。"③ 弗洛姆认为，马克思所说的"类特性"就是指人的本质，"它就是一般的人，它是在通过人的生产活动的历史进程中实现的。"④

可见，马克思是把自由视为人的本质，"自由确实是人的本质，因此连自由的反对者在反对自由的现实的同时也实现着自由……"⑤ 但是，在资本主义制度下，劳动的异化导致人的存在与他的本质相疏远，人"不是自由地发挥自己的体力和智力，而是使自己的肉体受折磨、精神遭摧残。"⑥ 异化劳动是对人的自由自觉的劳动的否定，是与人的本质的对立。

人的解放就是要从异化中解放出来，就是人回归到人自身，恢复人对人的本质的真正占有。"人终于成为自己的社会结合的主人，从而也就成为自然界的主人，成为自身的主人——自由的人。"⑦

所以，人类解放的过程就是要实现人的"自由而全面"的发展的

---

① 埃·弗洛姆：《马克思关于人的概念》，载陈学明主编：《二十世纪哲学经典文本》，复旦大学出版社 1999 年版。

② 《马克思恩格斯全集（第 3 卷）》，人民出版社 2002 年版，第 189 页。

③ 同上书，第 273 页。

④ 埃·弗洛姆：《马克思关于人的概念》，载陈学明主编：《二十世纪哲学经典文本》，复旦大学出版社 1999 年，第 340 页。

⑤ 《马克思恩格斯全集（第 1 卷）》，人民出版社 1995 年版，第 167 页。

⑥ 《马克思恩格斯全集（第 3 卷）》，人民出版社 2002 年版，第 270 页。

⑦ 《马克思恩格斯文集（第 3 卷）》，人民出版社 2009 年版，第 566 页。

过程，而这一切，只有到了共产主义社会，才能够真正实现，因为"共产主义是私有财产即人的自我异化的积极的扬弃……是人向作为社会的人即合乎人的本性的人的自我的复归。"① 共产主义的最终目的是达到人类的自由王国，使每个人都可以自由发展、自由地生活。把共产主义作为理想和奋斗目标，实际上就是把自由作为追求的最高境界。

在《共产党宣言》中，马克思把个人的自由发展看作是共产主义的重要特征和人类美好的理想，一方面，个人在社会中拥有平等、独立、自由的个性，另一方面个人也与他人发生自由的交换，形成"自由人的联合体"。《共产党宣言》作为一部关于人的解放的宣言，它预言了一个关于人类终将实现彻底解放的未来社会："代替那存在着阶级和阶级对立的资产阶级旧社会的，将是这样一个联合体，在那里，每个人的自由发展是一切人的自由发展的条件。"②

只有深刻理解马克思关于人的自由本质的论述，才能真正领会马克思关于人的解放的定义。"马克思主义对于我们今天的吸引力乃是一个道德的预言，人们如果根据人类价值考察现在社会上的种种事实，然后根据自己的发现而行动，以使我们的世界成为一个一切人都能变成更有创造性和更为自由的地方，这样我们就是忠于马克思。"③ 人类解放就是要砸烂人们身上的各种镣铐和锁链，让人们获得自由。人的自由而全面的发展，就是人作为主体彻底摆脱了外在的物的奴役和内在的思想的束缚，实现了自由价值和人格独立。

实现人的自由而全面地发展的首要基础和前提，就是生产力的高度发展。无论是消灭阶级还是私有制，都有赖于生产力的巨大增长和高度发展。"人们每次都不是在他们关于人的理想所决定和所容许的范围之内，而是在现有的生产力所决定和所容许的范围之内区的自由的。"④

---

① 《马克思恩格斯全集（第3卷）》，人民出版社2002年版，第297页。
② 《马克思恩格斯文集（第2卷）》，人民出版社2009年版，第273页。
③ 宾克莱：《理想的冲突》，商务印书馆1983年版，第106页。
④ 《马克思恩格斯全集（第3卷）》，人民出版社1960年版，第507页。

离开生产力的发展谈论人的自由发展，不是空谈就是空想。

但是，只有物质上的丰富，没有精神上的独立，也不可能实现人的自由发展。一个自由发展的人，必须是一个具有高度自主性和创造性的人，他（她）能够按照自己的需求和意愿进行自由自觉的活动，个性得到自由而充分的发展，不必再遵循同一个模式，同一个标准。

妇女解放是马克思主义关于人的解放思想的组成部分，妇女作为人类的一半，首先是人，然后才是女人；妇女的解放与发展，首先是作为人的解放和发展，其次才是作为女人的解放与发展。因此，妇女解放和发展的目标和任务，和人的发展目标和任务是完全一致的。实现人类的彻底解放和人的自由全面发展，作为人类解放的目标，也应该成为妇女解放的总指向。

马克思恩格斯关于妇女解放的论述并不多，他们对于妇女解放运动的积极作用更多体现在唯物史观为妇女解放理论和实践所带来的方法论的指导。当资产阶级女权运动将男女平权的实现作为她们奋斗的最高目标时，马克思对这种形式上的平等不屑一顾，资本主义条件下即使实现男女政治权利的平等，但私有制的存在，导致每一个社会成员都不能摆脱被资本奴役和剥削的命运，因此不可能真实实现女性解放。马克思恩格斯对妇女解放运动的贡献就在于他们第一次从人的解放的高度来阐释妇女解放，而不是像资产阶级女权主义者那样满足于男女形式上的平等。

2. 只有社会主义才能真正实现妇女解放和男女平等

人的本质就是自由，而自由就是"从事一切对别人没有害处的权利。每个人所能进行的对别人没有害处的活动的界限是由法律规定的，正像地界是由界标确定的一样。"①

但是，生产资料私有制的存在导致人的自由被剥夺，"劳动变成他

---

① 《马克思恩格斯全集》第1卷，人民出版社1956年版，第438页。

人的私有物的这一事实表明了对人的本质的剥夺。"①

私有制的存在也影响到家庭与两性关系领域，导致即使连资产阶级女性也不能摆脱被奴役的地位。在资本的统治下，资产阶级的家庭撕下了"温情脉脉的面纱……变成了纯粹的金钱关系"。② 出于经济上对丈夫的依赖，资产阶级妇女没有丝毫的独立与尊严，被资本家丈夫视为"单纯的生产工具"。③ 资产阶级的婚姻尽管表面上道貌岸然，"实际上是公妻制"。④

因此，要实现人的解放，恢复人对其自由本质的重新占有，必须要消灭私有制。"对私有财产的积极的扬弃，作为对人的生命的占有，是对一切异化的积极的扬弃，从而是人从宗教、家庭、国家等等向自己的人的存在即社会的存在的复归。"⑤ "对私有财产的扬弃，是人的一切感觉和特性的彻底解放。"⑥

社会主义社会由于实现了对生产资料私有制的扬弃，从而真正实现了人对其自由本质的占有。正如恩格斯所指出的："我们的目的是要建立社会主义制度，这种制度将给所有的人提供健康而有益的工作，给所有的人提供充裕的物质生活和闲暇时间，给所有的人提供真正的充分的自由。"⑦

马克思主义对资本主义的否定，并非因后者倡导自由个性，恰恰相反，是因为私有制使人的自由个性异化而走向其反面，使人"自由地"成为资本的奴隶。社会主义将反其道而行之，在自由人联合体的基础上实现人的复归，即人的自由个性的复归，而在"每个人的自由"与"一切人的自由"同意的条件下实现人的自由个性的彻底解放，"被束

---

① 马尔库塞：《理性与革命》，陈学明主编《二十世纪哲学经典文本》，复旦大学出版社1999年版，第241页。

② 《马克思恩格斯文集（第2卷）》，人民出版社2009年版，第34页。

③ 同上书，第49页。

④ 同上书，第50页。

⑤ 《1844年经济学手稿》，人民出版社2000年版，第107页。

⑥ 同上书，第86页。

⑦ 《马克思恩格斯全集（第21卷）》，人民出版社1965年版，第570页。

缚的个性如得不到解放，就没有民主主义，也没有社会主义。"①

因此，社会主义从根本上说是追求人类自由的学说，社会主义自由与资本主义自由是批判与继承的关系。社会主义自由批判了资本主义自由的不彻底和虚伪性，继承了资本主义的全部的自由理想。无产阶级是启蒙思想的真正继承者，社会主义不仅在思想上继承了启蒙思想家的自由理想，而且在社会主义实践中真正实现了这种自由理想。

可见，社会主义与自由主义尽管各自代表着资本主义时代彼此对立的两大阶级，因而具有对立的行为方式，但两者在深价值取向上也有一致之处，即摒弃人身依附，崇尚自由个性……可叹的是，不少"社会主义者"尤其是农民国家的社会主义者后来把自由与个性都看成了资产阶级的专利。②

只有在社会主义社会中，妻子对丈夫的依赖才会消失，两性之间的关系才能够成为"仅仅和当事人有关而社会无须干涉的私事"。③ 摆脱了资本控制的两性关系将真正建立在爱情的基础之上，"这一代男子一生中将永远不会用金钱或其他社会权力手段去买妇女的献身；而妇女除了真正的爱情以外，也永远不会再出于其他考虑而委身男子，或者由于担心经济落后而拒绝委身于她所爱的男子。"④

虽然许多人把平等视为社会主义价值的精髓，在 19 世纪中期之前，各种资产阶级思想家、空想社会主义者以及以蒲鲁东、拉萨尔为代表的国际共产主义运动中的非马克思主义派别，都曾经高举平等的旗帜作为他们吸引追随者和颠覆旧秩序的有力武器。但在马克思恩格斯看来，平等作为一个独立的理论范畴，并不能准确地、全面地表达无产阶级解放运动的全部政治要求和社会主义运动的全部价值追求，"把社会主义看作平等的王国，这是以'自由、平等、博爱'这一旧口号为根据的片

---

① 《毛泽东书信选集》，人民出版社 1983 年版，第 239 页。
② 秦晖、苏文：《田园诗与狂想曲》中央编译出版社 1996 年版，第 233 页。
③ 《马克思恩格斯全集（第 4 卷）》，人民出版社 1958 年版，第 371 页。
④ 《马克思恩格斯文集（第 4 卷）》，人民出版社 2009 年版，第 96—97 页。

面的法国看法。这种看法，作为一定的发展阶段在当时当地曾经是正确的，但是，像以前的各个社会主义学派的一切片面性一样，它现在也应当被克服，因为它只能引起思想混乱，而且因为已经有了阐述这一问题的更精确的方法。"①

马克思主义认为，真正的平等必须与自由相统一。与资本主义相比较，社会主义的进步性就体现在消灭了资本对人的束缚而实现的真正的自由，从而使人类的平等建立在自由的基础之上，只有在社会主义制度下，才能实现平等与自由的统一。

因此只有在社会主义制度下，才能真正实现男女平等和妇女解放。这是建立在自由基础之上的两性平等，即所有人，不论男女，都可以在不受各种成见、严格的社会性别角色分工观念，以及各种歧视的限制下，自由发展个人能力和自由做出选择。男女平等与妇女解放的价值目标并不冲突。

把社会主义与女性解放联系在一起的不仅仅是马克思主义者，西方国家在 20 世纪 60—70 年代开始产生一股新的女权主义思潮——社会主义女权主义，将女性特质与人类进步和社会主义联系在一起。其代表人物吉尔曼（Charlotte Perkins Gilman）指出，女人是人类历史上最早的狩猎者、思想者、教育者、行政人员和管理者、立法者，她们具有关怀、爱、保护这一类的特征，这些品质来源于母亲，是从母亲角色培养出来的……男人的基本特征是暴力、对立、斗争、相互践踏。一个以男性的自私、竞争和个人主义为其特征的社会，必将被一个以女性的集体主义极为所有人的利益的协调合作的社会主义为其特征的社会所取代。②

马尔库塞提出，由于一系列的历史原因，男性的文明代表了达到极

① 《马克思恩格斯全集》第 19 卷，第 8 页。
② 李银河：《女性权力的崛起》，文化艺术出版社 2003 年版，第 173 页。

致的现实原则，他称之为行动规则。这种行动规则传达的正式男性资本主义社会的价值观："有利可图的生产率，过分的自信，效率和竞争。"女性的品质是容纳性、敏感、反对暴力、温和等等，这些特性都是占据主导地位的男性品质的对立物，是统治和剥削的对立面。在心理的底层，它们从属于爱神的领导，它们表达的是生命的本能力量，是对死亡本能和毁灭源的反抗。社会主义"作为一种性质完全不同的社会，必须是现代社会的对立面，明确地否定侵略行径，约束资本主义强制性的需求和价值观，资本主义是以男性为主导的文化形式"。妇女恰恰表达了社会主义社会所需要的价值观和行为。[①]

3. 中国特色社会主义体制下的妇女解放，不能偏离自由而全面发展的目标。

新中国成立后，社会主义公有制的建立，从根本上铲除了男女不平等的社会根源，中国妇女的命运发生了翻天覆地的变化。尽管男女平等与妇女解放在含义上并不能画等号，但从实际情况看，1949 年后"男女平等"一词在国家意识形态中得到了大力宣传和普及，甚至成为妇女解放的代名词。这个现象的出现不是偶然的，其原因首先在于新政权在推动两性平等方面所取得的伟大成就。随着社会主义制度的逐步确立与巩固，中国妇女在政治、经济以及其他社会领域都获得了与男性同等的权利，男女平等的实现不仅体现了社会主义制度的优越性，更是被作为新中国妇女运动的伟大成就广为传颂，引起世人瞩目。其次，中国妇女解放的成就不仅仅表现在具体的政治经济权利的落实，也表现在社会观念的改变和进步。几千年的封建历史导致"男尊女卑"的文化观念在中国社会中根深蒂固，为了根除这种落后的观念，推进妇女解放，1949 年后中国政府在意识形态领域也进行了广泛深入的宣传运动。在

[①] 马尔库塞：《马克思主义与女权主义》，陈学明主编：《二十世纪的思想库——马尔库塞的六本书》，云南人民出版社 1989 年版，第 136 页。

这一过程中，"男女平等"成为中国妇女解放宣传运动中的标志性口号，这一口号简明、直观，符合中国人长期以来对建立一个人人平等的新社会的期待，因此取得了卓有成效的宣传效果，使长期浸淫于封建礼教束缚中的中国民众能够在较短时期内摒弃了"男尊女卑"的陈旧思想，接受了"妇女能顶半边天"以及"男女都一样"的崭新观念。

高度集中的政治经济体制与建国初期相对低下的社会生产力水平相适应，能够最大程度地动员社会资源进行国家重建，也有利于在妇女整体文化素质不是很高、公民意识比较淡漠的条件下通过国家力量推动男女平等的实现。正是在政府的干预和推动下，中国妇女在参政、就业等领域都取得了令人瞩目的成就，男女平等的实现程度甚至超越了许多发达国家。

但是，强大的政府干预能力也带来一些问题。除了加深社会成员对体制的依附外，也在一定程度上限制了社会成员的自由选择和自由发展。妇女们无论是就业还是参政，乃至生活方式的选择，主要是基于国家的安排而不是个人的意志和需要。由于国家权力对社会的公共生活以及公民的私人领域的严格的控制，不论男人还是女人，其实都谈不上精神的独立和个性的自由，高度集权体制下形成了妇女对国家权力的严重依赖以及个性的极度的压抑。从这个意义上说，毛泽东时代的妇女解放，就像那个年代轰轰烈烈的社会主义运动一样，带有一种浓厚的乌托邦色彩，所谓的伟大成就，往往需要从一些并没有真正落实过的法律条文中找到。

在工业化水平低下、民众文盲率依然较高的新中国，要通过妇女自身的觉醒和努力去争取男女平等和妇女解放，存在一定的难度。这个现实决定了中国的妇女运动离不开国家和政府的主导与推动，甚至是主要依靠国家的主导与推动。正是依靠政府强大的干预能力，中国妇女的地位发生了翻天覆地的变化，"男尊女卑"的观念在社会的主流意识形态中受到批判和抵制，男女平等的观念得以普及并深入人心。从这层意义上说，新中国长期以来以"男女平等"作为妇女解放的口号和目标，并动用国家的政治经济文化资源加以推动，对于中国的妇女解放的进程具有积极的影响。鉴于今天社会上"男尊女卑"思想依然存在，甚至以改头换面的方式出现在日常生活中，如"干得好不如嫁得好""妇女回家""傍大款"等等思潮在社会上的存在，笔者认为，将"男女平等"作为妇女解放的阶段性目标依然具有现实意义。

但是，从长远来看，妇女解放不能偏离"自由而全面"的发展这一目标。如果说，改革开放前的中国妇女解放受时代条件的局限，男女平等的实现只能通过牺牲个人的自由选择来实现的话，那么，1978 年以来，中国社会主义制度改革与完善为中国妇女解放提供了全新的时代背景。

1978 年中共十一届三中全会的召开，开启了中国改革开放的新时代。中国的改革开放就是去苏联模式的过程，也是社会主义制度的改革与完善的过程：在经济上改变过度集中的计划经济，建立起社会主义市场经济体制；政治上推行社会主义民主政治建设，法治观念和人权观念日益增强；国家与社会日益分离，人们拥有了更多私人空间和个人选择的机会……正是在改革开放的过程中，中国人民实现了政治上、思想上的进一步解放和经济上的进一步发展，同时也给中国妇女解放事业的进一步发展带来了前所未有的机遇。无论是就业还是生活方式的选择，中国妇女开始依据个人的能力和意愿而不是组织的安排；在追求自身解放与发展的道路上，妇女群体开始发挥更多的积极主动性而不是一味依赖于政府的推动与照顾。新的时代条件下，中国人民拥有了更多的自由选择的权利和机会，从而可以在两性自由发展的基础上推动男女平等的实现。

"一个人的发展取决于和他直接或间接进行交往的其他一切人的发展……单个人的历史绝不能脱离他以前的或同时代的个人的历史，而且是由这种历史决定的。"[①] 中国妇女的命运，其实是同时代全体中国人

① 马克思、恩格斯：《德意志意识形态》，中共中央马克思、恩格斯、列宁、斯大林著作编译局编译：《马克思恩格斯全集（第 3 卷）》，人民出版社 1960 年版，第 515 页。

命运的缩影，也是社会主义运动在中国跌宕起伏的历程的折射，当我们回顾了近代以来中国妇女解放所走过的历程，尤其是新中国成立以来中国妇女解放事业所取得的成就与存在的局限性，不能不承认这样一个现实：无论是物质生活的提高还是自由权利的获得，中国妇女解放的程度其实从来就没有也不可能超越于全体中国人民的解放程度。回顾这一段历史对今天的现实意义在于，它有助于我们更深刻地认识社会主义运动妇女解放之间的关系：中国妇女解放事业与社会主义革命与建设事业的奋斗目标应该是一致的，只有中国的经济繁荣富强，女性的就业和经济独立才有保证；只有全体中国人民的政治权利得到保障，妇女的政治权利才能得到真正落实。所以女性的解放，最终指向的还是人的解放。中国妇女解放过程深刻论证了马克思主义妇女理论的基本观点：妇女解放与社会主义运动密不可分。

正是在这个意义上，我们认为，改革开放是中国妇女运动的新起点。随着国家民主政治建设的推进，中国妇女公民意识的提高，中国妇女解放事业进入新的历史阶段。如果说，新中国成立之初社会主义制度的建立改变了中国妇女的命运，那么在今天，中国妇女解放事业的进一步发展将取决于社会主义制度的不断改革和完善。

参考文献

中文著作

一　资料汇编

1. 《第一国际委员会记录（1871—1872）》，中国人民大学出版社 1988 年版。

2. 《第二国际第二、三次代表大会文件》，中国人民大学出版社 1991 年版。

3. 《第二国际第七次代表大会文件》，中国人民大学出版社 2001 年版。

4. ［匈］贝拉·库恩：《共产国际文件汇编（1919—1932）》生活·读书·新知三联书店 1965 年版。

5. 中共中央党史教研室：《中国共产党历次重要会议集》（上），上海人民出版社 1982 年版。

6. 《共产国际、联共（布）与中国革命文献资料选辑（1917—1925）》，北京图书馆出版社 1997 年版。

7. 《共产国际、联共（布）与中国革命档案资料丛书》第 7 卷，中央文献出版社 2002 年版。

8. 中华全国妇女联合会编：《中国近代妇女运动历史资料（1840—1918）》，中国妇女出版社 1991 年版。

9. 中华全国妇女联合会编：《中国妇女运动历史资料》，中国妇女出版社 1991 年版。

10. 中华全国妇女联合会编：《中国妇女运动史（新民主主义时期）》，春秋出版社 1989 年版。

11. 中华全国妇女联合会编：《五四时期妇女问题文选》，生活·读书·新知三联书店 1981 年版。

12. 中华全国妇女联合会：《中国妇女运动重要文献》，人民出版社 1978 年版。

二　专著、文集

1. 《马克思恩格斯全集》，人民出版社 2001 年版。

2. 《马克思恩格斯选集》，人民出版社 1995 年版。

3. 《马克思恩格斯文集》，人民出版社 2009 年版，

4. 《列宁全集》，人民出版社 1986 年版。

5. 《列宁选集》，人民出版社 1995 年版

6. 《毛泽东选集》，人民出版社 1991 年版。

7. 《毛泽东农村调查文集》，人民出版社 1982 年

8. 顾秀莲主编：《20 世纪中国妇女运动史》，中国妇女出版社 2008 年版。

9. 《外国女权运动文选》，中国妇女出版社 1987 年版。

10. 邵伏先：《中国的婚姻与家庭》，人民出版社 1989 年版。

11. 李银河：《女性权力的崛起》，文化艺术出版社 2003 年版。

12. 鲍晓兰：《西方女性主义研究评价》，生活·读书·新知三联书店 1995 年版。

13. 孔寒冰：《国际妇女节考》，北京大学出版社 2004 年版。

14. 孔寒冰：《克拉拉·蔡特金评传》，北京图书馆出版社 1997 年版。

15. 高放、黄达主编：《社会主义思想史》，中国人民大学出版社 1987 年版

16. 蒲国良：《世界社会主义运动概论》，中国人民大学出版社 2006 年版

17. 何友良：《中国苏维埃区域社会变动史》，当代中国出版社 1996 年版。

18. 何朝银：《革命与血缘、地缘：由纠葛到消解》，中国社会科学出版

社，2009 年版。

19. 罗平汉：《天堂试验——人民公社化运动始末》，中共中央党校出版社，2006 年版。

20. 罗平汉：《大锅饭——公共食堂始末》，广西人民出版社 2001 年版。

21. 李泽厚《中国现代思想史论》，生活·读书·新知三联书店 2008 年版。

22. 许静：《大跃进中的政治传播》，香港社会科学出版社有限公司 2004 年版。

23. ［美］杰克·贝尔登：《中国震撼世界》，北京出版社 1980 年版。

24. ［美］塞缪尔·亨廷顿、琼·纳尔逊：《难以抉择——发展中国家的政治参与》，华夏出版社 1989 年版。

25. ［美］詹姆斯·R. 汤森、布兰特利·沃马克：《中国政治》，江苏人民出版社 2003 年版。

26. 老 鬼：《我的母亲杨沫》，长江文艺出版社 2005 年

27. 曾志《一个革命的幸存者》，广东人民出版社 1999 年版。

28. 沈霞：《延安四年（1941—1945）》，大象出版社 2009 年版。

29. 刘小萌：《中国知青史大潮（1966—1980）》，当代中国出版社 2009 年版。

30. 胡平：《禅机：1957 苦难的祭坛》，广东旅游出版社 2004 年版。

31. 周莉萍：《美国妇女与美国运动》，中国社会科学出版社 2009 年版。

三 论文

1. 季明：《社会主义女权主义理论述评》，《马克思在当代》1989 年第 2 期。

2. 宋北静：《试论妇女解放的最终标准》，《妇女学苑》1991 年第 3 期。

3. 李静之：《关于维护总体利益和妇女具体利益的思考》，《妇女研究论丛》1992 年第 2 期。

4. 张永：《性别公正与男女平等》，《妇女研究论丛》1993 年第 1 期。

5、潘锦棠:《乌托邦大厦会倒吗——对男女都一样口号的反思》,《中国人才》1992 年第 2 期。

6. 郑也夫:《男女平等的社学会思考》,《社会学研究》1994 年第 2 期。

7. 韩嘉玲:《国家在中国妇女发展中的作用》,《浙江学刊》1998 年第 6 期。

8. 高虹:《论当代妇女解放的现实标准》,《学习与探索》1999 年第 2 期。

9. 黄嫣梨:《建国后妇女地位的提升》,《清华大学学报(哲学社会科学版)》1999 年第 3 期。

10. 李小江:《50 年,我们走到了哪里——中国妇女解放与发展历史回顾》,《浙江学刊》2000 年第 1 期。

11. 董妙玲:《中国共产党与新中国妇女参政》,《中共党史研究》2000 年第 3 期。

12. 王政:《浅议社会性别学在中国的发展》,《社会学研究》2001 年第 5 期。

13. 郭于华:《心灵的集体化:陕北骥村农业生产合作社的女性记忆》,《中国社会科学》2003 年第 4 期。

14. 潘锦棠:《中国生育保险制度的历史与现状》,《人口研究》2003 年第 2 期。

15. 李小江:《重拾"宗师"遗产》,《读书》2003 年第 8 期。

16. 郭于华:《诉苦:一种农民国家观念的形成机制》,载杨念群主编《新史学——多学科对话的图景》,中国人民大学出版社 2003 年版。

17. 黄宗智:《中国革命中的农村阶级斗争——从土改到文革时期的表达性现实与客观性现实》,《中国乡村研究》第 2 辑,商务印书馆 2003 年版。

18. 左际平:《20 世纪 50 年代的妇女解放和男女义务平等:中国城市夫妻的经历与感受》,《社会》2005 年第 1 期。

19. 陈巧云:《妇女解放的时代内涵》,《中共郑州市委党校学报》2006

年第 5 期。

20. 王淼：《马克思主义妇女理论及其当代价值》，《湖北社会科学》
2008 年第 1 期。

21. 何平：《"国家在场"下的妇女地位提升——以建国初期妇女解放为
例》，《中共宁波市委党校学报》2008 年第 2 期。

22. 揭爱花：《国家话语与中国妇女解放的话语生产机制》，《浙江大学
学报（人文社会科学版)》2008 年第 4 期。

23. 王涛：《从〈共产党宣言〉解读马克思主义对妇女运动的理论贡
献》，《中华女子学院学报》2011 年第 2 期。

英文参考文献

1. Elisabeth Croll, *Feminism and Socialism in China*, Schocken Books, New York, 1980.

2. Delia Davin, *Women Work—Women and the Party in revolution China*, Oxford University Press, 1979.

3. Phyllis Andeors, *The Unfinished Liberation of Chinese Women*,: 1949 – 1980, Indiana University Press, 1983.

4. Wang Zheng, *Feminism and China New Women of the May Fourth Era*, *Berkeley and LosAngeles*, University of Chicago Press, 1986.

5. Norman Diamond, *Collectivization*, *Kinship and the Status of Women in Rural China*, in Rayna Reiter, *Toward an Anthropology of Women*, Newyork, 1975.

6. Lisa Rofel, *Other Modernities : Gendered Yearnings in China after Socialism*, Uiversity of California Press, 1997.

7. Harrier Evans, *Women & Sexuality in China: Female Sexuality and Gender since 1949*, Blackwell Publishing ltd, 1997.

后　记

本书是在我的博士论文"社会主义运动与中国妇女解放和发展"基础上发展和充实而成。

在中华女子学院工作十余年后，我于 2009 年进入中国人民大学国际关系学院开始攻读博士学位，专业方向是国际共运史。入学不久我就明确了自己的研究方向：要从国际共产主义运动史的角度考察中国妇女运动和中国妇女解放与发展问题。2011 年–2012 年期间，我有幸参加了彭佩云主席主持的国家重点社科基金项目"中国特色社会主义妇女理论研究"课题组，这是一次难得的学习的机会，不仅推动我顺利完成博士论文，也鼓励了我沿着国际妇女运动的研究方向继续前行。自博士毕业以来，经历了许多个难眠之夜、冥思苦想和辛勤写作，对原来的论文进行充实和扩充，终于在今年完成了这部书稿。

在书稿即将出版之际，我首先要感谢我的博士导师王学东教授。考上博士研究生时，我已年近不惑，还带着一个刚刚入学的孩子，对自己能否完成博士学业并没有足够的信心。正是在王老师的悉心指导、严格要求和不断鼓励下，我的博士论文才得以顺利完成。在论文的修改过程中，我深深体会到了王老师对学术的严谨态度、对社会问题的洞察力以及对导师责任的恪守，这些优秀的品质都是我今后在学术研究和教学工作过程中要终生学习的榜样。其次，我要特别感谢中国人民大学国际关系学院的高放教授。老先生今年已 88 岁的高龄，依然在百忙之中，接受我的请求，为我的专著写序。他认真地阅读了我的书稿，并对我的论述的部分内容提出了宝贵的修改意见。在序言中，他借对我的著作的评述，阐述了他本人对国际妇女运动和中国妇女解放问题的一些看法。他的这些论述，是对我的著作的重要的补充。

感谢我的大学同窗郎丰君博士，为我的书稿的出版尽心帮助，辛勤奔波。感谢我的家人和中华女子学院的同事们，为了支持我完成学业和修改书稿，我的爱人承担了更多的照顾老人和孩子的职责；单位的同事们也在工作中尽量照顾我，使我能够有充沛的精力完成论文的写作和修改。在我的专著即将出版之际，向他们再次表示衷心感谢。

令人遗憾的是，由于本人资质所限，全书还有许多不足之处。但由于时间仓促，来不及再行修改。只好留待将来有机会再进一步完善，敬请读者谅解。

王　涛

2015 年 5 月 26 日于中华女子学院